Franz & Andrea Lermer
Broken Bread

www.fontis-verlag.com

Franz & Andrea Lermer

Broken Bread

Selbst der Tod
war nicht das Ende.

Gottes Wunder in unserer
Geschichte

fontis
BRUNNEN BASEL

Bibliografische Information der Deutschen Nationalbibliothek
Die Deutsche Nationalbibliothek verzeichnet diese Publikation in der Deutschen Nationalbibliografie; detaillierte bibliografische Daten sind im Internet über www.dnb.de abrufbar.

Die Bibelstellen wurden folgenden Übersetzungen entnommen:

Hfa = Hoffnung für alle © 1983, 1996, 2002, 2015 Biblica, Inc.®;
hrsg. von Fontis – Brunnen Basel
LB = Lutherbibel © 2017 Deutsche Bibelgesellschaft, Stuttgart

Umschlag: Spoon Design, Olaf Johannson, Langgöns
Fotos Umschlag und Bildteil:
Copyright by Franz & Andrea Lermer
Foto Vorsatz: Shutterstock/Pinkyone
Satz: InnoSet AG, Justin Messmer, Basel
Druck: Finidr
Gedruckt in der Tschechischen Republik

ISBN 978-3-03848-122-5

Inhalt

Hunger nach Leben: Eine Einladung

Hallo, schön dass Du da bist! Wir freuen uns, gemeinsam mit Dir ein Stück Weg zu gehen. Es ist kein Zufall, dass unser Buch gerade Dir in die Hände gefallen ist. Davon sind wir überzeugt. Die Erfahrungen, die wir in unserem Leben gemacht haben, können auch Dein Leben verändern. Und wir hoffen fest, dass genau dies durch *Broken Bread* bei möglichst vielen Menschen geschieht.

Jetzt haben wir den Mund gleich zu Beginn ganz schön voll genommen. Typisch bayerisches Selbstbewusstsein, würdest Du vielleicht unterstellen, wenn Du uns reden hören könntest. Unser «O-Ton Süd» lässt sich tatsächlich nicht verbergen. Schon gar nicht in Sachsen, wo wir heute leben. Mit unserem bayerischen Dialekt fallen wir unter all den «akzentfreien» Sachsen besonders auf. Auch nach Jahren zwischen Chemnitz und Dresden gelten wir sprachlich als unzureichend inkulturiert. Alles andere klappt ganz ausgezeichnet. Meistens jedenfalls. Zumindest, solange man keine Semmeln beim Bäcker bestellt. Dann ist ganz schnell wieder die Sprachbarriere da.

«Mia san mia, und mia san was Besonders»: Mit derart bajuwarischer Selbstherrlichkeit haben wir allerdings nichts am (Cowboy-)Hut. Absolut nicht. Wenn einer weiß, wie es ganz unten aussieht, wie es sich anfühlt, wenn das Leben in Trümmern liegt, wenn Trauer und Hoffnungslosigkeit die

Seele zerfressen wie eine ätzende Säure und einem alles genommen ist, was einem wertvoll und teuer war, dann wir. Es hätte nicht viel gefehlt, und wir wären an unserem Schicksal zerbrochen.

Wahrscheinlich hätte das niemanden überrascht. Passiert ist aber etwas anderes. In dem Moment, als wir völlig am Ende waren, durften wir eine Erfahrung machen, die alles verändert hat: Wir sind Gott begegnet. Genau deshalb haben wir dieses Buch geschrieben.

Ja, Du hast richtig gelesen: Wir sind Gott begegnet. Wirklich begegnet. Nicht irgendwie im übertragenen Sinn, nicht als tröstlicher Gedanke, als theoretische Hoffnung, als philosophische Erkenntnis oder theologische Einsicht. Nein, so gerade nicht, sondern ganz real und persönlich. Wir sind ihm auch nicht in irgendeiner Kirche begegnet, sondern da, wo wir ihn am wenigsten erwartet hätten: mitten in den Scherben unseres Lebens.

Gott existiert! Daran gibt es für uns nicht den geringsten Zweifel. Denn wir haben es erlebt. Gott ist nicht tot, er lebt! Er ist für uns da, er sorgt sich um uns, er kümmert sich, er verbindet Wunden, heilt Beziehungen und versorgt Verletzungen – innere und äußere. Wer von Jesus berührt wird, dessen Leben verändert sich.

Keine Sorge, unser Buch ist keine Autobiografie, auch wenn es auf den ersten Blick so scheinen mag. Bloß nicht noch eine Biografie, haben wir uns gedacht! Wer soll die lesen? Außerdem halten wir uns nicht für Stars oder Sternchen, auf deren biografische Erkenntnisse die Welt mehr oder weniger gewartet hat.

Broken Bread ist auch kein Pferdebuch, obwohl Pferde in unserem Leben durchaus eine wichtige Rolle spielen. Das Cover verrät das ja schon. Uns geht es um etwas anderes. Etwas ganz anderes: Wir möchten gerne unser Leben mit Dir teilen.

Auf die Idee sind wir nicht selbst gekommen. Die Idee kam

zu uns. Wie? Na ja, wir haben es bereits erzählt: Unsere Sprache verrät uns. Wir stammen – unüberhörbar, wenn man uns dann hört – aus dem tiefen Bayern und leben mitten in Sachsen, zwischen Chemnitz und Dresden.

Da liegt es nahe, zu fragen, was uns aus dem idyllischen Bayern in den wilden Osten verschlagen hat. Wer dann erklärt, er sei schon seit der Wende da, die Ehefrau aber erst seit einigen Jahren, der weckt zwangsläufig Neugier und provoziert Fragen. Und ganz schnell sind wir jedes Mal mitten in unserer Geschichte. Keine Ahnung, wie oft wir sie inzwischen erzählt haben. Vielleicht haben uns manche für verrückt gehalten. Aber viele haben uns hinterher gesagt: «Das solltet ihr aufschreiben!»

Irgendwann hat uns der Gedanke «Aufschreiben» tatsächlich nicht mehr losgelassen. Auch weil uns das Thema Buch wieder und wieder und auf unterschiedliche Weise über den Weg gelaufen ist.

Zuerst konnten wir uns das überhaupt nicht vorstellen. Wir sind beide nicht unbedingt klassische Schreibtischmenschen, sondern eher lebenspraktisch veranlagt.

Franz ist gleich nach der Wende in den Osten gegangen und war in verschiedenen Branchen als Unternehmer tätig. Zuletzt hat er mit seiner Firma international Sportplätze gebaut.

Andrea war schon immer leidenschaftliche Reiterin, kommt beruflich aus dem Hotelfach, hat in Hotellerie und Gastronomie gearbeitet und war später stellvertretende Filialleiterin eines Discounters.

Ein Buch zu schreiben liegt da nicht unbedingt in unseren Genen. Doch der Gedanke «Buch» hat immer lauter bei uns angeklopft. Wie durch ein Wunder stand dann eines Tages der Chef des «Fontis»-Verlags auf unserer Ranch vor der Tür, und wir haben über dieses Buchprojekt gesprochen. Ein Wunder? Ja, wir schreiben bewusst «Wunder». Nichts anderes ist dieses Buch für uns.

Wunder gibt es wirklich. Auch daran zweifeln wir nicht im Geringsten. Wir haben Wunder erlebt, mehr, als in ein Buch passen. Und wir erfahren das Eingreifen Gottes immer wieder. Darum ist dieses Buch auch voller Wunder. Unmögliche Begegnungen, Heilungen an Körper und Seele, Versöhnungen, Bekehrung: Du wirst es gleich selbst lesen.

Wenn Gott seine Finger im Spiel hat, ist nichts unmöglich. Man reibt sich höchstens die Augen, was er alles an Überraschungen und Unerwartetem parat hat. Seit wir erleben durften, dass Gott tatsächlich existiert, dass er lebt und liebt und nur das Beste für uns will, wundern wir uns über nichts mehr. Höchstens über den Einfallsreichtum Gottes, der die Grenzen unserer Vorstellung und Fantasie immer wieder sprengt, der einen Plan für uns hat und uns viel besser kennt als wir uns selbst.

So steht das übrigens auch in der Bibel. Offensichtlich müssen wir wieder lernen, das Alte und das Neue Testament richtig zu lesen und die Heilige Schrift als das zu nehmen, was sie ist: lebendiges Wort des lebendigen Gottes. Die Bibel ist kein altes Weisheits-Buch aus längst vergangenen Zeiten. Gott spricht durch sie in unsere Gegenwart hinein. Jesus ist heute genauso lebendig wie vor 2000 Jahren. Das ist erfahrbar. Wirklich! Wir haben es erlebt. Gott versteckt sich nicht. Jesus wartet auf uns. Auch auf Dich. Er hat Sehnsucht danach, Dir zu begegnen.

Wenn wir anderen unsere Lebensgeschichte erzählt haben, durften wir häufig hören, dass unsere Geschichte mit Gott Mut macht und Kraft gibt. Mut machen und Kraft geben, das möchten wir auch mit unserem Buch. Wenn man im Leben so weit unten war wie wir und dann erlebt, dass es da einen Weg heraus gibt; eine Begegnung, die heilt, was zerstört wurde, ja, die neues Leben schenkt, dann will man das nicht für sich behalten. Das geht überhaupt nicht. Dann muss man das weitersagen, dann möchte man diese Erfahrung mit anderen teilen. Jetzt eben auch mit Dir.

Bitte sieh uns nach, dass wir uns gleich in der vertrauten «Du»-Form an Dich wenden. Das soll nicht unhöflich oder gar aufdringlich wirken, aber es macht es uns leichter. Über persönliche Dinge spricht und schreibt es sich einfacher, je weniger Distanz man zueinander hat.

Und *Broken Bread* ist ein sehr persönliches Buch. Wir lassen Dich in unser Leben und laden Dich ein, ein Stück unseres Weges mitzugehen. Wir werden Dir einiges zumuten. Leid, Not, Schmerz, Missbrauch, psychische Krankheit und Tod. Tiefe Trauer gehört ebenso zu unserer Geschichte wie berufliche Karriere, unternehmerische Höhenflüge und brutaler wirtschaftlicher Absturz, bis hin zur Pleite.

Wir wissen, was es heißt, nach dem Tod des Partners plötzlich allein mit zwei kleinen Kindern dazustehen. Wir haben aber auch erlebt, wie Gott daraus ein völlig neues Familienglück gemacht hat. Wir haben erfahren, was es bedeutet, als erfolgreicher Unternehmer in die Insolvenz zu gehen. Wir wissen aber auch, was Gott aus solchen Niederlagen machen kann.

Heute besitzen wir eine wachsende Landwirtschaft, betreiben eine Ranch mit Westernpferden, bieten Gästezimmer und Erholung an und veranstalten Seminare und Konzerte in unserem Saloon.

Wer es möchte, mit dem beten wir gerne. Unsere Jobs haben wir aufgegeben und unsere finanzielle Versorgung ganz in die Hände Gottes gegeben. Was sollen wir sagen? Es funktioniert!

All das wirst Du in unserem Buch finden. Wenn man so will, dann ist *Broken Bread* ein Erfahrungsbuch. Eines, in dem wir unsere Erfahrungen mit Gott weitergeben. Wir werden nichts beschönigen und nichts übertreiben. Wir schreiben, wie es war und was das mit uns gemacht hat.

Ja, unser Buch ist ein schonungsloser Blick in die Abgründe des Lebens. Aber vor allem ist es die wahre Geschichte einer heilsamen Gottesbegegnung. Diese Geschichte möchten wir mit Dir teilen, teilen wie gebrochenes Brot. Brot, das den Hunger nach Leben stillt und auf den Geschmack Gottes bringt.

Im letzten Abschnitt unseres Buches haben wir im Kapitel «Sehnsucht nach mehr» einige Tipps zusammengefasst. Sie stammen weder aus der üppigen Ratgeberliteratur für Lebenshilfe noch aus Coaching-Seminaren zur Persönlichkeitsoptimierung oder aus klugen Vorlesungen.

Unter «Sehnsucht nach mehr» findest Du eine Zusammenfassung unserer konkreten Erfahrungen der vergangenen Jahre, in denen wir in die «Schule Gottes» gehen durften. «Sehnsucht nach mehr» ist eine praktische Anleitung zu einem gesunden, ganzheitlichen Lebensstil und gleichzeitig eine Einführung in das geistliche Leben.

Ein wichtiger Hinweis noch: In diesem Buch werden Dir zwei Andreas begegnen. Autorin Andrea Lermer sowie Andrea-Christa. Letztere war die erste Frau von Franz. Andrea und Andrea-Christa: Das kann man verwechseln. Niemand weiß das besser als wir. Wir kennen die überraschten Reaktionen, die diese Namensgleichheit auslöst. Sie gehören bis heute zu unserem Leben.

Wir haben daher lange überlegt, ob wir Andrea-Christa der Einfachheit halber einen anderen Namen geben sollen. Am Ende haben wir uns dagegen entschieden. Ein fiktiver Name hätte zwar die Verwechslungsgefahr gebannt, wäre uns aber eigenartig, ja geradezu unehrlich vorgekommen. Daher muten und trauen wir unseren Lesern zu, Andrea und Andrea-Christa auseinanderzuhalten.

Wie gesagt, wir leben heute auf einer Ranch und halten Westernpferde. Pferde, Cowboys, Westernreiten, Natur und Landwirtschaft: Das ist unser Ding. Darum ist *Broken Bread* keine akademische Schwerkost und auch kein frommes

Glaubensbuch. Wenn man so will, dann riecht unser Buch eher nach Stall und Lagerfeuer als nach Hörsaal oder Weihrauch.

Broken Bread hat im besten Sinn des Wortes «Stallgeruch». Unser Buch durchweht der Geruch des Lebens, mit all seinen Tiefen und Höhen, mit seinen Freuden und Leiden. Stell Dir vor, Du setzt Dich zu uns ans Feuer, und wir teilen mit Dir jetzt unsere Geschichte. So erzählen wir sie nämlich am liebsten.

Teil I:

Das Drama

Kapitel 1
Ein Anruf ändert alles

Nicht schon wieder. Den ganzen Tag hatte mein Handy geklingelt. Jetzt läutete es erneut.

«Ich ändere den Klingelton. Der hier nervt allmählich», dachte ich und begann zu suchen. «Wo habe ich es hingelegt?»

Ich war zur Haustür hereingekommen, hatte meine Schuhe ausgezogen, an denen noch der Dreck von der Baustelle hing. Dann war ich in die Küche gegangen. Wieder hörte ich es klingeln.

«Wo ist das elende Ding?»

Gleich würde die Mailbox anspringen.

«Mist. Vielleicht ein wichtiger Kunde?»

Meine Geschäftspartner schätzen den persönlichen Kontakt genauso wie ich. Ich hasse es, auf eine Mailbox zu sprechen. Anrufbeantworter beantworten keine Anrufe. Das ist ein haltloses Versprechen. Sie verzögern Abläufe. Das kostet Zeit. Und Zeit ist Geld. Das hatte ich in den vergangenen Jahren immer wieder erlebt.

Als Geschäftsführer war mir Kundenservice und Zeitmanagement besonders wichtig. Ich hatte eine Firma, die auf Sportplatz- und Kunstrasenbau spezialisiert war. Ende Oktober ging die Bausaison langsam zu Ende. Da gab es jede Menge zu tun. Draußen auf den Baustellen und drinnen im Büro.

Die Geschäfte liefen prächtig. Die Auftragsbücher waren proppenvoll. Innerhalb weniger Jahre hatte ich mich mit meiner neuen Firma von zwei Pleiten erholt, die ich als Chef eines großen Obst- und Gemüsehandels zu verkraften hatte. Millionen-Schulden inklusive.

Unmittelbar nach dem Mauerfall war ich von Bayern nach Sachsen gezogen. Ich hatte den Goldrausch im Osten mitgemacht und aus dem Nichts einen riesigen Obst- und Gemüsehandel hochgezogen. Dann brach alles zusammen. Die Pleite war eine gigantische Katastrophe. Sie erschütterte mein Vertrauen in mich selbst und in Gott. Durch Zufall war ich in einer neuen Branche gelandet. Mit dem Erfolg meines neuen Unternehmens konnte ich meine Schulden abbezahlen. Der Wohlstand kehrte zurück.

Mit meiner Frau und unseren beiden Kindern lebte ich in einer historischen Unternehmer-Villa in Hainichen, einer Kleinstadt zwischen Chemnitz und Dresden. Der Lebensstil, den wir uns inzwischen wieder leisten konnten, war eine Wohltat. Nach der Insolvenz waren wir bettelarm gewesen. Schulden über Schulden. Kein Geld für Essen, Kleidung, Heizung. Wir hausten wie Bettler zu viert in einem einzigen Zimmer, um nicht noch mehr frieren zu müssen. Die Zeiten hatten wir hinter uns. Gott sei Dank!

Wieder klingelte mein Handy.

«Wo ist das … Ah, da liegt es ja. Warum habe ich da nicht gleich geschaut?»

Vor lauter Telefonaten war ich heute kaum zum Arbeiten gekommen. Natürlich hatte ich gearbeitet. Die Telefonate mit Kunden und Geschäftspartnern gehörten zum Wichtigsten überhaupt. Aber auf meinem Schreibtisch im Büro stapelten sich Akten, die ich durchsehen wollte.

Heute war bereits Donnerstag. Die Woche war fast schon wieder gelaufen. Und ich hatte mir so viel vorgenommen. Meine Frau und die Kinder waren für ein paar Tage zu den Großeltern nach Bayern gefahren. Der Kalender zeigte den 23. Oktober. Ihr Kurzurlaub kam für mich genau zum richtigen Zeitpunkt. Ich hatte noch viel anzuschieben, ehe sich das Jahr dem Ende zuneigte.

Wieder klingelte mein Handy. Ich griff danach und nahm

den Anruf an, ohne aufs Display zu sehen. Der Anrufer hatte schon lange genug warten müssen.

«Franz Lermer hier», sagte ich und legte meinen geschäftlichen Ton in den Namen. Dabei war eigentlich längst Feierabend. Egal.

Die Stimme am anderen Ende der Leitung schien nervös. Ich erkannte sie nicht, obwohl mir irgendetwas an ihr vertraut vorkam.

«Wer ist dran?», fragte ich. Ich hatte den Anrufer nicht richtig verstanden.

«Hallo Franz, hier ist der Rolf.»

Diesmal hörte ich ihn gut. Rolf war ein Freund von uns, der in Südtirol lebte.

«Mensch, das ist schön, lange nichts gehört», wollte ich loslegen. Rolf unterbrach mich sofort.

«Franz, da ist was komisch.» Mehr als seine merkwürdige Andeutung irritierte mich seine Nervosität.

«Was, was ist komisch?», fragte ich ihn.

«Mit deiner Frau.» Rolf stockte.

«Was ist mit ihr?», fuhr ich ihn an.

Meine Frau hatte die Kinder zu Oma und Opa nach Siegsdorf gebracht und war anschließend in unsere Wohnung nach Aschau gefahren. Andrea-Christa, mit der ich damals verheiratet war, ist nicht die Andrea, die gemeinsam mit mir dieses Buch schreibt. Die beiden haben den gleichen Vornamen, was in unserem Leben schon häufiger für Irritationen gesorgt hat.

Andrea-Christa und ich hatten uns die Wohnung in Aschau gekauft, um wieder mehr Zeit in Bayern verbringen zu können. So schön Sachsen ist, es zog uns immer wieder in die Heimat. Mit der Rückkehr des beruflichen Erfolgs entstand die Idee, eine Wohnung zu kaufen. Dort wusste ich meine Frau gut aufgehoben. Ich machte mir nie Gedanken, wenn sie in Aschau war, um Verwandtschaft oder Freunde zu besuchen.

Bayern tat uns beiden gut. Was sollte da schon sein? Der Anruf von Rolf kam mir merkwürdig vor.

«Was ist los?», fragte ich ihn erneut.

Rolf zögerte. «Franz, ich habe gerade mit deiner Frau telefoniert, und dann war sie auf einmal weg.»

«Wie, weg? Was heißt, sie war weg?», rief ich ins Telefon.

«Wir wollten gerade etwas ausmachen. Sie wollte uns besuchen kommen. Und mitten im Gespräch war sie plötzlich weg. Das kommt mir seltsam vor. Sie geht auch nicht mehr an ihr Handy.»

«Was?», unterbrach ich Rolf. «Ich versuche sie zu erreichen und melde mich später wieder bei dir.»

Eilig beendete ich das Gespräch. Ich drückte die gespeicherte Mobilnummer meiner Frau. Die Verbindung baute sich auf. Am anderen Ende der Leitung hörte ich den Signalton.

«Komm schon, geh ran», schoss es mir durch den Kopf.

Niemand nahm ab. Ich versuchte es noch einmal. Diesmal wählte ich selbst. Wieder der Signalton.

«Hey, was ist los mit dir?»

Mich überfiel eine panische Angst. Mühsam zwang ich mich, ruhig zu bleiben.

«Was mache ich jetzt?»

Ich versuchte es noch einmal. Wieder nur die Mailbox.

«Was mach ich denn jetzt?»

Meine Gedanken überschlugen sich. In der näheren Umgebung unserer Wohnung kannte ich niemanden, den ich hätte anrufen können. Mein Bruder wohnte nicht weit entfernt, aber der war gerade nicht da. In Panik rief ich meine Eltern an. Ich versuchte meine Angst runterzuschlucken, um sie nicht verrückt zu machen. Es gelang mir nicht wirklich.

«Könnt ihr bitte nach Aschau fahren und nachschauen, was da los ist?», bat ich sie.

Mittlerweile war ich derart aufgebracht, dass sich meine Eltern sofort ins Auto setzten und losfuhren. Seit dem Anruf unseres Freundes aus Südtirol mochten zwanzig Minuten vergangen sein. Mir kam es vor wie eine Ewigkeit. Ich lief im Flur auf und ab, wie ein Tiger im Käfig, und wartete, dass mich endlich jemand zurückrufen würde.

Mit jeder Minute wuchs meine Angst. Was war passiert? Ich konnte es mir nicht vorstellen. Aber normal war das alles nicht. Es musste etwas vorgefallen sein. Aber was? Und wie ging es meiner Frau? Mein Handy klingelte.

«Was ist los? Wie geht es ihr?!», schrie ich.

«Sie macht nicht auf. Wir haben Sturm geläutet, aber sie öffnet die Tür nicht!», rief mein Vater. Man merkte, dass auch ihn die Angst erfasst hatte.

«Unten, der Nachbar, er hat einen Zweitschlüssel. Klingelt den sofort raus!», brüllte ich.

Inzwischen war auch mein Bruder bei der Wohnung in Aschau eingetroffen. Er besorgte den Zweitschlüssel, rannte die Treppen nach oben und sperrte die Tür auf.

«Wir haben sie gefunden!», rief er in sein Telefon.

«Was ist mit ihr?!», schrie ich zurück.

«Sie liegt hier. Wir kümmern uns.»

Den Notarzt hatte ich bereits bestellt. Ich hatte die Rettungsleitstelle angerufen und vorsorglich einen Notarzt zu unserer Adresse beordert. Mir war völlig egal, ob es ein blinder Alarm war. Ich musste handeln.

«Die müssen gleich da sein!», rief ich in mein Mobiltelefon. Meine Hände waren schweißnass.

«Ja, schnell!», hörte ich meinen Bruder.

«Was ist denn? Lebt sie noch?», fragte ich.

«Entspann dich, Franz! Der Notarzt ist gerade gekommen.»

Ich stand da, mein Smartphone in der Hand, und war zur Hilflosigkeit verdammt.

«Was macht der Arzt?», wollte ich von meinem Bruder wissen.

«Die versuchen alles», antwortete er.

Damit war ich nicht zufrieden.

«Was heißt das?», fuhr ich ihn an.

Er zögerte, dann antwortete er: «Sie reanimieren.»

«Wieso reanimieren? Was ist da los, Klaus?!», schrie ich verzweifelt.

«Sie tun wirklich alles», sagte mein Bruder. «Ich melde mich wieder.» Er legte auf.

Es begann die längste Dreiviertelstunde meines Lebens. Ich hatte das Telefon in der Hand und konnte nichts, aber auch gar nichts tun. Einige hundert Kilometer von mir entfernt lag meine Frau in unserer Wohnung und wurde wiederbelebt. Ich kam mir vor wie in einem Horrorfilm. Man sieht das Unheil kommen, aber kann nichts dagegen tun. Nur war das hier kein Film. Das war die Realität.

Ich stand da und wusste nicht mehr aus noch ein. Zur Untätigkeit verdammt, blieb mir nur das Warten.

Irgendwann hielt ich es nicht mehr aus und rief meinen Bruder wieder an.

«Klaus, was ist? Sag mir die Wahrheit: Was läuft da ab?», flehte ich ihn an.

Mein Bruder schilderte die Situation erst wortkarg, dann wurde er immer stiller. Und dann – ich werde das nie vergessen – sagte er mit gebrochener Stimme:

«Franz, sie ist tot.»

«Was?» Ich kippte fast um.

«Ja, sie ist tot», wiederholte er.

In mir brach eine Welt zusammen. Die Stunde der Ungewissheit und der Panik hatte mich völlig erschöpft. Eine gefühlte Ewigkeit war ich hin- und hergerissen zwischen Hoffen und Bangen. Jetzt versetzte mir die Todesnachricht einen Schlag, dem ich nicht mehr gewachsen war. Ich stürzte zu Boden.

Meine Frau und ich waren beide Christen. Wir hatten uns über den Glauben kennen gelernt und gemeinsam auf die Suche nach einer lebendigen Gottesbeziehung gemacht. Wir hatten Höhen und Tiefen miteinander bewältigt. Das hatte uns noch mehr zusammengeschweißt. Gemeinsam versuchten wir, unseren kleinen Kindern gute Eltern zu sein. Ich hatte mein Unternehmen. Andrea-Christa hatte zuletzt Psychologie studiert. Neulich erst hatten wir über ihre Zukunft gesprochen und eine therapeutische Praxis geplant.

All das hatte keinerlei Bedeutung mehr. Von einer Sekunde auf die andere war alles anders. Meine Frau war tot. Mitten aus dem Leben gerissen. «Völlig unerwartet verstorben», steht in solchen Fällen in Todesanzeigen. Daran dachte ich jetzt nicht. «Nichts wird mehr so sein, wie es war»: Dieser Satz hämmerte sich mit Wucht in mein Bewusstsein.

«Gott, was machst du?», war das Erste, was mir in den Sinn kam, als ich wieder halbwegs in der Lage war, einen klaren Gedanken zu fassen. Ich kauerte noch am Boden. Langsam richtete ich mich auf.

Zitternd kniete ich nieder. «Gott, ich werde nicht aufhören, dich zu lieben.»

Kaum hatte ich das gesagt, überkamen mich Trauer und Wut. Ich griff nach meinem Mobiltelefon, das neben mir lag, und warf es mit solcher Wucht an die Wand, dass es zersprang. Ich saß am Boden. Um mich herum lagen die Teile meines zerbrochenen Handys.

«Gott, so nackt, so hilflos und elend bin ich noch nie vor dir gewesen», betete ich.

Inzwischen hatten meine Eltern mehrfach versucht, mich zu erreichen. Vergeblich. Mein Handy war ja kaputt. Meine Eltern fürchteten, ich könne durchgedreht sein und mich umgebracht haben. Aber ich saß nur da, gelähmt von Trauer und Schmerz.

Gegen 24.00 Uhr erreichten sie mich auf dem Festnetz. Vorher war ich nicht in der Lage gewesen, an den Apparat zu gehen. Bei allem Entsetzen war meine Mutter erleichtert, mich zu hören. Die Kinder waren bei ihr und meinem Vater in Siegsdorf.

Jetzt fragte sie mich: «Franz, was sollen wir den Kindern sagen? Sollen wir es ihnen erzählen?»

«Nein, ihr müsst nichts machen. Ich komme morgen», sagte ich und legte erschöpft auf.

Am nächsten Tag fuhr mich ein Kollege nach Siegsdorf. Ich war wie in Trance. Als ich bei meinen Eltern ankam, wussten die Kinder schon Bescheid.

«Franz, wir haben es ihnen gesagt. Sie haben mitbekommen, dass etwas nicht stimmt, und ständig gefragt, was los ist.»

Meine Mutter hatte es ihnen erklärt. Sie berichtete mir von der Reaktion unserer Tochter auf die Todesnachricht.

Wie aus dem Nichts habe Vianne geschrien: «Ich will keine neue Mama!»

Der Gedanke an meine schreiende Tochter, die ihre Mutter verloren hatte, schnürte mir die Luft ab. Die Wunden der Nacht begannen erneut zu bluten. Mein Herz fühlte sich an wie durchbohrt. Wie kam das Kind ausgerechnet auf diesen Gedanken? Das schien mir in diesem Moment völlig absurd.

Heute sehe ich das anders.

Teil II:

Andrea

Kapitel 2
Risse in der Bergidylle

Auf einem Bauernhof in den bayerischen Bergen aufzuwachsen, kann traumhaft schön sein, kann aber – wie in meinem Fall – auch dunkle Seiten haben. Ich habe beides erlebt: das Helle und das Dunkle. Heute weiß ich, dass vieles, was mir ein Leben lang Probleme gemacht hat, seine Wurzeln schon in der frühen Kindheit hatte.

Als Älteste von zwei Schwestern wurde ich 1968 in Berchtesgaden geboren. Für Urlauber ist Berchtesgaden eine Postkartenidylle. Es ist wirklich wunderschön dort. Die Natur, die Landschaft, die grandiose Bergwelt: eine Umgebung wie aus dem Katalog eines Reisebüros. Bayern von seiner schönsten, von seiner malerischsten Seite.

Und mittendrin in dieser Idylle lebten wir auf dem Bauernhof meiner Großeltern. Eigentlich ein Traum. Ich habe es genossen, auf einem Bauernhof groß werden zu dürfen. Von klein auf habe ich Tiere immer besonders geliebt. Da kann einem eigentlich nichts Besseres passieren, als auf einem Bauernhof aufzuwachsen. Es sei denn, man ist dort auch von sadistisch veranlagten Menschen umgeben, die Spaß daran haben, Tiere zu quälen.

Als Kind war ich stundenlang im Stall bei den Kühen und Katzen und habe mich um sie gekümmert. Ich habe sie gestreichelt, mit ihnen gesprochen, sie gefüttert, mit ihnen gespielt. Die Tiere waren mein Leben, und das war großartig und hätte für mich immer so bleiben können.

Leider mussten meine Kühe irgendwann zum Schlachter. Auf einem Bauernhof ist das völlig normal. Aber für mich war es jedes Mal ein Weltuntergang. Wenn ich merkte, dass es wieder so weit war, bekam ich Ohnmachtsanfälle. Nicht gespielt, sondern tatsächlich. Ich habe alles, wirklich alles versucht, um den Erwachsenen begreiflich zu machen, dass man meine Tiere nicht töten darf. Sie waren schließlich meine Freunde. Ich liebte sie und wollte sie schützen. Erfolglos. Verstanden hat das keiner von den Erwachsenen, da konnte ich machen, was ich wollte.

«Hab dich nicht so», war noch eine der sanftesten Antworten, die ich mir einfing, wenn ich vor Verzweiflung weinte und schrie und schließlich zusammenbrach, als man meine Kühe vom Hof führte, um sie zum Schlachter zu bringen.

Verstanden hat meine Tierliebe niemand. Im Gegenteil. Die Erwachsenen fühlten sich davon genervt. Wer auf einem Bauernhof lebt und Tiere derart liebt wie ich, ist dort leider fehl am Platz. So habe ich mich auch gefühlt. Inmitten all der Erwachsenen, die so ganz anders waren als ich. Und die mit meinen Gefühlen und Empfindungen so überhaupt nichts anfangen konnten.

Meine Oma, die mit uns auf dem Bauernhof lebte, war eine sehr autoritäre Frau. Ihr Hof, auf dem wir wohnten, bestand aus mehreren Häusern und Ställen. Meine Oma lebte im alten Bauernhaus, wir in einem Anbau. Heute würde man von einem Mehrgenerationenhaus sprechen. Auf einem Bauernhof in Berchtesgaden war das damals nichts Besonderes, dass mehrere Generationen auf einem Hof lebten.

Irgendwann wurde damit begonnen, Gästezimmer zu vermieten. Das liegt nahe, wenn man in Berchtesgaden lebt, wo es jedes Jahr zahllose Urlauber hinzieht. Ins Haus wurden mehrere Gästezimmer eingebaut und unten ein Frühstücksraum.

Von dem Moment an, in dem wir Gäste auf dem Hof hatten, standen für meine Oma die Urlauber an erster Stelle. Dahinter kam nichts, und es wurde auch kein Wert darauf gelegt, dass da noch jemand ist, der vielleicht auch noch Bedürfnisse hat. Wie wir uns fühlten, war egal. Wir hatten auf die Gäste Rücksicht zu nehmen. Das galt für meine Mutter und für uns Kinder sowieso.

Oma führte das Regiment. Opa lebte eher zurückgezogen. Die meiste Zeit verschwand er in seinem Bienenhaus. Das war sein Rückzugsort. Bis heute weiß ich nicht, was man so viele Stunden in einem Bienenhaus machen kann. Damals schien es mir, als sei Opa eigentlich immer im Bienenhaus. Es war wohl seine Art, sich zu entspannen.

Um meine Tierliebe und meine Gefühle hat sich niemand gekümmert. Verstanden hat mich ohnehin keiner. Im Gegenteil, ich musste auf dem Hof erleben, wie man sich über meine Tierliebe lustig machte und sadistische Späße mit mir trieb. Kühen wurde das Ohr umgedreht, oder sie wurden geschlagen, als sie angebunden waren.

Wenn ich so etwas sah, brach ich zusammen. Darüber wurde dann gelacht. Kühe zu quälen war nicht das Einzige. Manchmal ging es noch weiter: Einmal steckte jemand ein Holzstück in einen Sack und schlug es mit voller Wucht gegen die Wand. Mich ließ die Person glauben, da sei meine Katze drin. Das war so brutal und tut mir heute noch weh, wenn ich davon erzähle.

Inmitten all dieser für mich schlimmen Erfahrungen empfand ich meine Kindheit dennoch auch als eine schöne Zeit. Das klingt vielleicht komisch, aber so war es. Ich habe es geliebt, in dieser traumhaften Bergwelt groß zu werden, auf einem Bauernhof Freiheiten zu haben, die andere nicht kannten.

Zu uns kamen immer viele Freunde. Wir spielten auf dem ganzen Gelände, bauten Häuschen im Heustadel und sind auf Kühen geritten. Das habe ich damals als große Freiheit empfunden. Diese Freiheit war zwar immer umkämpft, weil Oma und Opa viel verboten haben und wir ständig Rücksicht auf die Gäste nehmen mussten. Aber wir nutzten die Freiräume, die sich uns durch die Landwirtschaft boten, und konnten draußen in einer herrlichen Umgebung spielen. Das habe ich als Kind sehr genossen.

Schlimm war für mich, dass niemand meine Beziehung zu den Tieren verstand. Das war für mich existenziell, aber keiner hat das begriffen. Ich fühlte mich völlig unverstanden. Das führte dazu, dass ich mich immer mehr darum bemühte, meine Tiere zu schützen. Gelungen ist mir das nicht. Irgendwann kam der Metzger und holte meine Rosl ab. Ich stand da und war machtlos. Für mich war das eine Katastrophe.

Immer wieder habe ich zu erklären versucht: «Das darf man nicht. Rosl will doch leben, sie ist meine Freundin.»

Geholfen hat es nichts. Da habe ich früh gespürt, wie hilflos ich in dieser Welt bin. Meine Erfahrung als Kind war: «Ich kann nichts ausrichten. Ich kann schreien und weinen, ich kann ohnmächtig umfallen, aber was ich auch mache: Ich kann es nicht aufhalten.»

Das erleben zu müssen, hat mich sehr verletzt. Diese Erfahrung hat sich tief in meine Seele gegraben und mich mein Leben lang begleitet.

Als Kind habe ich auf meine Weise reagiert: Ich hatte immer eine Art Tierpark um mich herum, weil ich sämtliche Tiere, die ich gefunden habe und die in meinen Augen arm dran waren, mit nach Hause genommen habe, um sie zu versorgen. So habe ich wohl versucht, meine negativen Erfahrungen zu kompensieren.

Heute kann ich verstehen, dass es meine Eltern genervt hat, wenn ich wieder mit einem Marder, einem Frosch oder einem anderen Tier heimkam, um es aufzupäppeln und zu beschützen. Damals war es mein Lebensinhalt. Und mich verstand keiner von den Erwachsenen.

Als ich geboren wurde, waren meine Eltern beide erst 21 Jahre alt. Mein Vater war Werkzeugmacher und arbeitete bis zu seiner Rente im Salzbergwerk Berchtesgaden. Als Kind fand ich das cool, denn er war in der Abteilung beschäftigt, die mit den Besuchern in den Berg eingefahren ist. Er lenkte den kleinen Zug, der in den Berg fuhr, und ich durfte mit meinen Freunden oft mitfahren.

Meine Mutter war überaus fürsorglich und immer für uns da. Ich hätte alles von ihr haben können. Eigentlich wäre mir meine Mama genug gewesen. Die Aufgabe meiner Mutter bestand darin, auf dem Hof der Eltern mitzuhelfen. Das hat sie während meiner gesamten Kindheit getan.

Meine Oma spannte meine Mutter auf dem Hof und in der Gästebewirtung ein: Frühstück machen, Gäste bedienen, die Zimmer richten.

Neben all der Arbeit hat Mama uns umsorgt. Sie war für uns da. Das hat mir gutgetan. Dann gab es noch meine fünf Jahre jüngere Schwester, die als kleiner Wirbelwind immer hinter mir her war. Leider hab ich vieles, was sie betrifft, nicht wirklich mitbekommen, da der Altersunterschied zwischen uns damals einfach zu groß war.

In meiner Kindheit haben Glaube und Religion über Rituale und Gebräuche hinaus keine Rolle gespielt. Wir waren katholisch. Aber was hieß das schon? Das war in Berchtesgaden so selbstverständlich wie die Bergwelt um uns herum. Die Berge waren auch einfach da, ohne dass man sich Gedanken darüber gemacht hätte. So war es auch mit dem Glauben. Er war wie selbstverständlich da. Man pflegte Bräuche und den Kirchgang. Ansonsten hatte er im Grunde keine Bedeutung.

Meine Mutter war so erzogen worden, dass man am Sonntag in die Kirche ging. Ihre Mutter hatte sie jeden Sonntag in die Kirche geschickt, selbst war sie nicht gegangen. Auch meiner Mama war wichtig, dass wir Kinder gingen. Für sich selbst hat sie das lange als nicht so bedeutend erachtet.

Geändert hat sich das erst mit der Geburt meiner Schwester. Es war eine schwierige Entbindung, meine Mutter wäre fast dabei gestorben. Sie legte währenddessen ein Gelübde ab: «Wenn ich das überlebe, gehe ich jeden Sonntag in die Kirche.» Sie überlebte. Von da an gingen wir jeden Sonntag in die Messe.

Ansonsten waren wir traditionell katholisch. Das hieß in unserem Fall: Bei Gewitter wurde eine Wetterkerze angezündet, an Weihnachten und Silvester beteten wir gemeinsam den Rosenkranz. Meine Uroma betete ihn vor. Die Perlen glitten durch ihre faltigen Hände. Jahr für Jahr wiederholte sich dieses Ritual. Ohne Rosenkranz gab es kein Weihnachten und kein Silvester.

Eine religiöse Praxis wie Tischgebete kannten wir nicht. Von Gott und Jesus wusste ich kaum etwas. Wir lebten Glaube als Brauchtum und Tradition. Mehr war da nicht.

Bis eines Tages die große Tochter unserer Nachbarn gläubig wurde. Warum? Ich weiß es heute nicht mehr. Jedenfalls veranstaltete sie für uns Kinder Bibelstunden. Meine Mama erlaubte mir, hinzugehen. Das war großartig: Wir sangen Lieder und bekamen Geschichten von Jesus erzählt. Es wurde uns aus einer Kinderbibel vorgelesen. So etwas kannte ich überhaupt nicht. Das waren spannende Geschichten wie die von Daniel in der Löwengrube. Alles war sehr kindgerecht. Und es wurde Gitarre gespielt.

Ich erinnere mich noch genau, wie toll ich das damals fand. Da ging ich zu meiner Mutter und bat sie: «Mama, ich möchte auch eine Kinderbibel.»

Sie entgegnete mir prompt: «So ein Schmarrn. Dafür gebe ich kein Geld aus.»

Es war ein langer Kampf, irgendwann habe ich dann doch eine Kinderbibel bekommen. Meine Mama war nicht grundsätzlich gegen den Glauben. Irgendwie hat sie schon geglaubt, nur habe ich davon nichts mitbekommen.

Die Kindergruppe bei der Nachbarin löste sich leider irgendwann auf. Aber ich hatte ja jetzt meine Kinderbibel. Darin las ich gerne, einfach so – mit meinem kindlichen Verständnis.

Die Jahre gingen ins Land. Licht und Schatten wechselten sich beständig ab. Der Schatten, mit meinen innersten Wünschen, die sich in meiner Tierliebe ausdrückten, von niemandem verstanden und gar nicht gehört zu werden, legte sich auf meine Seele. Als Kind machte ich die Erfahrung, mit meinem Nein das Schicksal nicht aufhalten zu können. Ich konnte weinen, schreien, zu erklären versuchen, es half alles nichts. Diese Erfahrung sollte in meinem späteren Leben noch eine schicksalhafte Rolle spielen.

Und doch schien auch immer wieder die Sonne über unserem Bauernhof. Gefragt, ob ich eine schöne Kindheit hatte, würde ich mit «Ja» antworten. Allerdings ist mir heute klar, dass es auch viele Momente gab, die mir schwer zugesetzt haben.

Meist werden einem Zusammenhänge mit Erlebnissen in der frühen Kindheit erst viel später bewusst. Das verlangt, Situationen neu zu bewerten. Idylle gibt es nur auf Postkarten. Wo Menschen miteinander leben, hat jede Idylle ihre Risse. Manchmal braucht es länger, um sie zu sehen. Und noch mehr Zeit ist nötig, um das zu verstehen.

Kapitel 3
Im Klosterinternat: Wie bei Hanni und Nanni?

Nach der Grundschule stand der Wechsel an die Realschule vor der Tür. Er fiel in eine Zeit, in der ich mit Vorliebe «Hanni und Nanni»-Bücher las. Was heißt: *las* – ich verschlang sie regelrecht! Die Buchreihe von Enid Blyton über die beiden Zwillingsmädchen, die in ihrem Mädcheninternat tolle Abenteuer erlebten, beflügelte meine Fantasie.

Als eine meiner Freundinnen auf ein Internat geschickt wurde, weil ihre Eltern keine Zeit für sie hatten, beschloss ich: «Da gehe ich auch hin.»

Meine Eltern waren strikt dagegen. Tatsächlich war das Internat nicht weit von zu Hause weg. Ich hätte auch mit dem Zug zur Schule pendeln können. Viele Mädchen besuchten die Schule als sogenannte «Externe», man musste nicht zwangsläufig im Internat leben. Aber ich hatte mir nun mal in den Kopf gesetzt: «Ich will ins Internat, um alle die spannenden Hanni-und-Nanni-Geschichten selbst zu erleben.» Davon war ich durch nichts und niemanden abzubringen.

Sogar meine schulischen Leistungen steigerte ich, um ins Internat zu dürfen. Erst waren sie mittelmäßig gewesen. Jetzt schrieb ich nur noch Einser und Zweier. Meine Eltern stellten sich immer noch quer, bis sie ihren Widerstand gegen meine Pläne eines Tages dann doch aufgaben. Allerdings stellten sie mir eine Bedingung. Sie schärften mir ein:

«Wenn du dich für das Internat entscheidest, ist das ein Schritt, den du nicht wieder zurücknehmen kannst. Das musst du dann durchziehen. Komm bloß nicht gerannt und sag, dass du wieder nach Hause willst.»

Meine Eltern kannten meinen wunden Punkt genau: Er hieß «Heimweh». Seit ich denken kann, litt ich unter fürchterlichem Heimweh. Das war so grauenhaft schlimm, dass ich nicht einmal bei meiner Oma drüben im Haupthaus unseres Bauernhofes übernachten wollte. «Wollte» ist eigentlich schon falsch. Ich *konnte* da nicht schlafen. Mein Heimweh hätte mich aufgefressen, obwohl wir nur einen Steinwurf auseinander wohnten.

Von meinem schlimmen Heimweh wollte ich im Moment der Entscheidung aber nichts wissen. Ich wollte Abenteuer erleben. Und dazu musste ich nun mal in das Internat.

Zum Internat gehörte eine Klosterschule für Mädchen. Wenn ich mich recht erinnere, waren es zehn Klosterschwestern, die dieses Internat führten. Ganz im alten Stil: mit eisernem Regiment und unerbittlicher Strenge. Das hatte nichts mit dem spannenden Internatsleben zu tun, das ich aus meinen «Hanni und Nanni»-Büchern kannte. Dabei wollte ich doch gerade deswegen hierher.

Was für ein Irrtum! Die Schwestern sperrten uns Mädchen in einen Käfig aus Regeln, aus dem es kein Entkommen gab. Mit mir waren noch ein paar Freundinnen im Internat. Das half ein bisschen. Dass geteiltes Leid nur halbes Leid sein soll, hätte wohl dennoch keine von uns unterschrieben.

Wir hatten einen stramm geregelten Tagesablauf, in den waren wir eingespannt wie in ein Korsett, das einem gerade noch Luft zum Atmen lässt. Nach dem Schulunterricht ging es ins Internat. Dort gab es Essen. Im Anschluss an den Mittagstisch stand ein Spaziergang auf dem Programm.

Wir Mädchen liefen in Zweierreihen, eine Klosterschwester ging voraus, eine andere hinterher. Tauchte irgendwo ein Junge auf, hieß es: «Die Sünde naht», und wir mussten wegschauen. Kurze Röcke waren genauso verboten wie Spaghettiträger und alles andere, was in den Augen der Schwestern ungehörig hätte wirken können.

Das wäre alles nicht so schlimm gewesen, hätte es nicht diese strenge Reglementierung des Tagesablaufs gegeben. Es blieb uns keinerlei persönliche Freiheit. Nach dem gemeinsamen Spaziergang hieß es: lernen. Von 14 bis 15.30 Uhr saßen wir im Klassenzimmer. Nach einer kurzen Pause ging es weiter bis 17.45 Uhr.

In diesen Lernzeiten machten wir Hausaufgaben. Vorne saß eine Klosterschwester und überwachte das Geschehen. Ging einem die Tintenpatrone aus, durfte man unter keinen Umständen die Nachbarin fragen, ob man eine Patrone von ihr bekommen könnte. Sprechen war streng verboten.

Auch auf die Toilette zu gehen oder Zettel zu schreiben, war untersagt. Es herrschte absolutes Sprech- und Kontaktverbot. War die Patrone leer oder das Heft vollgeschrieben, hatte man zu warten, bis die jeweilige Lernstunde zu Ende war, ohne seine Hausaufgaben erledigen zu können.

Nach quälend langen Studierzeiten wartete bereits das Abendessen. Danach gab es «Freizeit». Zumindest wurde es so genannt. Mit Freizeit hatte es in Wirklichkeit nichts zu tun. Von 19 bis 21 Uhr saßen wir Mädchen in einem relativ kleinen Raum und lasen oder schrieben. Wir durften nicht nach draußen gehen oder wenigstens in den Garten.

Wir saßen drinnen in unserer sogenannten «Freizeit», und ich machte nur eines: Ich schrieb Briefe nach Hause. Täglich. Jeden Tag schrieb ich meiner Mama einen Brief. Meine Briefe hatten alle ungefähr den gleichen Inhalt. Darin stand: «Ich will nach Hause, ich will nach Hause, ich will nach Hause.» Wie wahnsinnig litt ich an Heimweh. Es war schrecklich, und ich konnte mich niemandem anvertrauen.

Wenn ich an den Wochenenden daheim war, sagte man mir: «Du wolltest ja unbedingt ins Internat. Jetzt reiß dich zusammen.»

Die Zehntklässler hatten zumindest einen eigenen Raum für ihre Freizeit. Die älteren Mädchen durften mehr; sie durften auch mal Radio hören.

Für uns Jüngere gab es weder Radio noch Fernsehen. Um 21.00 Uhr war Schlafenszeit. Wir gingen in das Schlafhaus, mussten uns waschen und ins Bett. Es war streng verboten, noch einen Satz zu reden oder auf die Toilette zu gehen.

Kaum war das Licht aus und die Tür zu, hatte ich das Gefühl, dringend auf die Toilette zu müssen. Rauszugehen traute ich mich nicht. Auf dem Gang ging eine Schwester auf und ab. Die Tür ließ sie immer einen Spalt offen, um zu hören, ob wir redeten. In unserem Zimmer gab es ein Waschbecken. Aus Angst sind wir dort Pipi machen gegangen.

Anders als im übrigen Schuljahr verliefen die letzten Wochen vor den Sommerferien richtig entspannt. Ich erinnere mich da auch an schöne Zeiten. Die Schwestern waren lockerer. Wir hatten Spaß zusammen und haben gemeinsam gebastelt. Ich vermute, das war so, damit wir im nächsten Schuljahr wiederkommen.

Tatsächlich dachte ich mir: «Na ja, dann geh ich nächstes Schuljahr eben wieder hin. Es war am Ende ja doch eine schöne Gemeinschaft.»

Kaum waren die großen Ferien vorbei und das neue Schuljahr hatte begonnen, war schnell klar: «Nein, das geht nicht.» Das Heimweh kam wieder und hatte mich fest im Griff. Im Internatsleben hatte sich nichts verändert. Ich weinte fürchterlich, bis eine Schwester ausrastete.

Sie schrie mich an: «Dann geh doch nach Hause!» Sie packte mir den Koffer und meinte: «Wenn du immer weinst, kann man mit dir hier nichts anfangen.»

Diese Klosterschwester hatte ich eigentlich sehr gerne. Darum sagte ich mir: «Wenn diese Schwester so traurig ist, dass ich gehe, dann versuche ich, dieses Jahr auch noch durchzuhalten.»

Freitagnachmittag durften wir immer nach Hause fahren, Sonntagabend mussten wir wieder im Internat antreten, damit wir am Montag rechtzeitig in der Schule waren. An den Wochenenden habe ich daheim rebelliert. Ich weigerte mich, wieder ins Internat zu gehen, und protestierte wie wild. Genützt hat es nichts. Meine Eltern blieben hart.

Mein Vater rückte keinen Zentimeter von seiner Haltung ab und sagte kalt: «Du hast dich selbst dafür entschieden, also fährst du wieder hin.»

Es half alles nichts. Wieder bestieg ich den Zug und fuhr ins Internat. Von «Hanni und Nanni» träumte ich längst nicht mehr.

Zwei Jahre, die 7. und die 8. Klasse, verbrachte ich in diesem Internat. Dann hatten meine Eltern ein Einsehen, ich trat aus und wollte nur noch eines: meine Freiheit.

Kapitel 4
Ausgenutzt statt ausgebildet

Während der 9. und der 10. Klasse wohnte ich zu Hause und fuhr mit dem Zug zur Schule und zurück. Es begann eine Zeit des Aufatmens. Nach den Jahren im Internat wollte ich mir von niemandem mehr etwas vorschreiben lassen.

«Grenzen? Nicht mit mir!», war meine Devise. Regeln hatten mich lange genug gefesselt. Jetzt war es an der Zeit, endlich frei zu sein. Ich genoss meine neu gewonnene Freiheit in vollen Zügen. Die Pubertät tat ihr Übriges.

Ich wollte mir keine Grenzen mehr setzen lassen. Von niemandem mehr. Davon hatte ich ein für alle Mal die Nase gestrichen voll. Niemand sollte mir mehr vorschreiben, wann ich zu lernen hatte oder wann ich ins Bett gehen sollte. Damit war Schluss. Endgültig und für immer.

Freiheit war klasse, aber meine persönliche Freiheitsbewegung endete in einem schulischen Desaster: Hausaufgaben machte ich überhaupt nicht mehr. Morgens schrieb ich sie schnell von den anderen ab. Mit meinen schulischen Leistungen ging es rapide bergab. Obwohl ich zuvor eine gute Schülerin war, verlor ich in der 9. Klasse den Anschluss. Da ich nur noch morgens im Zug abschrieb und selbst nicht mehr lernte, kam ich im Stoff nicht mehr mit.

In der 10. Klasse musste ich einräumen: «Mist, die Lücken sind zu groß, das wird nichts mehr.»

Ich ging zurück in die 9. Klasse, hatte inzwischen aber überhaupt «keinen Bock mehr auf Schule», wie man damals so sagte. Deshalb zog ich nach Ende des Schuljahrs los, um mich nach einer Lehrstelle umzuschauen.

«Hotelfachfrau könnte mich interessieren», überlegte ich. Hotels gab es in Berchtesgaden mehr als genug. Ich ging in das nächstbeste Hotel und fragte, ob ich eine Lehrstelle bekommen könnte. Die nahmen mich sofort. Es war ihnen sogar egal, ob ich die Schule noch abschließe oder nicht.

«Was für ein Glück!», dachte ich und jubelte innerlich.

Leider war das ein gewaltiger Irrtum, wie sich schon bald herausstellen sollte. Zu diesem Zeitpunkt konnte ich das aber noch nicht ahnen.

Ich machte noch rasch meinen «Quali», den qualifizierenden Abschluss der Mittelschule, um dann mit der Lehre zu beginnen.

Meine Eltern hatten inzwischen kapituliert. Sie begriffen, dass es keinen Sinn haben würde, mich weiter in die Schule zu drängen. Die Intelligenz wäre da gewesen, aber das nützte nichts. Ich weigerte mich standhaft, zu lernen. Nach den Jahren des Zwangs und der Qual im Internat kam das für mich nicht mehr in Frage. Ich wollte nicht mehr! Es war aus und vorbei mit der Lernerei! Da war ich stur wie ein Felsbrocken aus dem Berchtesgadener Bergwerk. Und ich hatte ja meine Lehrstelle, die mir das Tor in die Berufswelt aufstoßen sollte.

Leider war das Hotel, in dem ich meine Ausbildung begann, eines von jener Sorte, in die man seine Kinder auf keinen Fall in die Lehre schicken sollte. Aber ich hatte mir die Stelle ja selbst gesucht. So wie damals bei der Entscheidung für das Internat, in das ich unbedingt gehen wollte.

Wie beim Klosterinternat wusste ich auch diesmal nicht, was in dem Hotel auf mich zukam. Denn ich hatte keine Ahnung davon, dass dieses Hotel schon lange keine Angestellten mehr bekam, weil der Chef ein böser, tyrannischer Choleriker war.

Kein Wunder, dass sie mich mit Handkuss genommen haben. Das wurde mir bald klar. Da wollte sonst niemand hin! Ich wusste das nur leider nicht eher. Und als ich es kapierte, war es zu spät.

Meine Hotelfach-Ausbildung war eine brutal harte Zeit. Jeder Morgen begann mit Tränen, solche Angst hatte ich vor meinem Chef. Er war ein übler Tyrann, der uns alles hinterherwarf, wenn er einen seiner Wutausbrüche hatte. Und die kamen ziemlich häufig vor.

Als Chef des Hotels spielte er den Obermacker, und wir mussten arbeiten wie irre. Von vorne bis hinten wurden wir ausgenutzt. Der Betrieb arbeitete nur mit Lehrlingen. Es gab keinen einzigen fertig Ausgebildeten. Es ging nur darum, Profit zu machen. Wir Lehrlinge waren im Grunde völlig egal.

Nach vierzehn Stunden Arbeit wagte ich einmal zu fragen, ob ich nun nach Hause gehen dürfte.

«Was, du bist doch eben erst gekommen, was willst du schon wieder heim?», herrschte er mich an.

Es war schrecklich. Ein andermal sollte ich nach sechzehn Stunden Arbeit nachts um zwei Uhr zu Fuß nach Hause gehen. Da hätten eigentlich meine Eltern kommen müssen, um sich zu beschweren. Aber das taten sie nicht. Zumindest noch nicht.

Erst später, Anfang der 90er Jahre – da war ich wohl sechzehn Jahre alt – ist mein Vater vorstellig geworden.

«Leute, so geht's nicht», hat er meinem Chef gesagt. Leichter gemacht hat es das für mich nicht. Danach hatte ich erst recht Hundstage.

Mein Chef hatte noch ein zweites Hotel, das von seiner Schwester geführt wurde. Vor dieser Frau hatte ich richtig Angst. Sie kam immer nur, um mich zu schikanieren. Jeden

Morgen um zehn kam sie ins Hotel ihres Bruders, schaute nach mir und suchte nach Gründen, mich in den Senkel zu stellen.

Nachdem mein Vater sich bei meinem Chef beschwert und mich danach kurzerhand mitgenommen hatte, damit ich endlich Urlaub machen konnte, kam ich anschließend mit bösen Ahnungen zurück an meinen Arbeitsplatz. Dort offenbarte man mir, dass ich meine Ausbildung im Betrieb der Schwester fortsetzen würde.

Als ich das hörte, dachte ich ernsthaft: «Ich sterbe!»

Nachdem ich den ersten Schock überwunden hatte, sagte ich mir: «Es hilft nichts. Ich muss da durch.» Hundert Auswege hatte ich mir durch den Kopf gehen lassen, keiner schien erfolgversprechend.

Auch meine Eltern bedrängten mich: «Du musst deine Lehre fertig machen. Du hast sonst nichts in der Hand. Wie soll denn deine Zukunft aussehen? Es bringt nichts, wenn du jetzt die Ausbildung abbrichst. Damit ruinierst du nur alles.»

Also wechselte ich in das Hotel der Schwester meines tyrannischen Chefs. Und siehe da: Es lief besser als gedacht. Wir begannen sogar, uns zu mögen.

Meine neue Chefin merkte, dass sie sich auf mich verlassen konnte. Ich arbeitete schneller als andere und war in der Lage, den ganzen Betrieb alleine zu schmeißen. Morgens machte ich Frühstück. Danach versorgte ich die Zimmer. Wir hatten fünfzig Betten, um die ich mich alleine kümmerte. Mittags half ich dann in der Küche, und nachmittags war ich fertig. Ich hab das alles alleine geschafft und war glücklich darüber.

Endlich wurde Leistung belohnt: Es schimpfte niemand mehr! Das war es aber auch schon. Mit mir als Lehrling sparte das Hotel viel Geld. Das war auch der Grund, warum sie versuchten, mich nach der Lehre zu halten.

Selbst wenn es gegen Ende nicht mehr so schlimm war: Für

mich war die Ausbildung ein Horrortrip, den ich so schnell wie möglich beenden wollte. Keinen Tag länger wollte ich bleiben.

Zumal ich damals genug andere Sorgen hatte. Während meiner Ausbildung war meine Mutter plötzlich fromm geworden. Und ihre Bekehrung hatte höchst merkwürdige Nebenwirkungen, mit denen ich überhaupt nicht zurechtkam.

Kapitel 5
Hilfe, Mama hat sich bekehrt!

Ich steckte mitten im Ausbildungsterror und haderte mit meinem Schicksal als Lehrling bei einem hysterischen Chef, da passierte etwas Unglaubliches: Meine Mutter bekehrte sich. Von einem Tag auf den anderen war sie nicht mehr dieselbe. Natürlich war sie weiter meine Mutter, zumindest sah sie aus wie meine Mutter, aber sie verhielt sich nicht mehr, wie meine Mutter das bislang getan hatte.

Ich habe schon erzählt, dass sie bei der Geburt meiner Schwester das Gelübde mit dem Kirchgang am Sonntag abgelegt hatte. Daran hielt sie sich auch. Dass dies ihr Leben verändert hätte, könnte ich nicht sagen. Aber jetzt war das anders: Meine Mutter veränderte sich. Und zwar heftig.

Als hätte ich mit meiner Ausbildung nicht schon genug Nöte gehabt, kam jetzt auch noch die Sorge um meine Mutter dazu. Sie veränderte sich so, dass es mir ernste Sorgen bereitete. Ich begriff überhaupt nicht, was da geschehen war.

Irgendwann hatte sie sich wohl aufgemacht, Gott zu suchen. So richtig hat das keiner mitbekommen. Sie muss eine Bibel in die Hände bekommen und begonnen haben, darin zu lesen. Dabei muss sie sich bekehrt haben. Persönlich, ganz im Stillen, ohne großes Aufsehen. Ihre Bekehrung – oder wie immer man das auch nennen will – fand jedenfalls nicht in der Kirche statt. Das war ganz privat.

Dieser Sinneswandel wäre für mich wahrscheinlich akzeptabel gewesen, wäre sie nicht danach losgezogen, um Gleichgesinnte zu finden. Ihre Bekehrung muss für sie ein außergewöhnliches Erlebnis gewesen sein. Sie hatte da etwas entdeckt, was sie nicht für sich behalten wollte. Jedenfalls suchte sie nach Leuten, mit denen sie ihre neu gewonnenen Glaubenserfahrungen teilen konnte.

In der Nachbarschaft wurde sie fündig. Da gab es einen Bibelkreis. Die waren für meine Begriffe wirklich hart drauf: Man durfte nur Röcke anziehen, musste die Haare hochgesteckt tragen und, und, und. Es gab einen ganzen Katalog voller «Du darfst nicht!». Freiheit war bei dem «Du darfst nicht»-Kreis Fehlanzeige.

Meine Mutter war bis dahin immer eine lebenslustige Frau gewesen. Sie ging mit ihrem Kegelverein weg, hat auch mal was getrunken und war ein fröhlicher Mensch. Zumindest hatte ich sie so erlebt. Von einem Tag auf den anderen war das vorbei. Mama war in meinen Augen in eine Sekte geraten.

Morgens saß sie da, weinte und sagte: «Ach, ich hab so viel Schuld.»

Ich antwortete ihr dann: «Ist das dein Glaube? Das will doch niemand. Damit brauchst du keinem zu kommen.» Was mit meiner geliebten Mutter geschah, konnte ich wirklich nicht nachvollziehen.

In dieser Zeit diskutierten wir viel. Auf einen gemeinsamen Nenner kamen wir dabei nicht. Irgendwann habe ich mir nicht mehr zu helfen gewusst und es auf die katholische Tour versucht, besser gesagt: versuchte ich es mit dem, was ich für katholisch hielt.

Ich meinte zu ihr: «Warum nicht Maria? Warum jetzt auf einmal Jesus? Was ist denn mit diesem Jesus überhaupt? Ich verstehe das alles nicht!»

Dann sagte meine Mama einen Satz, der mir durch Mark und Bein ging. Ich werde das nie vergessen.

Sie erklärte: «Jesus ist das Allerwichtigste in meinem Leben.

Er steht in meinem Leben an erster Stelle, erst kommt Jesus, dann kommt ihr.»

Das war für mich ein Schock. Ab dem Moment war für mich klar: «Mit diesem Jesus muss man mir nicht mehr kommen. Der hat mir meine Mama weggenommen. Dieser Jesus hat aus meiner Mama einen Menschen gemacht, den ich nicht mehr wiedererkenne.»

Mit jemandem, der meine Mama derart umgedreht hatte, wollte ich nichts zu tun haben. Nie mehr!

Ihre neue, merkwürdige Frömmigkeit belastete zunehmend auch die Beziehungen zwischen meinen Eltern und den Kontakt zu mir. Auch mein Vater litt unter der Veränderung seiner Frau und darunter, dass sich deshalb immer mehr Freunde zurückzogen.

Ich flüchtete mich in die Beziehung zu meinem ersten Freund und rebellierte gegen meine Mutter. Was auch immer sie mir an Gesetzen predigte, ignorierte ich und machte das genaue Gegenteil. Ich konnte ihre Veränderungen nicht nachvollziehen. Auch miteinander zu sprechen wurde schwieriger. Anfangs diskutierten wir noch, dann stritten wir immer mehr. Nichts war mehr wie früher.

Irgendwann begann meine Mutter bei einer Frau zu arbeiten, die auch zu dieser frommen «Du darfst nicht»-Truppe gehörte. Die Dame war noch extremer als meine Mutter.

Als Jugendliche war ich am Ausflippen, wenn ich mitbekam, womit sie sich beschäftigten. Glaube, so wie ich ihn damals wahrnahm, bestand aus: «Ich sitze da und heule. Ich bin schuldig. Es ist gut, dass mich keiner mehr mag. Es ist richtig, dass sich alle von mir abwenden. Das ist normal und ein Zeichen, dass wir auf dem richtigen Weg sind. Und weil wir auf dem richtigen Weg sind, müssen wir allen anderen sagen, wo es langgeht.»

«Wer will das denn?», fragte ich mich. Meine Antwort war eindeutig: «Ich jedenfalls nicht!»

Kapitel 6
Da steht ein Pferd vor der Tür

Mitten in dem ganzen Chaos um meine Ausbildung und das religiöse Irrlichtern meiner Mutter habe ich meinen späteren ersten Mann kennen gelernt. Als wir uns anfreundeten, war ich fünfzehn, er war 21. Anfangs war er mir eine große Stütze, später haben wir uns wegen unüberwindbarer Differenzen getrennt. Die beiden Kinder aus dieser Ehe leben bei mir. Von ihnen wird noch zu erzählen sein.

Es war eine turbulente Zeit. Ich war damals mit meinem Freund zusammengezogen, hatte die Stelle gewechselt und arbeitete als Küchenhilfe in einem Krankenhaus. Die Küchenchefin war eine Klosterschwester. Sie war vom gleichen Schlag wie die Nonnen, die ich aus meiner Zeit im Internat kannte. Um ihrem Regiment zu entgehen, wechselten eine Freundin und ich freiwillig in die Spülküche.

Dennoch bedeutete der Job für mich einen Fortschritt. Ich war abends daheim und hatte jedes zweite Wochenende frei. Ein derart geregeltes Arbeitsleben kannte ich bis dahin nicht.

Und dann habe ich mir von meinem miserablen Gehalt ein Pferd gekauft. Schon als Kind hätte ich gerne ein Pferd gehabt. Aber auf unserem Bauernhof war das nicht erlaubt. «Ein Pferd macht die Wiesen kaputt», hieß es. Damit war das Thema vom Tisch.

Meine Freundinnen und ich halfen damals auf einem Reiterhof aus und durften dort ausreiten.

Eines Tages sagte der Besitzer zu mir: «Du, Andrea, ich fahre ein Pferd kaufen. Ich kenne da einen Händler, der hat günstig Pferde abzugeben.»

Ich war wie elektrisiert und antwortete: «Kann ich mitkommen? Ich würde auch gerne ein Pferd kaufen.»

Worauf er mich mitnahm. Und ich war wild entschlossen, mir jetzt ein Pferd zu kaufen. Kein Geld, kein Stall, nichts. Aber ich wollte mein Pferd. Das war der Moment, auf den ich lange gewartet hatte.

Wir kamen bei dem Pferdehändler an. Da standen die armen Tiere in Reih und Glied, angebunden wie Kühe und ziemlich abgemagert.

«Das gibt's doch nicht, die armen Tiere», schoss es mir durch den Kopf. Den dubiosen Pferdehändler fragte ich, ob er nicht ein Pferd hätte, das ich mir leisten könnte.

«Vielleicht so für 2500 Mark.»

Ich traute meinen eigenen Worten nicht. Hatte ich eben wirklich 2500 Mark gesagt? 1000 Mark hatte ich mir doch als feste Obergrenze gesetzt. Und jetzt sprach ich da von viel mehr Geld. Geld, das ich obendrein nicht besaß, sondern mir leihen musste, um es dann monatlich abzubezahlen.

Bevor ich weiter nachdenken konnte, sagte der Mann: «Na ja, eines hätte ich. Ich zeig's dir mal.»

Er holte ein Pferd, einen Haflinger-Mix. Das arme Tier bestand nur noch aus Haut und Knochen. Aber dieses bemitleidenswerte Pferd folgte aufs Wort.

Ich war begeistert.

«Wie heißt es?», wollte ich wissen.

«Whisky», antwortete der Pferdehändler, den ich für keinen Tierfreund hielt.

«Dieses Pferd nehme ich», entgegnete ich und fragte noch nach, ob man Whisky auch reiten könne. Er sah doch sehr klapprig aus.

Der Händler meinte, er habe gerade keinen Sattel mit, aber

das müsste schon gehen. Ich kaufte das Pferd, ohne es geritten zu haben und ohne einen Stall zu besitzen.

Auf der Rückfahrt, Whisky stand bereits im Pferdeanhänger, telefonierte ich mit meiner Mutter:

«Mama, ich hab mir ein Pferd gekauft.»

Meine Mutter fiel aus allen Wolken und rief ins Telefon: «Das bringst du sofort zurück, du spinnst wohl. Wo willst du denn das Pferd unterbringen?»

Ich entgegnete knapp: «Papa soll die Garage ausräumen. Irgendwo bring ich das Pferd schon unter.»

Es war für mich völlig unverständlich, warum man keine Lösung hätte finden sollen. Doch diese Lösung gab es nicht. Zumindest nicht zu Hause.

Der Besitzer des Reiterhofes, bei dem wir aushalfen, schlug vor: «Für 350 Mark im Monat kannst du das Pferd bei mir einstellen, und ich füttere es.»

Der Reiterhof war ein gutes Stück entfernt, aber eine andere Lösung hatte ich nicht. Ich nahm sein Angebot an. Die nächsten Jahre habe ich praktisch nur für Whisky gearbeitet. Zumindest musste ich jetzt meine Eltern um nichts mehr bitten. Das Thema Pferd blieb für sie ein rotes Tuch. Ich habe die Finanzierung meines Pferdes selbst gestemmt, aber es hat sich gelohnt. Dieses Tier war ein echter Schatz.

Der Tierarzt meinte zwar anfangs, man könne Whisky nicht reiten, weil er zu dürr sei. Aber nach ein paar Wochen Füttern ging es dann doch.

Whisky war eine Sensation. Er war wie ein Zirkuspferd und folgte aufs Wort. Nachdem ich ihn aufgepäppelt hatte, bekam ich unzählige Angebote, ihn zu verkaufen. Interessenten rissen sich um Whisky.

«Niemals gebe ich dieses Pferd wieder her», lautete meine Antwort an alle, die mir ein Kaufangebot machten.

So sehr ich an diesem Pferd hing, so sehr lastete es auf meinem Konto. Es gab ja nicht nur die Unterbringungskosten:

Tierarzt, Hufschmied und was sonst noch alles anfiel, kostete Geld. Und nicht zu wenig. Die Folge war: Meine Einkünfte gingen ins Pferd, ich selbst hatte nie Geld.

Meine Eltern haben mir zu den Geburtstagen dann immer eine große Kiste mit Konservendosen geschenkt, damit ich was zu essen hatte. Zwar konnte ich an Arbeitstagen in der Großküche mitessen. An meinen freien Tagen war daheim aber nichts zu knabbern da, bei meinen Eltern war ich zu diesem Zeitpunkt längst ausgezogen. Zudem musste ich mir noch ein Auto kaufen, um zum Reiterhof zu kommen, wo mein Pferd stand.

Die zwei Jahre in der Spülküche hielt ich überhaupt nur durch, weil ich wusste, ohne diese Einkünfte hätte ich mein Pferd nicht mehr finanzieren können. Whisky und ich waren unzertrennlich.

Bis sich mein Leben gründlich veränderte: Ich heiratete, hatte inzwischen meine Tochter Marlena und arbeitete wieder im Hotelfach.

Neben der familiären Belastung und maximalen Anforderungen bei der Arbeit blieb keine Zeit mehr für mein Pferd. Schweren Herzens musste ich mir das eines Tages eingestehen. Erst versuchte ich es mit einer Reitbeteiligung. Ich hing so sehr an Whisky, dass ich ihn eigentlich nicht hergeben wollte. Irgendwann musste ich aber einsehen, dass ich dem Pferd nicht mehr gerecht werden konnte und es nur Geld kostete.

Also verkaufte ich Whisky. Genau zweimal. Beim ersten Mal haute er seinem neuen Besitzer ab und lief fünfzig Kilometer zurück. Daraufhin kaufte ich ihn zurück. Beim zweiten Mal warf Whisky das Mädchen ab, das ihn gekauft hatte. Dabei war er sonst ein absolut braves Tier. Sie erlitt einen Schädelbasisbruch. Und Whisky lief erneut nach Hause. Wieder kaufte ich ihn zurück.

So konnte das nicht weitergehen. Daher gab ich ihn fast geschenkt an ein Mädchen ab, mit der Auflage, dass das Pferd in seiner gewohnten Umgebung bleiben durfte. Sie akzeptierte und besaß meinen Whisky noch lange.

Ab diesem Zeitpunkt schaute ich kein Pferd mehr an. Ich konnte das nicht mehr. Ich begab mich nie wieder in die Nähe von Pferden, weil ich genau wusste: «Wenn ich hingehe, reißt eine alte Wunde auf.» Also vermied ich es. Das Thema Pferd war für mich erledigt.

Warum ich diese Pferdegeschichte so ausführlich erzähle? Weil ich eine Pferdemeise habe? Wer unser Buch weiterliest, wird sehen, dass dies nicht so ist. Obwohl ich Pferde tatsächlich sehr gerne mag. Pferde sollten in meinem Leben noch eine besondere Rolle spielen. Das konnte ich damals nicht ahnen, als ich Tränen vergoss, weil ich Whisky weggeben musste. Aber Gott hat von meiner Pferdeleidenschaft gewusst. Ja, er hat sie mir ins Herz gelegt und hat später daraus etwas gemacht, was ich mir nicht hätte träumen lassen.

Kapitel 7

Im tiefsten Meer versenkt

Meine Mutter ließ in ihrem Missionseifer nicht locker. Aber vieles normalisierte sich auch wieder bei ihr. Dankbar nahm ich das wahr. Sie war mir eine Hilfe, wenn ich sie brauchte. Das brachte uns wieder enger zusammen. Mama lud mich zum Frauenfrühstück ein und natürlich auch zu den Gottesdiensten. In einer nahe gelegenen Ortschaft fand sie eine Gemeinde, der sie sich anschloss. Eines Abends lud sie mich zu einer Zelt-Evangelisation ein. Ich ging hin – ihr zuliebe, aber widerwillig.

Der Pastor, der da sprach, war Schweizer. Ich erinnere mich noch gut. Er klang wie Emil Steinberger, der war damals ein angesagter Schweizer Kabarettist. Ich fand das lustig und den Pastor sympathisch. Je länger ich zuhörte, umso mehr fühlte ich mich angezogen von dem, was der Mann mit seinem netten Schweizer Akzent erzählte.

Er sprach von den vielen Dingen, die im Leben nicht gut gelaufen seien. Wo man sich nicht richtig verhalten hätte. Wo wir Hass und Zwietracht in uns tragen würden. Ich kannte solche «Predigten» von meiner Mutter. Aber diesmal war es anders. Zu meiner eigenen Überraschung fühlte ich mich angesprochen.

«Stell dir vor, alles, was in deinem Leben falsch war, wäre jeweils ein Stein. Und diese Steine würdest du aufeinanderstapeln, so dass sie eine Mauer ergeben», sagte der Pastor.

Mit diesem Bild konnte ich sofort etwas anfangen.

«Diese Mauer steht zwischen dir und Gott», fuhr der Schweizer fort.

«Wow, wie hoch ist meine Mauer?», durchfuhr es mich. Mir fielen all die Dinge ein, die ich innerlich mit mir rumschleppte. Zum Teil schon seit Jahren.

«Wenn diese riesige Mauer zwischen uns steht, brauche ich mich nicht zu wundern, dass ich nicht in Kontakt komme mit Gott», dachte ich mir. Die Mauer, die ich mir vorstellte, schien ein unüberwindliches Hindernis zu sein. Was tun?

Mittlerweile folgte ich dem Vortrag derart gebannt, dass ich nicht mehr hätte sagen können, wie viele Leute außer mir noch zuhörten. Mir kam es vor, als spräche der Pastor nur für mich.

«Pass auf», sagte er. «Nimm all diese Steine und lege sie in einen Sack. Stell dir vor, wie groß der Sack ist.»

In dem Moment konnte ich den Sack auf meinen Schultern richtiggehend spüren. Ich dachte: «Der ist so schwer, ich kann damit keinen Schritt mehr laufen.»

Bevor ich weiterdenken konnte, fuhr der Pastor fort: «Gib diesen Sack Jesus. Du musst ihn dazu nicht hochheben. Sag ihm: ‹Dieser Sack liegt nun hier, nimm ihn bitte weg und versenke ihn an der tiefsten Stelle des Meeres. Dort, wo niemand mehr hinkommt. Dorthin, wo er für immer verschwindet.›»

Dieses Bild sprach mich an. Nach der Veranstaltung ging ich auf den Pastor zu, obwohl das gar nicht meine Art war, und unterhielt mich mit ihm.

Er sprach mir Mut zu: «Mach das ohne Stress, sondern ganz persönlich für dich alleine, wenn du dich dazu bereit fühlst.»

Auf dem Weg nach Hause brachte ich kein Wort heraus. Ich schwieg und dachte: «Jetzt brauche ich Zeit für mich alleine.»

Unruhig ging ich ins Bett. Ich schlief ein, wachte aber schon bald wieder auf und lag wach. Rasch wurde mir klar: «Ich will keinen Tag länger warten.»

Im Dunkeln setzte ich mich auf und begann, die dunklen Flecken in meinem Leben aufzuzählen. Ich spürte: Da taucht immer mehr auf. Nach und nach kamen mir Dinge in den Sinn, die ich längst vergessen oder verdrängt hatte, die aber tatsächlich wie schwere Steine auf mir lasteten. Mir fielen Dinge ein, die ich anderen angetan hatte, und mir fiel auch vieles ein, was mir angetan wurde. Das steckte ich gleich mit in den Sack, den ich Jesus übergeben wollte.

Ich begann zu weinen, so gerührt war ich. Gleichzeitig packte mich Entsetzen, dass es so viele Dinge in meinem Leben gab, die mich belasteten. Je länger ich nachdachte, umso mehr fiel mir ein. Das ging zurück bis in meine Kindheit. Mein Sack mit Steinen wurde größer und schwerer. Fast die ganze Nacht saß ich so da und weinte.

Dann begann ich zu beten. Ich bereute, was ich getan hatte, und sprach zum ersten Mal in meinem Leben Jesus direkt an:

«Jesus, der Pastor hat mir gesagt, ich könne dir diesen Sack geben. Er ist so schwer, dass ich ihn nicht mehr von der Stelle bewegen kann. Bitte nimm ihn weg und versenke ihn an der tiefsten Stelle des Meeres.»

Kaum hatte ich den Satz ausgesprochen, war alles weg. Die ganze Last, die ganze Schwere, meine innere Unfreiheit, meine negativen Gefühle, meine Unzufriedenheit, all meine Wut und mein Groll. All das, was sich inzwischen als Depression gegen mich selbst gerichtet hatte, alle die Fesseln, die mich über viele Jahre beschnitten hatten – all das war mit einem Mal weg. Es hatte sich einfach aufgelöst.

Ich empfand ein Gefühl von Freiheit, wie ich es nie zuvor erlebt hatte, und ich spürte: «Du brauchst dir selbst nichts mehr vorzuwerfen.»

Es gibt Dinge, die verzeiht man sich selbst nicht. Auch diese waren wie weggeblasen. Für mich war das ein völliger Neuanfang. Ich fühlte mich wie neugeboren. Plötzlich verstand ich die Nikodemus-Geschichte aus der Bibel (Johannes 3,1–21), von der der Prediger am Abend zuvor erzählt hatte. Dort spricht Jesus davon, dass man durch Wasser und den Heiligen Geist neu geboren werden müsse. Genauso neugeboren kam ich mir in diesem Augenblick vor. Ich fühlte mich wie ein völlig neuer Mensch.

Ich schaltete das Licht an und sprang vor Freude im Zimmer auf und ab. «Es hat funktioniert. Es hat wirklich funktioniert. Das ist der Hammer!», rief ich.

Hätte mich jemand gesehen, hätte er wahrscheinlich angenommen, ich hätte was Falsches im Tee gehabt. Dem war aber nicht so. Ich war einfach glücklich und unendlich erleichtert.

Ich rief noch am selben Abend meine Mutter an und berichtete ihr begeistert, was geschehen war.

In den nächsten Tagen musste ich lernen, dass ich andere mit der Freude, die ich empfand, nicht einfach überrollen durfte. Sie verstanden nicht, was mit mir los war. Wahrscheinlich war das für Außenstehende auch kaum zu begreifen.

Leider musste ich mit der Zeit auch lernen, dass die Begeisterung des Anfangs wieder versanden kann. Es dauerte nicht lange, dann war das bei mir so. Aber ich hatte immerhin eine Erfahrung gemacht, die ich bis heute im Herzen trage. Darauf konnte Gott später wieder aufbauen. Und das tat er auch.

Kapitel 8
Maßlos überfordert

Mit 21 Jahren hatte ich geheiratet. Zwei Jahre später kam meine Tochter Marlena zur Welt.

Marlena war ein Frühchen. In der 36. Woche musste sie per Kaiserschnitt geholt werden. Die Situation war dramatisch. Es stand Spitz auf Knopf. Meine Plazenta arbeitete nicht, und Marlena erhielt keine Nahrung mehr im Mutterleib. Bei der Geburt wog sie zweieinhalb Kilogramm.

Wir blieben lange im Krankenhaus. Der Arbeitsrhythmus der Klinik sollte seine Spuren hinterlassen. Die Schwestern badeten Marlena immer nachts. In der Nacht wurde auf der Station alles erledigt, wozu man tagsüber nicht kam. Für das Krankenhaus war das kein Problem. Für uns Eltern schon. Denn als sie entlassen wurde, war Marlena daran gewöhnt, nachts wach zu sein. In der Nacht schrie mein Kind, tagsüber schlief es. Das hatte aber auch sein Gutes, was den Tag betraf.

Denn eine Woche nach der Geburt war ich wieder voll berufstätig. Das Hotel meines Mannes, in dem ich arbeitete, konnte sich keinen längeren Ausfall leisten. Die Gäste waren schließlich da. Der Laden brummte. Obwohl ich noch mit dem Kaiserschnitt zu tun hatte, hieß es: «Du musst jetzt.»

Am Tag volles Programm in Hotel und Gastronomie, in der Nacht ein schreiendes Kind. Das konnte auf die Dauer nicht gutgehen. Ging es auch nicht. Nachts lief ich mit dem Kind umher, weil es nicht schlief. Tagsüber kochte ich und kümmerte mich um die Hotelzimmer.

Meine Mutter erkannte bald: «Das geht so nicht.» Da sprangen die Omas immer wieder ein und halfen. Aber das löste das Problem nur punktuell. Im Grunde machte ich genauso weiter wie zuvor.

Bis ich spürte: «Es geht nicht mehr.» Hinzu kam: Marlena litt an Pylorusstenose, am Magenpförtnerkrampf. Bei Babys ist das ziemlich selten – was einem nichts nützt, wenn das eigene Kind daran leidet.

Nach jedem Fläschchen erbrach Marlena schwallartig alles wieder und hatte dann sofort wieder Hunger. Das war eine einzige Katastrophe. Alles roch nach frisch Erbrochenem. Ich kam aus dem Saubermachen und Umziehen nicht mehr heraus. Kaum war alles halbwegs wieder in Ordnung, ging es wieder von vorne los. Ich sah und roch nur noch Erbrochenes, und dazwischen lag mein schreiendes Kind, das nichts bei sich behalten konnte, Hunger hatte und nicht zunahm.

Diese Situation brutaler Ohnmacht ging mir an die Substanz. Ich war völlig am Ende. Physisch und psychisch. Es war ein grausamer Teufelskreis. Ich fütterte und gab Fläschchen, Marlena schrie und erbrach. Es war nicht auszuhalten.

Ich war mit meinem kranken Kind derart überfordert, dass ich es eine Zeitlang nicht mehr annehmen konnte. Mir war alles zu viel. Aber mein Pflichtbewusstsein ließ mich nicht in Ruhe: «Das Hotel muss laufen. Es hängt alles an mir.»

Ich quälte mich weiter. Das Kind wurde immer mehr zur Last. Meine Mutter half viel, sonst wäre ich bald zusammengebrochen. Alleine war die Doppelbelastung aus schwierigem Kind und arbeitsintensivem Hotel nicht zu schaffen. Nachts kein Schlaf, am Tag keine Pause: Das konnte nicht funktionieren. So sehr ich allen gerecht werden wollte, am Ende war ich von allem überfordert.

Mein noch junger Glaube ging mir zwischen nächtlichem Kindergeschrei und Urlaubsgästen, zwischen Erbrochenem, Gästeservice und Kochtöpfen wieder verloren. Er überlebte den täglichen Stress nicht. Es blieb auch keine Zeit mehr, sich mit Gebet und Bibel zu beschäftigen.

Als dann auch noch mein Mann schwer erkrankte, stand ich mit der Kleinen und dem Hotel allein da. Die Situation totaler Hilflosigkeit blies meinem Glauben endgültig das letzte Lebenslicht aus. Als mein Mann wieder genesen war, verpachteten wir das Restaurant. Das war zumindest eine Verbesserung. Abends für vierzig bis fünfzig Personen zu kochen, bedeutet, um 14.00 Uhr damit anzufangen, sonst schafft man das nicht.

Unsere Küche war unter aller Kanone – uralt. Alles andere hatten wir renoviert, die Küche sollte zum Schluss kommen. Wir hatten einen Vier-Platten-Herd und ein Ofenrohr, das mit einem Besen verschlossen werden musste. Ich stand am Herd, und Marlena saß in ihrem Maxi-Cosi. Der stand auf dem Boden. Gelegentlich stieß ich mit dem Fuß ein bisschen daran, damit sie schaukelte.

Als wieder Stress in der Küche war, hantierte ich mit kochendem Wasser über meinem Kind. In dem Moment wurde mir klar: «Das geht nicht mehr. Das muss aufhören. Das kann ich nicht mehr verantworten.» Ich habe es auch körperlich nicht mehr geschafft. Wir verpachteten also das Hotel und zogen in ein Haus in einem abgelegenen Ortsteil von Berchtesgaden, um nicht mehr selbst dort zu wohnen und so eine gewisse Distanz zum Arbeitsplatz zu schaffen.

1994 kam Lukas auf die Welt. Marlena blieb aufgrund ihrer Frühgeburtlichkeit ein besonderes Kind. Sie wurde größer, entwickelte sich Gott sei Dank allmählich gut und wurde doch noch zu einem pflegeleichten Kind.

Aber dann kam Lukas. «Ob ich das schaffe?», fragte ich mich. Sicher war ich mir da keineswegs. Die dauernde Überforderung der vergangenen Jahre hatte Kraft gekostet und ihre Spuren hinterlassen. Ich fühlte mich ausgelaugt und ausgezehrt. Zudem wusste ich jetzt, wie sehr kleine Kinder einen fordern können. Mit den «Super-Müttern», die ihr Baby-Glück draußen stolz durch die Straßen schoben, hatte ich nichts gemein. Ich fand es anstrengend. Sehr anstrengend. Ohne meine Mutter hätte ich es gar nicht geschafft.

Nun kam also Lukas. Was soll ich sagen? Lukas war ein süßes, lebhaftes Kind, aber manchmal auch extrem erschöpfend. Er akzeptierte nur mich. Sonst niemanden. Das Hotel hatten wir zu diesem Zeitpunkt bereits verpachtet. Aber Lukas sorgte dafür, dass das Leben nicht leichter wurde. Es machte mir meine Aufgabe als Mutter extrem schwer.

Lukas klammerte sich den ganzen Tag an mich und ließ sich von niemand anderem nehmen. Versuchte man es, brüllte er und ließ sich nicht mehr beruhigen. «Mammakind», nennt man das wohl, aber das drückt nicht aus, was das bedeuten kann. Lukas wollte immer bei mir auf dem Arm sein. Ich konnte ihn nicht einmal in den Maxi-Cosi legen. So trug ich ihn mit mir herum. Für den Haushalt blieb mir eine Hand, die andere war mit Lukas beschäftigt.

Geschlafen hat mein Sohn nur, wenn ich mich mit ihm ins Bett gelegt habe. War er endlich eingeschlafen, versuchte ich mich aus dem Zimmer zu schleichen. Kaum hatte ich den Fuß aus der Tür, fing er an zu schreien. Dann ging alles wieder von vorne los.

Sämtliche Versuche, sein Schreien auszusitzen, scheiterten. Lukas schrie, bis er blau war. Und Marlena war ja auch noch da. Nach manchen Nächten ging ich um sieben Uhr morgens ins Bett. Die Mitarbeit im Hotel hatte ich zu diesem Zeitpunkt bereits eingeschränkt. Das war mit zwei Kindern kaum mehr möglich. Die Freizeit wurde deshalb aber nicht mehr.

Ging ich mit meinen Freundinnen weg, was sehr selten vorkam, wusste ich schon vorher, es dauert nicht lange, dann klingelt das Telefon: «Andrea, komm nach Hause. Der Lukas schreit.» Ich fuhr dann heim. Auch in den Kindergarten konnte ich Lukas nicht geben. Er schrie nur. Am liebsten war es ihm, mit Mama auf der Couch zu sitzen. Aber wer kann sein Leben neben seinem kleinen Sohn auf der Couch verbringen?

Kinder wollte ich keine mehr. Ich war nur froh, dass ich ihre ersten Jahre einigermaßen durchgestanden hatte. Heute, wo Marlena und Lukas erwachsen sind, weiß ich, es hat sich alles gelohnt. Beide sind großartige Menschen, die mit beiden Beinen fest im Leben stehen. Ich bin mächtig stolz auf die zwei und sehr dankbar, dass ich sie habe.

Im Nachhinein zu verklären, was für mich damals knallhart war, davon halte ich nichts. Mut zu Kindern macht man nicht, wenn man nur rosarotes Babyglück verspricht. Wichtiger ist: Verständnis zu zeigen für all die Mütter, die ehrlich zugeben, dass Muttersein ein Knochenjob ist, der einen an den Rand der Erschöpfung und darüber hinaus bringen kann. Diesen Frauen sollte man mit Rat und vor allem mit Tat zur Seite stehen. So zumindest habe ich das erlebt.

Kapitel 9
Einsam im Internet

Mein Mann und ich hatten uns auseinandergelebt. Am Ende trennten uns unüberwindbare Differenzen, die zur Scheidung führten. Wir lebten in einem alten Bauernhof, den wir mit viel Geld und Aufwand renoviert hatten. Dieser Bauernhof bot Platz für Pferde. Inzwischen besaßen wir zwei. Für die Kinder hatte ich ein Pony gekauft, für mich ein Pferd. Ich war also wieder aufs Pferd gekommen. Über meine wachsende Einsamkeit konnte das nicht hinwegtäuschen. Auch nicht über meine Minderwertigkeitskomplexe.

Ich war zu dieser Zeit eine wandelnde Komplexkiste. Wenn ich mir heute Fotos von damals anschaue, erschrecke ich. «Ich laufe herum wie ein Sack», fand ich. Als Frau habe ich mich in dieser Zeit nicht wahrnehmen, geschweige denn wertschätzen können. Ich war auch oft allein und fing an, mir eine virtuelle Welt aufzubauen. Es begann die große Zeit des Internets, und ich entdeckte die neuen Möglichkeiten, die sich mir damit boten.

Einmal spielte ich am Computer. Plötzlich öffnete sich ein Bildschirmfenster. «Willst du auch mit in den Chat?», stand da. «Nanu, was ist das denn?», dachte ich. Beim Skatspielen am Computer schrieb plötzlich jemand: «Kannst du mal stechen?» Ich konnte das alles nicht fassen.

Aus heutiger Sicht klingt das fürchterlich naiv. Damals war das anders. Da war das Internet Neuland. Ich fand diese neuen Möglichkeiten faszinierend. Wie es funktionierte, verstand ich nicht. Von Computern hatte ich keine Ahnung, damit hatte ich bislang nichts zu tun gehabt. Aber das war mir egal. Hauptsache, es gab eine Möglichkeit, meinem Einsiedler-Dasein zu entkommen. Da bot das Internet ungeahnte Chancen.

«Hey, das ist cool», fand ich und fing an, in diesem Chat zu schreiben. Auf diesem Weg mit wildfremden Leuten in Kontakt zu kommen, machte Spaß. Man kam auf andere Gedanken. Das tat mir gut. Ich empfand es als Vorteil, sich gegenseitig nicht sehen zu können. «Die wissen nicht, wie ich ausschaue», machte ich mir bewusst. Das half mir, die Schwelle meiner Komplexe zu überwinden und mich offen mit anderen auszutauschen. Frei wie selten, schrieb ich drauflos, wie es mir gerade ging.

Immer mehr geriet ich in den Sog meiner neuen virtuellen Welt. Anfangs war das sagenhaft teuer. Ich hatte noch keine Flatrate, surfte auf Zeit. Und Zeit kostete Geld. Wenn ich mich richtig erinnere, hatte ich Onlinekosten von zweitausend Mark im Monat.

Auch beim Radiosender «Antenne Bayern» gab es einen Chat. Da stieg ich ein, weil er kostenlos war. Ich schrieb und genoss meine neuen Kontakte. In diesem Chat gab es Aufpasser. Wenn jemand zu viel «Schmarrn» schrieb, flog er raus. Schmarrn wurde viel geschrieben, aber auch viel Nettes. Für die Schmarrn-Kontrolle waren die Aufpasser zuständig. Im Chat waren sie grün gekennzeichnet. Sie konnten andere ausschließen. Daneben gab es noch einen, der war rot markiert. Das war der Administrator. Wer das war, das war ein großes, gut gehütetes Geheimnis.

«Was ist denn das für einer?», wurde immer wieder gefragt und wild spekuliert. Er sitze in Kanada, hieß es, und rede mit keinem. Der Administrator war und blieb ein Mysterium. Bilder gab es in diesen Chats damals noch nicht. «Warum kennt den keiner?», «Wer ist der große Unbekannte?», wurde hin- und hergeschrieben. Der Administrator gab seine Identität nicht preis. Das erhöhte die Spannung.

Auf einmal schrieb er mich an. «Wer bist du?», wollte er wissen. Wir tauschten ein paar Zeilen aus. Dann kam tagelang nichts. Ich schrieb ihn ab und zu an. Keine Antwort. Plötzlich ging es wieder los: «Wie geht es dir?», fragte er mich. Ich dachte mir: «Na ja, er kennt mich nicht und sitzt außerdem in Kanada. Ihm kann ich meine Geschichte erzählen.»

Ich schrieb also dem großen Unbekannten und erzählte ihm alles. Wir schrieben hin und her. Bis er mich fragte: «Soll ich dich mal anrufen?» Ich antwortete: «Du musst mich nicht anrufen. Das kostet einen Haufen Geld, wenn du von Kanada hierher telefonierst. Und warum schreibst du eigentlich deutsch?»

Eine Frage ergab eine Antwort, und daraus wurde die nächste Frage. So ging es hin und her. Auf dieser Ebene begegneten wir uns einige Zeit, bis er mir schrieb: «Komm, ich ruf dich jetzt an.»

Das Telefon klingelte. Aufgeregt nahm ich ab. Unsere Stimmen waren uns sympathisch. Ich erzählte ihm, dass ich mich alleine und unglücklich fühlte. Ich dachte: «Ihm kannst du dich anvertrauen, der kennt hier niemanden.» Der große Unbekannte mit der sympathischen Stimme hatte ein offenes Ohr für mich.

«Ich würde dich gerne kennen lernen», sagte er.

Innerlich freute ich mich, äußerlich ging ich auf Distanz. Ein halbes Jahr lang. Dann lenkte ich ein. «Okay, sich kennen zu lernen ist gut und schön. Aber wie soll das gehen?», fragte ich.

«Ich setze mich ins Flugzeug und flieg rüber», antwortete er, als ob es das Selbstverständlichste der Welt wäre. Bevor ich etwas sagen konnte, fragte er: «Kannst du kommen und mich abholen? Ich lande in Frankfurt.»

Bevor mein großer Unbekannter mich tatsächlich besuchen kam, passierte im Chat etwas Unerwartetes. Jeder wusste: Der Administrator ist sehr wichtig. Er ist immer da und hat alle

Rechte. Der Administrator konnte Teilnehmer grün markieren und ihnen so Kontrollfunktionen im Chat einräumen.

Irgendwann markierte er auch mich grün. Damit stieg ich auf in der virtuellen Hierarchie der Community. Plötzlich war ich wichtig. Ich musste aufpassen, dass keiner Mist schrieb, durfte Leute ermahnen oder sie sogar ausschließen.

Eines Tages markierte er mich dann rot. Das war der Hammer und sorgte für maximales Aufsehen. Dieser Chat von «Antenne Bayern» hatte nach meiner Erinnerung um die 100.000 User. Jeder von denen wusste auf einmal: «Johnny B.» (so nannte sich der große Unbekannte) macht «gute Fee» (das war mein Online-Name) rot. Deshalb brach ein Aufstand los wie im Kindergarten. Shitstorm würde man heute sagen. Damals hagelte es Beschwerdeschreiben an den Sender. Schließlich griff eine Radiomoderatorin schlichtend ein, um die Online-Gemüter zu beruhigen.

Johnny B. war unterdessen in Toronto auf dem Weg zum Flugplatz: «Kannst du mich in Frankfurt abholen?», fragte er erneut.

«Wie lange bleibst du? Wo willst du wohnen? Wie machen wir das?», wollte ich wissen.

«Meine Schwester wohnt in Memmingen», erzählte er mir. «Da habe ich ein Auto stehen. Aber meine Schwester kann mich nicht abholen. Kannst du kommen und mich nach Memmingen fahren? Ich bin gebürtig aus Memmingen und nach Kanada ausgewandert.»

Ich willigte ein und machte mich auf den Weg nach Frankfurt, um Johnny B. persönlich kennen zu lernen.

Kapitel 10
Johnny B. fliegt ein

Ich saß im Auto nach Frankfurt. So richtig wohl war mir nicht. Aber ich war neugierig, den großen Unbekannten aus dem Internet endlich kennen zu lernen. Durch unseren Austausch in der virtuellen Welt schien mir Johnny B. sehr vertraut. In Wirklichkeit kannte ich den Mann überhaupt nicht. Ich wusste so gut wie nichts von ihm. Eben nur das, was er von sich preisgegeben hatte. Viel war das nicht. Und manches davon kam mir merkwürdig vor.

Hätten da nicht schon die Alarmglocken läuten müssen? Sie läuteten nicht. Die Neugier überwog.

Johnny B. hatte sich über das Internet in mein Leben geschlichen. Er hatte mein Selbstbewusstsein gestärkt, indem er mich im Chat zur Administratorin gemacht hatte. Ihm gegenüber hatte ich mich mehr geöffnet, als ich das sonst von mir kannte. Die Anonymität war mein Schutzraum. Doch damit sollte es gleich vorbei sein.

Meine Nervosität wuchs, meine Anspannung auch.

Die Strecke zum Flughafen kam mir unerträglich lang vor. Viel Verkehr auf der Autobahn und noch mehr Traffic in meinem Kopf. Die Kinder hatte ich bei meiner Mutter untergebracht.

«Wo willst du hin? Wie lange willst du bleiben?», fragte sie.

Ich erzählte es ihr. In drei Tagen würde ich leider erst wieder zurück sein.

«Drei Tage!» – meine Mama war sofort auf 180. Sie merkte

gleich, dass da irgendetwas nicht stimmte. Von meinen Plänen konnte sie mich jedoch nicht abbringen. Ich wollte Johnny kennen lernen.

Nun saß ich im Auto und fuhr Richtung Frankfurt. In Gedanken ging ich die Geschichte durch, die mir Johnny vor seiner Abreise aus Kanada erzählt hatte. Er sei eigentlich aus Memmingen und nur nach Kanada ausgewandert. Aus Bayern also, genau wie ich.

«Warum bist du ausgewandert?», hatte ich ihn gefragt.

Er habe bei der Luftwaffe in Memmingen eine Kanadierin kennen gelernt und sich verliebt, hatte er erzählt. Irgendwann habe sie zurück nach Kanada gemusst. Er sei so verschossen gewesen, dass er unbedingt mitwollte. Hals über Kopf habe er seinen Koffer gepackt und sei nach Kanada geflogen. Ohne Job, ohne Bleibe. Beim Bund habe er sich für einen Auslandsstützpunkt gemeldet. Tatsächlich arbeite er aber in einer Firma und werde nur vom Bund bezahlt.

So richtig verstand ich nicht, was er mir da erzählte. Irgendwie ein krummes Ding, eine betrügerische Sache, so viel dämmerte mir. Egal. Johnny hatte hier alles verkauft und aufgegeben und war wegen dieser Frau nach Kanada geflogen. «Das muss Liebe sein», dachte ich und drückte das Gaspedal durch, um pünktlich am Flughafen zu sein.

Zu diesem Zeitpunkt wusste ich nicht, wie die Geschichte in Kanada weitergegangen war. Das erfuhr ich erst später.

Als er mit seinen beiden Koffern in Kanada stand, offenbarte ihm seine geliebte Kanadierin, dass sie von ihm nichts mehr wissen wolle. Zurück konnte Johnny nicht mehr. Sein Vertrag mit dem Bund verpflichtete ihn zum Bleiben. Der Vater seiner ominösen Kanadierin, die ihn fallengelassen hatte wie eine heiße Kartoffel, brachte Johnny pro forma in seiner Firma unter. Arbeiten musste er nicht, das Arbeitsverhältnis existierte nur auf dem Papier.

Sie besorgten ihm in Kanada ein Kellerloch, das ihm als Wohnung dienen sollte. «Hier kannst du bleiben, bis du wieder zurückkannst», erklärte man ihm. «Wir können unsere Tochter nicht zwingen, dass sie dich mag.»

In diesem Kellerloch saß Johnny fest, zurück nach Deutschland konnte er wegen seines Vertrags mit der Bundeswehr nicht. Also hockte er den ganzen Tag vor seinem Computer und chattete. Weil er immer im Chat war, machte «Antenne Bayern» ihn schließlich zum Administrator.

Hinter dem großen Unbekannten, hinter dem mächtigen Administrator, vor dem im Netz alle Respekt hatten, steckte in Wirklichkeit eine ziemlich erbärmliche Geschichte. Nur wusste niemand davon. Wäre ich an diesem Tag nach Frankfurt gefahren, wenn ich seine wahre Geschichte gekannt hätte? Ich weiß es nicht. Ausschließen kann ich es nicht. Johnny B. war längst Teil meines Lebens geworden. Die virtuelle Welt hatte sich bereits meiner Realität bemächtigt.

Ich parkte mein Auto und ging eiligen Schrittes durch die weiten Frankfurter Flughafenhallen zu dem Gate, an dem Johnny B. ankommen würde. Mein Herz schlug heftig. Ich wartete. Wieder und wieder öffnete sich die große Schiebetür. Reisende aus Kanada fielen ihrer deutschen Verwandtschaft in die Arme. Urlauber zogen schwere Koffer hinter sich her, müde vom langen Flug und den Erlebnissen in Übersee. Unternehmer hielten Ausschau nach ihren Geschäftspartnern.

Wo war Johnny? Ich spürte, wie die Anspannung in mir wuchs. «Ist das alles nicht eine völlig verrückte Idee? Warum habe ich mich darauf nur eingelassen?», durchfuhr es mich. Jetzt war es zu spät.

Wieder öffnete sich die Schiebetür: Da stand Johnny.

Ich fuhr zusammen und erschrak, gleichzeitig versuchte ich, mir meinen Schreck nicht anmerken zu lassen. «Mit diesem Typen kann ich absolut nichts anfangen», war mein spontaner Gedanke. Ich verdrängte ihn schnell, um die Höflichkeit zu wahren. Vor mir stand ein blasses, dürres Häuflein Elend. Johnny sah aus, als habe er zwei Jahre keine Sonne gesehen und ungefähr so lange auch nichts zu essen bekommen.

«Schrecklich. Was mach ich nur mit dem?», dachte ich, während ich ihn begrüßte und um meine Fassung rang. Bayer war er auch nicht. Johnny stammte aus Rumänien. Binnen Sekunden brach mein virtuelles Bild von Johnny B. in sich zusammen.

Ich hielt den großen «Antenne Bayern»-Chat-Administrator für einen stattlichen Mann, der alles im Griff hatte. In meiner Vorstellung war er in Kanada für eine Computerfirma tätig gewesen. Diesem Eindruck hatte er zumindest nie widersprochen. Jetzt stand da dieses blasse, magere Männlein vor mir. Einen größeren Gegensatz zu meinem inneren «Johnny-Bild» konnte es nicht geben.

Plötzlich wurde mir klar: «Ich weiß nichts über ihn. Und das, was ich weiß, muss nicht stimmen. Wie gutgläubig bin ich nur gewesen?» Vom ersten Moment an, als ich ihn sah, hatte ich nur noch einen Gedanken: «Wie werde ich den schnell wieder los?» Ich wurde ihn nie mehr los. Aber das konnte ich in diesem Moment noch nicht wissen.

Kapitel 11

Dann bring ich mich um

«Jetzt bin ich da», sagte Johnny zu mir. Es klang selbstverständlich und vertraut, aber es war alles andere als das. Meine Erwartungen waren zerstoben. Da war nur noch Enttäuschung. Was hatte ich überhaupt erwartet? Ich wusste es nicht mehr. Ich wusste überhaupt nichts mehr.

Johnny war nicht mehr Johnny. Er war nicht der souveräne und selbstbewusste Sonnyboy, den ich mir zusammenfantasiert hatte. Er entsprach nicht mal annähernd dieser Vorstellung. Johnny hieß in Wirklichkeit Richie und war ein Bild des Jammers. Blass, mager, ein kaputter Typ. So stand er vor mir. Einer, mit dem man Mitleid haben musste.

«Wie werde ich den nur wieder los?», durchfuhr es mich nun schon zum dritten Mal, seit Johnny vor mir stand. Dass er Richie hieß, daran musste ich mich erst gewöhnen. So wie an alles andere auch.

«Wir können hier nicht ewig herumstehen, ich muss etwas tun.» Zu so viel Klarheit konnte ich mich durchringen. Ich nahm meinen Mut zusammen und schlug vor: «Okay, ich fahre dich jetzt nach Memmingen.» Meine Hoffnung, ich könne Richie daheim in Memmingen abliefern und sei damit raus aus der Nummer, erwies sich als Trugschluss.

«Ich will nicht nach Memmingen. Ich will da nur kurz mein Auto abholen. Ich möchte mit dir nach Berchtesgaden», antwortete Richie wie selbstverständlich.

«Ich weiß nicht, wo ich dich da unterbringen soll», zischte

ich zurück. In meinem Kopf hämmerte nur ein Gedanke: «Ich muss diesen Typen wieder loswerden. So schnell wie möglich.» Nur wie? An dieser Stelle blieb mein Gedankenkarussell jedes Mal hängen. Es half nichts. Ich hatte keinen Plan, brauchte jetzt aber ganz schnell einen.

«Berchtesgaden ist schlecht», sagte ich wie im Reflex. «Da kennen mich alle. Wenn, dann musst du Richtung Österreich fahren. Dort müssen wir schauen, ob wir ein Zimmer für dich bekommen.»

Wir bestiegen mein Auto und fuhren gemeinsam Richtung Süden. Die Fahrt zog sich. Die Stunden wollten nicht vergehen. Ich wusste nicht, was mich mehr quälte: der Ärger über mich selbst oder die Frage, wie das mit uns weitergehen sollte. «Wie konnte ich nur so dumm sein?!» Ich hätte mich ohrfeigen können. «Warum habe ich nicht gleich Nein gesagt, als er vorschlug, mich zu besuchen? Da wäre es noch einfach gewesen.»

Jetzt war es anders. Wir kommunizierten nicht im Internet. Wir saßen gemeinsam im Auto. Virtuell miteinander vertraut, in Wirklichkeit waren wir einander völlig fremd. «So was kann nur schiefgehen», dachte ich. Und es ging schief. Wie schief, das konnte ich da noch nicht ahnen.

In Österreich brachte ich Richie in einem Hotelzimmer unter. Zumindest das hatte funktioniert. Aber wie sollte es weitergehen? Wie lange wollte er bleiben? Und was wollte er hier überhaupt? So rasch Johnny B. im Chat reagierte, so gemächlich ließ es Richie in der Wirklichkeit angehen. Alles blieb im Ungefähren. In mir wuchsen Ungeduld und Sorge.

Nach einer guten Woche fasste ich mir ein Herz: «Richie, das macht keinen Sinn. Du musst wieder nach Kanada zurück», sagte ich. «Mit uns funktioniert das nicht so, wie du dir das vorgestellt hast.» Inzwischen war selbst mir klar geworden, dass er sich mehr als einen Besuch bei einer Chatbekanntschaft erhofft hatte.

Richie flog dann doch wieder zurück nach Kanada. Ich war erleichtert. Der Abschied war schrecklich gewesen. Richie weinte, er heulte und veranstaltete einen Zinnober, als ginge die Welt unter. Ich war nur froh, als er schließlich weg war.

«Puh, der ist weg. Endlich.» Ich atmete durch und brauchte ein paar Tage, um mich wieder einigermaßen zu sortieren.

Nach einiger Zeit schaute ich wieder in meinem alten Chat vorbei. Da diskutierte man gerade ein großes Thema: «Habt ihr mal wieder was von Johnny B. gehört?» – «Was ist denn mit dem?» – «Der war schon lange nicht mehr da.» – «Weiß jemand, was mit Johnny B. los ist?» – «Wo ist der denn abgeblieben?»

«Was?», durchfuhr es mich. «Das gibt's doch nicht.» Seine Abwesenheit im Chat kam mir komisch vor. Wie aus dem Nichts überfiel mich ein merkwürdiges Gefühl: «Der ist nicht in Kanada, der ist noch hier.»

Ich setzte mich in mein Auto und fuhr zu dem Hotel, in dem er abgestiegen war. «Spinnst du jetzt?», fragte ich mich während der Fahrt völlig verunsichert. Ehe ich weiterdenken konnte, überrannten mich meine Gefühle. «Der ist noch da», hämmerten sie mir ins Hirn. Panik machte sich breit.

Fuhr man vor seinem Hotel die Straße geradeaus entlang, kam man zu einem öffentlichen Parkplatz. Irgendetwas sagte mir: «Fahr da lang.» Ich folgte dieser Stimme und bog auf den Parkplatz. Tatsächlich: Da stand sein Auto.

Ich traute meinen Augen nicht. Vorsichtig stieg ich aus und ging auf seinen Wagen zu. Schon aus einiger Entfernung sah ich: Richie sitzt drin – mit Decken und Schlafsack. Ich war fassungslos.

«Was machst du denn hier?», entfuhr es mir.

Richie ließ die Fensterscheibe herunter. «Ich bin wieder zurückgekommen», behauptete er. «In Kanada habe ich nämlich alles aufgegeben. Ich bleibe jetzt hier und gehe auch nicht mehr weg.»

«Richie, das geht nicht», fuhr ich ihn an. «Was soll ich mit dir machen?»

Richie saß mit Decken und Schlafsack in seinem Auto und entgegnete seelenruhig, das wisse er auch nicht. Er habe auch keine Ahnung, wo er hinsolle. «Aber ich will, dass du mitkommst», sagte er. Richie wirkte sonderbar. Eine eigenartige Mischung aus Resignation und Entschlossenheit mischte sich in seine Worte.

Ich bekam Angst. «Der ist komisch drauf», spürte ich instinktiv. «Was, wenn er sich was antut?» Richie wollte ich auf keinen Fall auf dem Gewissen haben. Das hätte mir gerade noch gefehlt. Mein Leben war schon kompliziert genug.

Erneut besorgte ich ihm in Österreich ein Hotelzimmer. «Ich muss wieder nach Hause fahren», sagte ich leise. «Zurück zu meinen Kindern.»

Richie begann zu schluchzen und zu heulen. Tränen strömten über seine Wangen. Er schrie und geriet in einen Zustand, in dem er nicht mehr ansprechbar schien. Mir schoss Angst in sämtliche Glieder. Ich wusste nicht mehr ein noch aus. Ich wusste nur eines: «Ich muss nach Hause. Hier kann ich unmöglich bleiben.» Schweren Herzens setzte ich mich ins Auto und fuhr heim. Wie würde es wohl mit Richie weitergehen?

Kaum daheim angekommen, blinkte eine SMS auf meinem Handy. Sie kam von Richie. «Ich bringe mich um. Sag meiner Mutter, dass ich sie liebe und sie keine Schuld hat an dem, was jetzt passiert», hatte er geschrieben.

Mich packten Fassungslosigkeit und Entsetzen. Nein, ich wollte unter keinen Umständen schuld an seinem Tod sein.

Ich sprang in mein Auto und raste zurück zu seinem Hotel. Als ich ankam, hatte Richie bereits die Lampen in seinem Hotelzimmer zerstört.

«Gut, dass du kommst», begrüßte er mich. «Ich nehme mir jetzt das Leben.»

Das war keine Show. Er meinte das ernst. Seinen Abschiedsbrief sah ich im Zimmer liegen. Er hatte bereits Laken zusammengeknüpft, um sich zu erhängen. Ich begann, mit ihm zu sprechen. Langsam und so ruhig wie möglich. Meine Knie zitterten genauso wie meine Stimme. Allmählich gelang es mir, ihn wieder zu beruhigen.

«Wie soll das weitergehen?» Die Frage wurde nach diesem Ereignis immer bohrender. Mein Mann, der zu diesem Zeitpunkt längst eigene Wege ging, signalisierte mir, es sei ihm egal, was ich zu tun gedachte. Er erklärte sich sogar bereit, mir eine Reise nach Kanada zu zahlen, wenn ich mit Richie dort hinwollte. Inmitten meines totalen Gefühlschaos schien mir das zumindest eine Option. Auch um Zeit zu gewinnen und den Druck rauszunehmen, den Richie durch seine Suiziddrohung aufgebaut hatte.

«Okay, ich fliege rüber», entschloss ich mich. Richie flog voraus. Ich nahm meinen damals fünfjährigen Sohn Lukas mit und gab Marlena zu meiner Mutter.

Mama tobte: «Was machst du? Nach Kanada? Bist du wahnsinnig?» Aber sie konnte mich nicht davon abbringen. Geglaubt habe ich zu diesem Zeitpunkt nichts mehr. Ich kam mir machtlos vor. Getrieben von einem unbestimmten Schicksal, dem ich mich willenlos ergab. Dieses Schicksal führte mich jetzt nach Kanada.

Heute weiß ich, dass ich als Kind nie gelernt habe, Nein zu sagen. Und wenn ich es doch gesagt habe, hat niemand auf mich gehört. Diese Erfahrung hat sich so tief eingegraben, dass ich nicht in der Lage war, Stopp zu sagen. Auch nicht zu Richie. Ich hatte Mitleid mit ihm und wehrte mich nicht gegen die Widerstände, die in mir aufstiegen. Ich hätte mir auch nicht vorstellen können, dass ein entschiedenes «Nein, jetzt ist Schluss!» den Lauf der Dinge auch nur irgendwie hätte beeinflussen können. Dafür reichte meine Fantasie nicht.

Die Erfahrungen meiner Kindheit bestärkten mich darin, meine Gefühle zu ignorieren. Einen vernünftigen, klaren Gedanken konnte ich in diesem Gefühlswirrwarr, in dem sich ständig alle Gefühle widersprachen, ohnehin nicht fassen. Ich sagte also Ja und flog mit meinem Sohn zu Richie nach Toronto.

Kapitel 12

Heirat unter Druck

In Toronto holte uns Richie am Flughafen ab. Er kam mit einem Mietwagen.

«Warum das? Hat er kein Auto?», fragte ich mich. Laut sagte ich etwas anderes: «Komm, wir fahren zu dir nach Hause.» Ich war gespannt, was uns erwarten würde. Lukas war knatschig nach dem langen Flug. Aber Mama war in seiner Nähe. Das genügte ihm fürs Erste. Richie saß am Steuer.

In Toronto sind die Wege weiter als in Berchtesgaden. Dessen war ich mir bewusst. Dass sich die Fahrt aber so lange hinzog, stimmte mich dennoch nachdenklich. Wir irrten durch die Straßen. «Kommt mir die Ecke nicht bekannt vor? Waren wir da nicht vorhin schon?» Ich schwieg, aber ich hatte recht. Richie fand den Weg nicht.

«Ja, sag mal, wie lange wohnst du hier?», blaffte ich ihn an. «Zwei Jahre», gab er kleinlaut zurück.

«Dann musst du doch wissen, wie du nach Hause kommst.»

Richie verkniff sich eine Antwort und suchte weiter den Weg.

Erst später verstand ich: Richie war nie wirklich aus seinem Verließ rausgekommen. Er kannte nur den Weg von seinem Kellerloch zum Supermarkt und wieder zurück. Mehr hatte er von Kanada nicht gesehen. Er hauste wie jemand, der sich auf der Flucht versteckt.

«Ich wohne hier recht einfach», sagte er noch, als er endlich den richtigen Weg gefunden hatte. «Ich hoffe, du kommst damit klar?»

Wir stiegen aus, nahmen unsere Koffer und liefen durch eine Gartenlaube zu einem Kellerraum, den Richie seine Wohnung nannte. Er sperrte die Tür auf, und mich traf der Schlag.

In dieser Abstellkammer standen keine Möbel. Ein Sessel vom Sperrmüll, ein Bett, eine Kochnische. Das war's. Fenster gab es keine. Ich war fassungslos: «Wie kann man so leben?» Das war unmenschlich.

«Ich weiß nicht, wo ich den Lukas hier schlafen lassen soll», sagte ich.

«Dort auf dem Sessel könnte er schlafen», meinte Richie.

«Das geht gar nicht», grummelte ich. Irgendwie versuchte ich, Lukas ein Bett zu richten. Es gelang beim besten Willen nicht. In der Not kam mir ein rettender Gedanke: «Ich miete ein Wohnmobil. Ich bleibe nicht in diesem Kellerloch.»

Richie hatte kein Geld. Das hatte ich inzwischen begriffen. Auch das mit seinem Job stimmte so nicht. Aber das merkte ich erst später.

Wir fuhren dann tatsächlich mit dem Wohnmobil durch Kanada, und wir begannen, auch Spaß zu haben. Mit Lukas verstand sich Richie richtig gut. Ich verkniff mir die Frage nach seinem Job. Wahrscheinlich wollte ich nicht angelogen werden.

Für Richie war alles ganz einfach. Er wollte was von mir. Das stand außer Frage. Aber das war nicht alles. Richie war ein absoluter Entweder-oder-Charakter. Völlig kompromisslos. Alles oder nichts. Dazwischen gab es für ihn nichts. «Ohne dich geht für mich das Leben nicht mehr weiter.» So war Richie. Mit diesem Wissen im Gepäck flog ich wieder nach Hause.

Daheim versuchte ich mir einzureden: «Kanada war Urlaub: Wir hatten eigentlich eine lustige Zeit. Ich habe so viel gelacht wie seit langem nicht mehr. Und Lukas hatte auch seinen Spaß. Urlaub eben. Mehr war da nicht.» Aber da hatte ich die Rechnung ohne Richie gemacht.

Wir waren nicht lange zurück in Berchtesgaden, als das Telefon klingelte: «Ich habe für dich jetzt alles aufgegeben. Ich komme rüber zu dir.»

Ich war wie vom Donner gerührt.

Mein Mann und ich lebten seit einiger Zeit getrennt. Ich war ausgezogen und wohnte in Bayerisch Gmain. Mit der Trennung hatte ich alles verloren: Haus, Job, Auto. Alles war weg. Ich brauchte Geld, um mir ein neues Leben aufzubauen. Eigentlich wollte ich mir eine neue Stelle suchen. Der Kinder wegen arbeitete ich dann doch weiter im Hotel meines Mannes. Ich hoffte, ihnen auf diese Weise trotz der Trennung vom Vater eine gewisse Normalität zu erhalten.

Doch damit war es spätestens vorbei, als Richie bei mir und den Kindern einzog. Richies Eifersuchtsszenen spitzten sich dramatisch zu.

Und meine Mutter akzeptierte die neue Situation mit Richie überhaupt nicht. «Wenn du mit diesem fremden Mann zusammenlebst, betrete ich dieses Haus nicht mehr», fuhr sie mich an. Damit war ich geächtet und stand allein da. Mit Richie und den Kindern. Sonntags fuhr meine Mutter vor, wartete mit dem Auto vor dem Haus, ließ die Kinder einsteigen, fuhr mit ihnen zum Gottesdienst und brachte sie anschließend wieder zurück. Meine Türschwelle überschritt sie nicht mehr. Sie brach jeglichen Kontakt ab.

Das Zusammenleben mit Richie erwies sich als extrem problematisch. Er entwickelte eine ungeheure Aggressivität und einen absoluten Besitzanspruch. Als ich mich von meinem Mann scheiden ließ, drängte Richie dann auf Heirat und machte Druck. «Solange wir nicht verheiratet sind, ist das kein festes Ding. Das geht so nicht.» Er wollte mich besitzen, und das ging in seiner Vorstellung nur durch Heirat.

Damals war mir das nicht klar. Ich konnte den Aufstand, den Richie wegen des Heiratens veranstaltete, bald nicht mehr ertragen. Er steigerte sich da rein, tobte und vergaß sich völlig. Es war schlimm. Ich hielt das nicht mehr aus. In seine Zornesausbrüche zog er die Kinder hinein. «Ich fahre jetzt weg, und ihr werdet mich nie wieder sehen», drohte er ihnen. Lukas war noch klein.

«Wo fährt der Richie hin?», fragte er jedes Mal völlig verängstigt.

«Ihr werdet mich nie wieder sehen, weil eure Mama nicht macht, was ich will», brüllte er.

Die Kinder heulten. Und ich wusste nicht mehr, was ich tun sollte. Lukas und Marlena kamen mit der Situation überhaupt nicht zurecht. Richie nutzte das aus. Er war hochmanipulativ und baute über die Kinder Druck auf mich auf.

Irgendwann kapitulierte ich. «Okay, wir heiraten, aber nur im ganz kleinen Kreis. Nur wir beide.» Insgeheim hoffte ich, damit auch meine Mama wieder zu besänftigen. Zumindest war es kein «schlampiges Verhältnis» mehr, sondern wir wären ein Ehepaar. Zum zweiten Mal verheiratet zu sein, war in den Augen meiner Mutter zwar nicht richtig, aber sie würde bei einem geordneten Verhältnis zumindest mein Haus wieder betreten. Das hatte sie mir signalisiert.

So kam es, dass Richie und ich standesamtlich heirateten. Im ganz kleinen Kreis. Nur wir beide: Rein ins Standesamt, die kürzeste Ansprache, die es gab: «Willst du – ja oder nein?» Raus. Kaffeetrinken. Fertig. Ich hatte die Hoffnung, jetzt würde alles besser werden. Doch das erwies sich als Irrtum.

Geldsorgen, Streitigkeiten mit meinem Ex-Mann um die Kinder, Richies Eifersucht: Alles wurde schlimmer. Viel schlimmer. Ich zog beruflich einen Schlussstrich, verließ das Hotel und begann bei «Aldi» zu arbeiten. Für Richie fand ich keinen Job.

«Du kennst dich doch gut mit Computern aus. Biete doch einen Heimservice für Computer an», versuchte ich ihn zu motivieren. Das war das Einzige, was mir einfiel. Nichts funktionierte. Und Richie wollte auch nicht. Schließlich versuchte er sich als Webdesigner. Davon hatte er aber keine Ahnung.

«Ich lerne das schon irgendwie, und dann helfe ich dir», versprach ich ihm und bemühte mich, mir die nötigen Kenntnisse anzueignen. Wenn ich von der Arbeit kam, erledigte ich den Haushalt und kümmerte mich dann um die Homepages, mit denen er nicht zurechtkam.

Nach außen spielte ich die Starke und fing an, mir mein Leben schönzureden. Niemand sollte etwas mitbekommen. Die Tage, an denen Richie gut gelaunt und lustig war, sah ich als meine «superglücklichen» Tage. Wenn er ausrastete, konnte ich das meisterhaft vor allen verbergen.

Kapitel 13
Richie droht mit Mord

In meinem Job verdiente ich inzwischen ordentlich. Finanziell konnten wir aufatmen. Unsere Arbeitsteilung war ebenso klar wie ungerecht: Ich arbeitete, Richie lebte von meinem Geld. «Hauptsache, er gibt Ruhe», so weit war ich mittlerweile. Doch die Phasen, in denen Richie nett war, wurden immer kürzer. Seine Ausfälle nahmen zu. Er wurde spürbar aggressiver. Richie fing an, Dinge zu tun, die mir Angst machten.

Einmal hatte sich ein Spreißel in meiner Hand entzündet. Das sah zunächst harmlos aus, wuchs sich aber zu einer ernsten Sache aus. Dreimal musste ich operiert werden. Fast ein halbes Jahr war ich krank. Schlimmer als die Schmerzen und die Ungewissheit, ob ich wieder gesund werden würde, war die Sorge um meinen Arbeitsplatz. Ich musste eine große Schiene tragen, um den Arm ruhigzustellen.

Unsere Nachbarin hatte ein Pferd. «Vielleicht tut es gut, wenn du mal was anderes erlebst», meinte sie und lud mich ein, sich auf ihr Pferd zu setzen und mich ein paar Runden zu führen. Selber reiten konnte ich nicht – wegen des Arms. Aber mal wieder auf einem Pferd zu sitzen, war wunderbar.

Plötzlich sah ich, wie Richie durch die Tür kam. Er zückte sein Handy und machte Fotos. «Hey, schön, dass du mich fotografierst», rief ich ihm zu.

«Das Foto ist nicht für dich. Damit hab ich dich jetzt in der Hand», gab er mir zurück. Sein Ton war aggressiv.

«Was soll das heißen, du hast mich damit in der Hand?», schrie ich zurück.

«Wenn das noch mal vorkommt, gehe ich zu deinem Chef, zeige ihm die Bilder und erkläre ihm, dass du im Krankenstand reitest.»

Was sagte er da? Ich dachte, ich höre nicht recht. «Du spinnst wohl! Wie kommst du auf so was? Ich arbeite und versorge die ganze Familie, und du kommst mit so was!», brüllte ich ihn an.

In diesem Moment wurde mir klar: Das zwischen uns hatte nichts mehr mit normalen Streitigkeiten zu tun. Das war richtig böse.

Richie entschuldigte sich nie. Er wurde immer fieser und ließ sich neue Gemeinheiten einfallen, um mich unter Druck zu setzen. Dazwischen gab es Phasen, da war er wieder richtig gut drauf und lustig. Machte ich, was er wollte, hatten wir «gute» Zeiten. Die gingen aber meist bald wieder vorüber.

«Damit kann ich nicht mehr umgehen», spürte ich. Seine Bosheit bohrte immer tiefere Wunden in meine Seele. «Das kann ich dir nicht mehr verzeihen», dachte ich dann jedes Mal. Und doch gelang es wieder. Wie ein geschlagener Hund schleppte ich mich weiter. Nur die Hoffnung auf ein paar Tage ohne neue Qualen ließ mich durchhalten.

Im Urlaub fuhren wir mit dem Wohnwagen nach Italien. In der Nähe des Campingplatzes war ein Reiterhof. Sie hatten einen Haflinger, der stand zum Verkauf. Richie wollte dieses Pferd unbedingt haben.

«Wir sind mit dem Wohnwagen da und haben keinen Hänger dabei. Das geht nicht», appellierte ich an seine Vernunft.

Das kam bei Richie nicht an. Auf dem Ohr war er völlig taub. «Ohne dieses Pferd kann ich nicht mehr leben.» Den gesamten Urlaub lag er mir damit in den Ohren.

Daheim ging es weiter. Wir stritten nur noch. Irgendwann hatte ich die Streiterei satt. Wieder war es ihm gelungen, mich weichzukochen. Ich kaufte den Haflinger zu einem völlig überzogenen Preis von 3500 Euro. Das war reiner Wucher. Wir holten Delpho, so hieß das Pferd, in der Toskana ab und brachten ihn heim. Bei mir fuhr die Hoffnung mit, dass von jetzt an alles besser werden würde. Richie hatte sein Pferd. «Vielleicht ändert sich damit auch mein Leben», machte ich mir Mut. Die Hoffnung stirbt zuletzt.

Wir stellten Delpho bei einem Bauern in der Nachbarschaft unter. Ruhe kehrte damit nicht ein. Es begann neuer Streit. Richie ließ niemanden an sein Pferd ran, keiner konnte es ihm recht machen. Niemand behandelte sein Pferd richtig. Wir zerstritten uns deshalb mit der gesamten Nachbarschaft.

Wenn Richie auf Delpho ausritt, lief ich zu Fuß hinterher. Auf die Dauer wurde mir das zu dumm. «Wir haben so viel wegen des Pferdes gestritten. Vielleicht wird es besser, wenn ich auch ein Pferd habe. Dann können wir zu zweit ausreiten, und ich muss nicht hinterherlaufen», schlug ich Richie vor.

Richie wollte mich zwingen, dass ich ihm Delpho überschreibe. Ich hatte das Tier von meinem Geld gekauft. Er durfte damit umgehen, als wäre es sein Eigentum. Aber überschreiben wollte ich es ihm auf keinen Fall. Durch den Ehevertrag vor meiner ersten Hochzeit hatte ich schon einmal alles verloren. Ich war ein gebranntes Kind und weigerte mich, ihm den Haflinger zu überschreiben.

Richie rastete aus: «Dann gehört das Pferd nicht mir! Dann bringe ich es um.»

Das war zu viel. Jetzt hatte ich endgültig genug. «Weißt du, was? Ich fahre jetzt zu meiner Mutter. Du kannst alleine hierbleiben», fuhr ich ihn an. Ich stieg in mein Auto. Die Reifen quietschten. Ich war weg. Richie besaß noch seinen alten Wagen, der in Memmingen gestanden hatte, während er in Kanada war.

Unterwegs summte mein Handy. Richie hatte mir eine SMS geschrieben. «Wenn du nicht sofort anhältst, fahre ich gegen einen Baum!»

Ich bog rechts in eine Haltebucht. Richie war mir gefolgt. Ich stieg aus und ging wütend zu seinem Wagen. Auch er war ausgestiegen und fragte mich kalt, was ich hier machte.

«Richie», schrie ich ihn an. «Das geht alles überhaupt nicht mehr. Hier hast du den Ehering zurück. Deine Aggressivität ertrage ich nicht länger. Du machst mich und die Kinder kaputt.»

Richie stieg in sein Auto, knallte die Tür zu, drückte aufs Gas und fuhr mich um. Wenn er mich nicht haben könne, dann auch kein anderer. Dafür werde er schon sorgen, hörte ich ihn rufen. Mit Wucht schlug ich auf der Motorhaube auf. Das war mein Glück. Denn vornedran stand mein Auto. Viel fehlte nicht, und ich hätte zwischen den Wagen geklemmt. Richie war völlig außer Kontrolle.

«Irgendwann bringt der dich um», sagte ich mir. Aber ich verdrängte den Gedanken bald wieder und versuchte die Stimmung wieder zu verbessern – auch der Kinder wegen.

Richie hatte eine Schwester in Memmingen. Seine Mutter stammte aus Rumänien. Sie war zwar mit einem Deutschen verheiratet gewesen, sprach aber fast kein Deutsch. Wir trafen die beiden nur ein paarmal. Weder zur Schwester noch zu seiner Mutter hatte ich einen besonderen Draht.

Als Richie wieder einmal durchdrehte, rief ich sie an. «Ich habe Angst. Der Richie tickt völlig aus. Könnt ihr mit ihm reden?», flehte ich. Geholfen hat es nichts.

Auch meine Eltern versuchten, auf ihn einzureden. Erst reagierte er aggressiv, dann verlor er sich in Selbstmitleid. «Am besten wäre es, wenn ich nicht mehr da wäre», sinnierte er dann und drohte damit, sich umzubringen.

Seine Aggressionen richteten sich zunehmend auch gegen

die Kinder. Marlena war damals um die dreizehn Jahre alt. Richie fing an, sie als «Dreckshure» zu beschimpfen. Einmal bekam ich mit, wie er Lukas schubste und ihm zurief: «Du bist zu blöd zum Laufen. Du fällst schon wieder hin.» Dann schlug er Lukas, weil er hingefallen war.

«Richie, du darfst die Kinder nicht angreifen», flehte ich ihn an. Ich wusste nicht mehr, was ich tun sollte. Hilfe bekam ich keine. Woher auch? Das Einzige, was mir einfiel, war: «gut Wetter machen.» Das war auch das Einzige, was zur Schadensbegrenzung beitrug. Zumindest vorübergehend.

Ich kaufte Richie alles, was er sich wünschte. Er arbeitete nicht. Ich bezahlte. Und Richie saß zu Hause und tyrannisierte uns. Bekam er, was er wollte, war die Stimmung für einige Tage gut. Danach begann das Drama von vorne.

Kapitel 14
Tausend Tode

Die Streitereien um Delpho, der Dauerkrach mit unseren Nachbarn, Richies Ausfälle mir und den Kindern gegenüber: Ich wusste mir nicht mehr zu helfen. Aber der Gedanke, ein zweites Pferd könne die Situation zumindest ein wenig verbessern, machte mir Hoffnung. Vielleicht würde es Richie beruhigen, wenn wir gemeinsam ausreiten könnten.

Ich kaufte Jonny, das billigste Pferd, das ich bekommen konnte. Der Preis hatte seinen Grund: Dieses Pferd war sehr schwierig.

Die Situation mit Richie verbesserte sich durch die Anschaffung leider auch nicht. Ich hatte jetzt ein «Quarter Horse», Richie «nur» einen Haflinger.

«Ich reite nicht wie ein Depp auf einem Bauernpferd. Ich will auch ein Quarter Horse.» Wir hatten ein neues Streitthema. Mein Plan mit dem zweiten Pferd war gescheitert.

Immerhin, es gab auch schöne Tage: Wir ritten gemeinsam aus. Richie war guter Dinge. Er musste nicht arbeiten und konnte die Tage mit den Pferden verbringen. Das war sein Leben. Das gefiel ihm. Ich versuchte weiter, ihm das alles zu ermöglichen. Hauptsache, es gelang mir, seine emotionalen Ausbrüche halbwegs zu verhindern.

Eines Tages ritten wir gemeinsam aus. Ich saß auf meinem schwierigen Pferd und bat Richie, nicht weit vorauszureiten. Auf Jonny fühlte ich mich noch nicht sicher. Richie hörte nicht. Er wollte mir demonstrieren, wie gut er reiten konnte, und galoppierte mit Delpho auf und davon. Jonny scheute. Er war verstört, weil Delpho auf einmal verschwunden war.

Ich zuckte zusammen. «Was, wenn er jetzt mit mir durchgeht?» Krampfhaft versuchte ich Jonny unter Kontrolle zu bekommen. Der Weg, auf dem wir ritten, war schmal. Seitlich ging es steil nach unten. Jonny bäumte sich auf und machte einen Schritt zur Seite. Ich konnte ihn nicht halten. Gemeinsam stürzten wir den Abhang hinunter. Etwa fünfzig Meter tief. Wir überschlugen uns. Das Pferd fiel auf mich. Ich lag am Boden. Totenstille um mich herum. «Das war's. Jetzt stirbst du», durchfuhr es mich. Neben mir lag das Pferd. Das sah ich noch. Dann quietschten Autoreifen.

«Dass Sie noch leben?!», sagte ein freundlicher Mann und bot mir seine Hilfe an. «Ich habe gesehen, wie Sie mit dem Pferd da runter sind. Das Pferd ist auf Sie gefallen. Sie hätten tot sein können. Ich bringe Sie sofort ins Krankenhaus», sagte der Autofahrer, der angehalten hatte, um Erste Hilfe zu leisten.

Ich stützte mich auf ihn. Langsam erhob ich mich. Ich zitterte. Der Schock saß tief. Schmerzen spürte ich kaum. Stehen ging schon wieder. «Nein, danke, passt schon, mir fehlt nichts», sagte ich und war selbst überrascht, dass der Sturz so glimpflich ausgegangen war. Auch Jonny stand wieder auf seinen vier Beinen und wieherte. Er hatte nur ein paar Schrammen, sonst war ihm nichts passiert. Ich stieg auf und ritt nach Hause.

Als Richie zurückkam und sah, was passiert war, machte er ein großes Ding aus meinem Sturz: «Oje, meine arme Frau, wie schlimm», gab er sich besorgt. So kannte ich ihn gar nicht. Zumindest hatte ich ihn lange nicht mehr so erlebt.

Als der Schock nachließ, spürte ich, mit meinem Rücken stimmt etwas nicht. Im Krankenhaus erklärte man mir, dass ich einen Rückenwirbel gebrochen hatte. «Sie haben wahnsinniges Glück gehabt, Sie hätten gelähmt sein können.»

Ein halbes Jahr lang musste ich ein Korsett tragen, um den Rücken zu stabilisieren. Tag und Nacht. Es war furchtbar.

Schlimmer als die Einschränkung durch das Korsett war die erneute Sorge um meinen Job. Wegen meiner Hand war ich lange krank gewesen. Und jetzt das. Würden sie mich feuern? Bei Discountern ist man nicht zimperlich. Dessen war ich mir bewusst.

Ich war Alleinernährerin. Ohne Arbeit wäre alles vorbei gewesen. Zu meinem Beziehungschaos und der Furcht vor Richies Ausrastern gesellte sich nackte Existenzangst.

Richie begann zu trinken. Wenn er betrunken war, gingen die Aggressionen noch mehr mit ihm durch. Unsere Streitereien wurden heftiger. Sie zogen sich über Tage hin. Richie versuchte, mir auch körperlich weh zu tun. Seine Ausbrüche waren wie ein Sog, der uns mehr und mehr nach unten zog.

Ich saß mit meinem Korsett zu Hause und war zur Untätigkeit verdammt. Richie versuchte sich an Gelegenheitsjobs. Nirgends blieb er lange. Mal fuhr er nachts sturzbetrunken nach Hause. Mal erschien er ein paar Tage überhaupt nicht. Ein andermal telefonierte er mir permanent hinterher. Nichts funktionierte.

Dafür wurden seine Vorwürfe umso lauter: Ich würde ihn in einen Job zwingen, den er gar nicht wolle. Er könne die Pferde nicht mehr versorgen. Dafür habe er nun keine Zeit mehr.

Mir riss der Geduldsfaden. Mit Korsett war es unmöglich, sich um die Pferde zu kümmern. «Wenn du meinst, ich mache nur den Deppen für dich, dann bin ich jetzt auch mal unvernünftig!», schrie ich ihn an. «Dann nehme ich jetzt dieses Korsett ab.» In dem Moment war mir alles egal. Da waren nur noch Wut und Trotz. Warum sollte nur ich mich um unser Auskommen kümmern? «Ich kann nicht mehr!», brüllte ich und riss mir das Korsett vom Leib.

«Zieh das sofort wieder an!», schrie Richie.

«Nein, mach ich nicht!», fauchte ich zurück. «Ich soll arbeiten, und du machst, was du willst. Das mach ich nicht mehr mit!»

«Zieh das sofort wieder an, sonst setzt es was.» Richie kam auf mich zu.

«So brauchst du mir nicht zu kommen. Ich lasse mir von dir nicht mehr drohen.»

Richie packte mich, schob mich ins Bad, stieß mich zu Boden, drückte meinen Kopf in die Kloschüssel und spülte.

«Das machst du nicht noch mal», brachte ich gerade noch heraus.

Da packte er ein Handtuch und schlug damit auf mich ein. Das Handtuch traf mich im Auge. Ich sah nichts mehr. Aber Richie hörte nicht auf, auf mich einzuschlagen.

Mein Sohn Lukas bekam das alles mit. Er muss da so um die zwölf Jahre alt gewesen sein. Er weinte und schrie: «Mama, wir fahren zur Oma. Schnell, wir fahren zu Oma.»

Ein paar Tage zuvor war ich bereits bei der Polizei gewesen. Ich hatte befürchtet, die Situation mit Richie könne irgendwann eskalieren. Darauf wollte ich die Polizisten aufmerksam machen. Ich wies darauf hin, wie ernst meine Lage sei, und bat darum, im Falle eines Hilferufs wirklich schnell zu kommen. Das sei kein Spaß. Ich hätte Angst um mein Leben. – Jetzt, wo es so weit war und ich dringend Hilfe gebraucht hätte, war ich nicht einmal mehr in der Lage, ans Telefon zu gehen.

Als Richie mich verdrosch, war nur Lukas mit im Haus. Marlena übernachtete woanders. Ich nahm Lukas beiseite und flüsterte ihm zu: «Ich traue mich jetzt nicht, zur Oma zu fahren.»

«Mama, du musst. Du musst», bettelte Lukas und ließ mich nicht mehr los.

«Ich traue mich aber nicht», sagte ich leise.

Da griff Lukas zum Telefon und rief meine Eltern an: «Kommt bitte schnell her. Ich hab Angst, der Richie bringt die Mama um.»

Meine Eltern kamen. Sie sahen mich mit meinem dick geschwollenen, sich blau verfärbenden Auge. Das Korsett hatte ich inzwischen wieder an. Bewegen konnte ich mich nicht. Alles schmerzte. Meine Haare hingen mir ins Gesicht, noch nass von der Toilettenspülung. Tränen und Dreckwasser liefen mir über die Wangen.

«Jetzt ist Schluss», platzte es aus meinem Vater heraus. «Wir haben schon so vieles mitbekommen, jetzt reicht es.»

Wenn Richie mal wieder damit gedroht hatte, sich umzubringen, während ich arbeitete, hatte ich jedes Mal meinen Papa angerufen und ihn gebeten, nach Richie zu sehen. Er tat das dann.

Jetzt war mein Vater außer sich: «Wenn du Andrea noch einmal anfasst, bekommst du es mit mir zu tun. Lass sie sofort in Ruhe und lass dich nie mehr blicken! Andrea kommt jetzt zu uns.»

Meine Eltern packten Lukas und mich in ihr Auto. Wir fuhren zu ihnen. Lukas zitterte am ganzen Körper. «Du bleibst jetzt hier», versuchten sie mich zu beruhigen. «Wir richten dir erst mal dein Zimmer her. Dann sehen wir weiter. Du musst dich von ihm trennen! Richie muss sich einer Behandlung unterziehen. So geht das nicht mehr. Der bringt dich um.»

Gefühlt war ich in dieser Beziehung bereits tausend Tode gestorben. Jetzt wusste ich nicht, wie weit Richie noch gegangen wäre, wären meine Eltern nicht aufgetaucht. Ich hatte Angst um unser Leben. Um meines und um das meiner Kinder.

Kapitel 15

Du bist schuld an dem, was jetzt passiert

Wir saßen mit meinen Eltern im Zimmer.

«Lasst uns hier verschwinden», meinte Papa. «Der kommt sonst und bedroht dich. Wir fahren auf eine Hütte und verbringen dort die Nacht. Da findet er uns nicht.»

Wir fuhren also zu einer Almhütte und schliefen dort. Am nächsten Tag ging es zu meinen Eltern zurück. Lukas und ich hatten uns vorgenommen, diesmal in meinem alten Kinderzimmer zu schlafen.

In der folgenden Nacht klopfte es an mein Fenster. Richie stand draußen. «Du kommst jetzt nach Hause!», rief er. Innen konnte man jedes Wort verstehen, so laut schrie er.

«Lass das Licht aus. Wir tun, als wären wir nicht hier», flüsterte ich Lukas zu. Das arme Kind zitterte am ganzen Körper.

«Ich weiß, dass du da drin bist!», brüllte Richie.

Lukas und ich kauerten uns in eine Ecke des Zimmers und gaben keinen Laut von uns.

Richie fing an, Sturm zu läuten.

Papa stand auf und stellte die Klingel ab. Richie trommelte gegen die Tür.

Wir waren wie in Schockstarre.

Keiner sprach ein Wort.

Richie begann, die Tür einzuschlagen.

Jetzt rastete Papa aus: «Wenn du noch einmal gegen die Tür schlägst, dann fängst du von mir so eine, dass du nicht mehr weißt, ob du Männlein oder Weiblein bist. Du gehst jetzt nach Hause und lässt dich hier nicht mehr blicken.»

Richie verzog sich.

Am nächsten Morgen waren wir alle völlig fertig. Meine Eltern wussten nicht, was sie machen sollten. Ratlosigkeit lag wie eine bleierne Wolke über dem Tag. Es wurde Abend.

Richie hatte mir tagsüber wüste Droh-SMS geschickt: «Du wirst schon sehen, was du davon hast.» Und: «Du wirst es nie wiedergutmachen können, was du mir antust.» Oder: «Ich werde dir das alles heimzahlen.»

So ging das den ganzen Tag.

«Schau dir seine blöden Nachrichten nicht mehr an», riet Mama. «Lass es piepsen, oder schalte dein Handy aus.»

Ich machte mein Handy aus und legte es weg. Erst gegen 20.00 Uhr schaltete ich es wieder an.

Sofort öffnete sich eine Nachricht von Richie: «Grüß Delpho von mir und gib ihm ein schönes Leben. Du hast es nicht verdient, aber ich möchte, dass du dafür sorgst, dass er ein schönes Leben hat. Und sag meiner Mama, dass ich sie lieb hab. Das hast du jetzt alles davon.»

Ich erschrak. Zwar kannte ich solche Drohungen von Richie, aber irgendwas schien diesmal anders. «Mama, das kommt mir komisch vor. Da habe ich überhaupt kein gutes Gefühl», sagte ich zögerlich.

«Das ist jetzt egal. Du bleibst hier sitzen», antwortete meine Mutter besorgt.

Ich verstand sie, aber meine innere Unruhe wuchs. «Mama, bitte, lass uns rüberfahren und nach Richie schauen.»

Meine Eltern saßen vor dem Fernseher. «Wir schauen noch die Sendung zu Ende. Dann setzen wir uns ins Auto und fahren gemeinsam rüber. Der soll sich erst mal bei dir entschuldigen», sagten sie.

Die Sendung war vorüber. Wir fuhren los.

Vor dem Haus stiegen wir aus und schlichen zu den Fenstern. Vorsichtig lugte ich durch unser Wohnzimmerfenster. Da hing er. Richie hatte sich an einem Balken in unserem Wohnzimmer erhängt.

Ich rannte los, stürmte durch die Tür und suchte ein scharfes Messer, um die Schlinge um Richies Hals zu durchschneiden. Meine Mama half mir. Doch so sehr wir uns mühten, wir konnten das Drahtseil, das sich in Richies Hals geschnitten hatte, nicht durchtrennen. Endlich gelang es, ihn loszuschneiden. Richies lebloser Körper sackte zu Boden.

Ich versuchte, ihn wiederzubeleben. In der Panik fiel mir die Notrufnummer nicht ein.

«Wie ist die Notrufnummer?», schrie ich meine Mutter verzweifelt an. Auch sie wusste die Nummer in diesem Moment nicht. Ich versuchte weiter, Richie wiederzubeleben.

«110», rief meine Mutter.

Ich wählte die Nummer und brüllte ins Telefon: «Kommt schnell, mein Mann hat sich erhängt.» Mit Blaulicht fuhren Krankenwagen und Notarzt vor. Zwei Stunden versuchten sie, Richie zu reanimieren. Es war nichts mehr zu machen. Er war tot.

Die Sanitäter nahmen mich beiseite und sagten: «Seien Sie froh, dass wir ihn nicht zurückholen konnten.» Sie erzählten von Fällen, bei denen dies gelungen sei. Die betreffende Person sei dann zeitlebens ein schwerer Pflegefall geblieben. Wahrscheinlich war das von ihnen gut gemeint.

Für mich war es wie der nächste Nackenschlag. «Das kann doch nicht wahr sein!», schrie ich und brach zusammen. Ich wollte nicht wahrhaben, was hier geschehen war.

Sie führten mich aus dem Wohnzimmer und ließen mich nicht mehr hinein. Dann kam eine Ärztin und stellte offiziell Richies Tod fest. Seine Leiche wurde abgeholt.

Meine Eltern setzten mich in ihr Auto. Lukas brachten wir zu meinem Ex-Mann. Ich wollte nicht, dass er noch eine Nacht mit mir in jenem Zimmer verbringen musste, in dem wir am Tag zuvor gemeinsam in Todesangst in der Ecke gekauert hatten.

Im Wohnzimmer meiner Eltern setzte ich mich auf die Couch. Alles tat mir weh. Meinen Körper konnte ich nicht mehr bewegen. Meine Seele schrie vor Schmerz. Während meine Mutter zunächst vergeblich versucht hatte, das Drahtseil um Richies Hals zu durchschneiden, hatte ich ihn hochgehoben. Ich hatte gehofft, so die Strangulierung noch verhindern zu können.

Jetzt spürte ich stechende Schmerzen in meinem Rücken. Ich trug noch immer mein Korsett und hätte nichts heben dürfen. Doch daran denkt in so einem Moment niemand. Jetzt saß ich da, auf der Couch meiner Eltern, und die Schmerzen überwältigten mich. Ich konnte nichts tun. Nur dasitzen und darüber nachdenken, was gerade passiert war. Richie war tot. Er hatte sich erhängt. Wieder und wieder musste ich mir das selbst sagen. Ich konnte und wollte es einfach nicht begreifen.

Keine Ahnung, wie oft er mir gedroht hatte, sich etwas anzutun, um mir Druck zu machen. Jetzt hatte er es getan. Die Wirklichkeit war schlimmer, als ich es mir in meinen schlaflosen Nächten vorgestellt hatte.

«Warum bin ich nicht eher zu ihm rübergefahren?» Der Gedanke ließ mich nicht mehr los. Er kreiste in meinem Kopf. Schneller, immer schneller. Mir wurde schwindelig.

Wie aus dem Nichts tauchte der Gedanke an Gott auf. Ausgerechnet Gott. Dieser Gott, vom dem ich nichts mehr hatte wissen wollen. Der mir egal geworden war im Chaos meines Lebens. Von dem ich mich Lichtjahre entfernt hatte, weil ich in den Augen der Frommen nicht «gottgefällig» lebte. Dessen Gottesdienste für mich zur Qual geworden waren, weil ich sie nur meiner Mutter zuliebe besucht hatte. Dieser Gott, der mir so fremd geworden war, kam mir plötzlich in den Sinn.

Ich begann ihn anzuklagen. «Wie konntest du das zulassen?», schrie ich ihn an. Ich hatte mit Gott nichts mehr am

Hut. Aber irgendeinen Schuldigen brauchte ich jetzt. Zu meinen Eltern konnte ich schlecht sagen: «Musstet ihr die Fernsehsendung unbedingt zu Ende schauen? Richie könnte vielleicht noch leben!» Nein, das ging nicht. Und das stimmte so auch definitiv nicht. Aber ich brauchte jetzt einen Schuldigen, an dem ich meine ganze Wut auslassen konnte. Dafür bot sich Gott an.

Von der Ärztin, die Richies Tod beurkundet hatte, hatte ich Beruhigungsmittel bekommen. Diese Tropfen waren der Hammer. Sie ballerten mich regelrecht weg. Damit konnte ich schlafen.

«Nicht mehr als sechs Tropfen und höchstens vierzehn Tage lang», hatte sie mir eingeschärft.

Das war mir egal. Ich weiß nicht mehr, wie dieses Mittel hieß. Aber ich weiß noch gut, dass ich mich nicht an die Vorschrift der Ärztin hielt. Ich nahm weit mehr als sechs Tropfen, damit ich nachts durchschlafen konnte. Ohne das Zeug ging überhaupt nichts mehr.

Das Loch, in das ich nach Richies Tod fiel, war größer und dunkler als alles, was ich zuvor kennen gelernt hatte. Dabei hatte ich schon vorher keinen Mangel an schwarzen Stunden in meinem Leben gehabt. Nun trieb mich Richies Suizid tief in die Depression.

Am 28. September hatte er sich umgebracht. Die Tage danach befand ich mich in einer Art Trance-Zustand. Ich nahm die Welt um mich herum wie durch einen Schleier wahr. Immer wieder musste ich mich erinnern: «Das ist kein schlechter Traum, sondern Wirklichkeit.»

Die Vorbereitung der Beerdigung kostete mich die letzten, kaum noch vorhandenen Nerven. Während ich in meinem tiefen, schwarzen Loch saß, sollte ich über Sarg, Beerdigung, Grabstein und was auch immer entscheiden. Da lagen Kataloge des Bestattungsinstituts auf dem Tisch. Statt darin zu blättern, dachte ich nur: «Seid ihr verrückt? Ihr spinnt doch. Was soll ich hier aussuchen?»

Die Vorbereitungen hatten freilich auch ihr Gutes. Sie zwangen mich, das Haus zu verlassen.

«Wie soll ich das alles bloß bezahlen?», fragte ich mich, als Beerdigungskosten von rund viertausend Euro im Raum standen. Dieses Geld hatte ich nicht. Mit ungeheurer Wucht bohrte sich blanke Existenzangst in meine Trauer. Schon vor Richies Tod hatte ich fürchterliche Sorgen, wie es finanziell weitergehen sollte. Jetzt blickte ich endgültig in den Abgrund.

«Wie soll ich jetzt weiterleben? Mein Job ist wahrscheinlich futsch, weil ich bereits so lange krank bin. Und jetzt dieser nächste Schlag.» Mir war klar, dass ich in meiner jetzigen Verfassung so schnell nicht wieder bei «Aldi» antreten konnte. Der Gedanke ließ mich fast durchdrehen. «Erst war ich sechs Monate krank wegen meiner Hand. Danach war ich sechs Monate arbeitsunfähig wegen des Rückens. Und jetzt fall ich aus, weil sich mein Mann erhängt hat.» Meine Gedanken drehten sich im Kreis, und ich konnte nicht mehr aufhören zu weinen.

Kapitel 16
«Wir haben da jemanden für dich»

Mein Mann hatte sich umgebracht. Mit diesem Schicksal bin ich nicht allein. Sich das bewusst zu machen, kann trösten. Es kann die Dinge aber auch komplizierter machen. Ein paar Monate, bevor Richie starb, hatte sich der Mann meiner Chefin erhängt. Mit ihr verstand ich mich sehr gut. Nun hatten wir das gleiche Problem.

Im Nachhinein gehe ich davon aus, dass dieser Selbstmord Richie überhaupt erst auf die endgültige Idee brachte. Er hatte mitbekommen, wie bestraft sich meine Chefin durch den Suizid ihres Mannes gefühlt hatte. Wie sehr sie mit Schuldgefühlen kämpfte.

Für unsere Filiale bedeutete das alles ein maximales Desaster: Erst erhängte sich der Mann der Chefin, jetzt meiner. Davor war ich monatelang wegen Krankheit abwesend. Nach der Beerdigung gab mir die Firma noch knapp drei Wochen Zeit, dann kam ein Anruf. Darauf hatte ich schon lange gewartet. Immerhin, ich flog nicht raus.

«Sie kommen jetzt wieder zur Arbeit», forderte man mich auf.

«Das geht nicht», versuchte ich zu erklären. «Ich bin nicht in der Lage, wieder zu arbeiten. Ich kann einfach nicht.»

Das ließ man nicht gelten. «Wir glauben, es tut Ihnen nicht gut, wenn Sie weiter zu Hause sind. Es wäre besser für Sie, Sie kommen wieder und finden allmählich zurück in einen normalen Alltag.»

Normaler Alltag? Das schien mir weiter entfernt als der Mond. Ich dachte nach und entschied mich dann doch, wieder zu arbeiten. Drei Stunden pro Tag sollten es anfangs sein.

Kaum saß ich an der Kasse, fiel mir mein Code nicht mehr ein, mit dem ich mich jahrelang eingeloggt hatte. «Wird schon wieder werden», hoffte ich. Aber es wurde nicht. Ich litt an Gedächtnisaussetzern. Manchmal waren die Dinge da, im nächsten Moment waren sie wieder weg. Und ich konnte mich nicht mehr erinnern. Es fühlte sich an wie Gedächtnisverlust. Abends hatte ich ein massives Minus in der Kasse. Ich saß da und kam mir vor wie ein Alien. Ich war zwar da, aber gleichzeitig abwesend. Kontrolle über das, was ich tat, hatte ich jedenfalls nicht. Zugeben, dass mein Hirn nicht richtig mitspielte, wollte ich allerdings auch nicht.

Eines Tages trug man mir an, wieder eine Filialvertretung zu übernehmen. Entschieden weigerte ich mich.

«Das geht nicht», widersprach ich. In Gedanken spielte ich durch, was das bedeuten würde. Tresorabrechnung zum Beispiel. «Nein, nein, das geht nicht», blieb ich hartnäckig.

«Da führt kein Weg daran vorbei», sonst müsste man über andere Lösungen nachdenken, wurde mir beschieden. Ich schluckte und meinte: «Okay, aber ich kann für nichts garantieren.»

Das war eine fatale Entscheidung. Weil ich nicht zugeben wollte, dass ich dazu nicht in der Lage war, brachte ich mich selbst in Bedrängnis. Ich bekam den Tresor nicht mehr auf, weil mir die richtige Kombination nicht mehr einfiel. Weil ich Angst hatte, die Alarmanlage könnte losgehen, bekam ich Panikattacken. Sämtliche denkbaren Horrorszenarien spielten sich in meinem Kopf ab. Ausgelöst durch mich selbst. Jedes Mal hatte ich etwas falsch gemacht oder vergessen. Ich schrieb mir Zettel und klebte sie an alle möglichen und unmöglichen Orte. Nur nichts übersehen, bloß nichts vergessen.

In dieser Zeit war ich nicht mehr in der Lage, meine Kinder zu versorgen. Selbst kochen konnte ich nicht mehr. Früher hatte ich das mit links gemacht. Kam ich von der Arbeit nach Hause, schlich ich mit letzter Kraft zur Couch. Da saß ich dann wie eine lebendige Leiche. Untätig, kaputt, zu nichts zu gebrauchen.

Außer meinen Eltern kümmerte sich niemand. Freunde hatte ich keine mehr. Die hatte Richie alle vertrieben. Die Nachbarn genauso.

Eine Ärztin riet mir dringend: «Das geht so nicht weiter, Sie müssen zur Kur.»

«Schön und gut», sagte ich, «aber ich habe zwei Kinder und zwei Pferde. Wer soll sich darum kümmern?»

Sicher, es gab Nachbarn, die mir da und dort geholfen hätten. Ich wurde auch mal gefragt, wie es so geht. Das Problem war nur: In so einer Situation trauen sich die meisten nicht, einem wirklich zu begegnen. Sie wissen nicht, was sie sagen sollen. Also macht man lieber einen Bogen um jemanden, dem das Schicksal – oder was auch immer man dafür hält – übel mitgespielt hat.

Der Winter kam. Auf den Bergen lag bereits eine dicke Schneeschicht. Im Ort zog der Weihnachtsmarkt Einheimische und Touristen an. Es roch nach Advent.

Mir war nicht danach. Nicht nach Advent und schon gar nicht nach Weihnachten. In diesem Dezember wären Richie und ich zehn Jahre verheiratet gewesen.

Vielleicht weil Weihnachten als Familienfest gilt, kamen meine Kolleginnen auf die Idee, ich sollte wieder jemanden kennen lernen. «Dann bist du nicht mehr so allein», meinten sie. «Du brauchst jemanden, der sich mit dir um die Pferde kümmert. Und einen Ansprechpartner.»

Wohl weil man es gut mit mir meinte, hatte man gleich Nägel mit Köpfen gemacht und über ein Partnerportal im Internet mit einem Mann Kontakt aufgenommen, der ein Pferd besaß und in meiner Gegend wohnte. Meine eifrigen Kolleginnen rieten mir, ich solle mich bei diesem Portal anmelden, und boten ihre Hilfe bei der Kontaktaufnahme mit dem unbekannten Reiter an. Sie hatten ihn bereits angeschrieben und ihre Vermittlung angeboten.

«Na ja, vielleicht hilft mir das tatsächlich, vielleicht lenkt es mich wenigstens ab», überkam mich ein Hoffnungsschimmer. «Jemand, der auch Pferde mag? Das wäre nicht verkehrt. Vielleicht kann er sich mit mir um die Pferde kümmern. Dann hätte ich zumindest eine Lösung für mein Pferdeproblem», überlegte ich. Ich hatte nichts zu verlieren.

Also setzte ich mich an den Computer und schrieb drauflos, dass ich den Kontakt von meiner Kollegin hätte und mich nun selbst melden wolle.

«Lust auf ein Treffen?», kam als Antwort. – «Warum nicht?» – «Wir könnten Pizza essen!» – «Wann?» – «Heute Abend?»

«Ist ohnehin egal», dachte ich mir. «Bevor ich nur daheim sitze und Trübsal blase, gehe ich mit dem was essen.»

«Okay», schrieb ich zurück, und wir vereinbarten einen Treffpunkt für den Abend.

Wir aßen gemeinsam beim Italiener, er wirkte nicht unsympathisch und erzählte viel. Dass er eigentlich nicht hier wohne, aber einen Hof in der Nähe von Berchtesgaden betreue. Dort gäbe es etliche Pferde. Er selbst besitze auch eines.

«Möchtest du mitkommen? Es ist ein traumhaftes Anwesen. Und es gibt einen genialen Reitplatz. Ich würde dir das Anwesen und den Stall gerne zeigen. Hast du nicht Lust?»

Lust hatte ich nicht. Verstohlen sah ich auf meine Armbanduhr: erst 19.00 Uhr. Eigentlich war ich müde und wollte heim, aber unhöflich sein, das wollte ich auch nicht.

«Du, es ist schon spät», schob ich vor. Und: «Ich fahre eigentlich nicht mit irgendwelchen Männern mit, die ich nicht kenne.»

«Stell dich nicht so an. Ich tu dir doch nichts. Ich will dir nur das Anwesen und die Pferde zeigen. Danach fahre ich dich heim.»

«Nein danke, jetzt nicht», sagte ich. Und das fiel mir nicht leicht. Nein zu sagen, war ja nie meine Stärke. Er bedrängte mich weiter. Schließlich gab ich nach. «Na gut, wenn wir nur die Pferde und den Hof anschauen. Du musst mir aber versprechen, dass du mich danach gleich heimfährst.»

Er versprach es.

Kapitel 17
Durch die Hölle und zurück

Draußen war es stockdunkel. Wir fuhren zu einer Hütte mit Anbau. Soweit man das in der Dunkelheit sehen konnte, war es tatsächlich recht schön hier.

«Komm rein», bat er.

«Wir wollten doch nur die Pferde anschauen», erinnerte ich an unsere Absprache.

«Das können wir nachher machen. Ich würde dir gerne was ausgeben. Möchtest du vielleicht ein Weißbier? Oder willst du etwas anderes trinken?»

«Ist jetzt egal. Trink ich halt noch ein Weißbier mit ihm», dachte ich.

Er erzählte, dass er vorhabe, nach Amerika zu gehen. «Du könntest mitkommen», meinte er einladend.

«Ich kann jetzt nicht nach Amerika, und ich will auch nicht. Ich habe zwei Kinder, und außerdem haben wir uns eben erst kennen gelernt. Das geht mir alles zu schnell», blaffte ich zurück und wollte aufbrechen. Wir tranken unser Weißbier aus.

«Möchtest du dich ein bisschen hinlegen?», fragte er leise.

«Ich, ich, äh… Ich weiß nicht. Mir ist so komisch», stammelte ich. Mir wurde schwindelig. Alles drehte sich. Ich verlor die Besinnung.

Um fünf Uhr morgens wachte ich neben ihm im Bett auf. Ich wusste weder, wie ich dahin gekommen war, noch was passiert war. Ich wusste nur noch eines: «Ich muss hier sofort weg.»

«Fahr mich sofort nach Hause!», rüttelte ich ihn wach. Ich war nicht mehr ich selbst. Ich war reine, personifizierte Panik. Er fuhr mich heim.

«Ich komm noch mit rein», sagte er.

«Hau ab und schau, dass du verschwindest», fuhr ich ihn an und schloss die Tür hinter mir. Danach weiß ich nichts mehr.

Um 7.00 Uhr fand mich Lukas im Bad. Ich lag in einer Blutlache. Wahrscheinlich wollte ich auf die Toilette gehen. Dabei muss ich die Besinnung verloren haben. Was genau geschehen ist, weiß ich nicht. Überall war Blut. Es tropfte aus einer tiefen Platzwunde.

«Mama, was ist los mit dir?», schrie Lukas, als er mich da liegen sah. Er rannte zum Telefon und rief meine Mutter an. Mama kam und brachte mich ins Krankenhaus.

Ich schämte mich. Keinem im Krankenhaus wollte ich sagen, was geschehen war. Er muss mir etwas in mein Getränk getan haben. Nach dem Weißbier wusste ich nicht mehr, was mit mir los war. Ich konnte nicht mehr reagieren. Ich war umgefallen. Fertig. Danach wusste ich nichts mehr. Völliger Filmriss. So sehr ich mich darum bemühte, zu rekonstruieren, was geschehen war, es gelang mir nicht.

Ich schämte mich so. «Das kann doch nicht sein, dass mir das passiert ist. Wie blöd muss man sein, um auf so etwas hereinzufallen? Wo war nur dein Hirn?», klagte ich mich an.

Die Ärzte wollten wissen, wie es zu meiner Verletzung kam. Ich konnte es ihnen nicht sagen. Ich schämte mich zu sehr. Also log ich und erzählte eine Story vom Pferd.

Sie glaubten mir nicht. So eine Verletzung könne man sich nur bei einem ungebremsten Fall zuziehen. Das sei nicht normal, sagten die Ärzte in der Notaufnahme. Sie hatten recht, aber ich wagte nicht, es zuzugeben.

Im Krankenhaus führten sie Untersuchungen und Tests durch. Schließlich holten sie noch einen Psychologen.

«Wenn ihr wüsstet», dachte ich die ganze Zeit. Aber ich

wagte nicht, etwas zu sagen. Ich biss mir auf die Lippe und schwieg.

«Der Grund für Ihren Sturz könnte ein epileptischer Anfall gewesen sein», fasste der diensthabende Arzt die Ergebnisse der Untersuchungen zusammen. Unter diesen Umständen sei es ungewiss, ob ich meinen Führerschein behalten dürfe, ließ er mich wissen.

«Dann bin ich meinen Job endgültig los», schoss es mir durch den Kopf.

Wie konnte ich mich auf diesen Unbekannten aus dem Internet nur einlassen? Das war nicht nur leichtsinnig. Das war völliger Irrsinn. Jeder muss doch wissen, dass Scharen solcher Typen im Netz unterwegs sind, um in der virtuellen Anonymität nach Opfern wie mir zu suchen. Dennoch fallen Tag für Tag Frauen und Mädchen auf solche Verbrecher herein. So wie ich. Hinterher finden sich immer Gründe, warum man nicht eher gemerkt hat, was der andere vorhat. Dann ist es zu spät.

Bei mir spielte Weihnachten dabei eine Rolle. Erst später wurde mir der Zusammenhang deutlich. Ich hatte Heiligabend mit den Kindern bei meinen Eltern gefeiert.

Was heißt gefeiert? Gefeiert ist das schlechteste Wort, das es für diesen Weihnachtsabend gibt. Dieses erste Weihnachten nach Richies Tod war die Hölle für mich. Sämtliche Gefühle, die sich in den vergangenen Jahren angestaut hatten, kamen hoch. Dazu der Suizid, meine Schuldgefühle, die Existenzangst: Alles war auf einmal da.

Und es war Heiligabend. Da liegen Gefühle ohnehin blank. Wegen der Kinder versuchte ich, mir so wenig wie möglich anmerken zu lassen. Das machte alles nur noch schlimmer. «Ich überlebe diesen Abend nicht», dachte ich wieder und wieder. Und das war ernst gemeint. Es hätte mich nicht gewundert, wäre ich plötzlich tot umgefallen.

Ich fühlte mich, als läge ich im Sterben. Außen brannten Kerzen, in mir brannten Wut, Trauer, Schuld und Angst. Meine

Gefühle wechselten in Sekunden. Emotional bekam ich keinen Boden mehr unter die Füße. Ich befand mich im freien Fall.

«Stille Nacht, heilige Nacht»: In den hell erleuchteten Stuben Berchtesgadens wurde traditionell die Geburt des Jesuskindes gefeiert. Friede und Heil habe es in die Welt gebracht, hieß es im Evangelium. Es gab Zeiten, da konnte ich das glauben. Das war lange her. Nichts davon war geblieben. Mochten noch so viele Kerzen an den Christbäumen brennen – in mir war kein Licht in dieser unheiligen Nacht. Nur Finsternis und Tod. Zukunft konnte ich keine erkennen. Wie Blei lagen Erinnerungen auf meinen Schultern.

Richies Tod machte diese Last nicht leichter. Sie schmerzte nur noch mehr. Sie drückte mich nieder. Mit der gleichen Härte und Unerbittlichkeit, mit der Richie meinen Kopf in die Toilette gestoßen hatte.

Heiligabend war vorüber. Nun galt es, die Weihnachtsfeiertage zu überstehen. Der ganze Stress des Vorabends steckte mir noch in den Knochen, als ich mich am ersten Weihnachtsfeiertag mit dem Unbekannten aus dem Internet traf. «Noch so einen Abend wie gestern verkrafte ich nicht. Vielleicht hilft es, wenn ich ausgehe. Es kann nur besser werden», dachte ich – ehe ich die gegenteilige Erfahrung machen musste: Schlimmer geht immer.

Auch meinen Arbeitskolleginnen habe ich nie erzählt, was an diesem Abend wirklich geschah. Der Typ, der mich betäubt und willenlos in sein Bett geschleppt hatte, war später nicht mehr ausfindig zu machen.

Bis Silvester musste ich im Krankenhaus bleiben. Dann wurde ich entlassen. Meine Eltern gaben sich Mühe, mich in die Normalität zurückzuholen. Doch Normalität gab es für mich nicht mehr. Schon lange nicht mehr. Jetzt war ich endgültig «ganz unten» angekommen. Tiefer konnte man nicht mehr fallen. Über Jahre hatte mich mein Mann gequält und sich dann selbst umgebracht. Als ob das nicht fürchterlich genug gewesen wäre, fühlte ich mich jetzt auch noch zutiefst gedemütigt, misshandelt und beschmutzt.

«Komm, wir fahren heim», sagten meine Eltern. «Silvester bekommen wir 'rum. Wir machen gemeinsam Fondue, und um Mitternacht geh'n wir raus aufs Feld.» Auch meinen Eltern hatte ich erzählt, ich sei gestürzt. Sie ahnten nicht, was wirklich passiert war.

Ich ging nicht mit nach draußen in dieser Silvesternacht. Ich blieb drinnen und machte keinen Schritt vor die Tür. Vom Leben hatte ich genug. Mich umzubringen wäre eine Option gewesen. Darüber dachte ich nach. Ich verwarf den Gedanken wieder. Das wollte ich meinen Kindern nicht antun.

Auf Dauer konnte ich nicht bei meinen Eltern bleiben. Auch die Pferde wollte ich wieder selbst versorgen. Es half nichts, ich musste zurück in unser Haus. In das Haus, in dem sich Richie aufgehängt hatte. Arbeiten durfte ich noch nicht. Ich war wieder krankgeschrieben – wegen meiner Platzwunde und wegen des Verdachts auf epileptische Anfälle. «Wenn der Führerschein weg ist, war es das mit der Arbeit. Das machen die nicht mehr mit.» Dessen war ich mir sicher. «Dann ist das Desaster endgültig perfekt.»

Der Gedanke machte mich hoffnungslos. Ich weinte. Was sollte ich tun? Ich fing an zu beten. Warum, das weiß ich bis heute nicht. Wahrscheinlich war das der letzte Strohhalm, den ich noch zu ergreifen suchte.

«So, Jesus, jetzt hast du mich», brach es aus mir heraus. «Ich weiß nicht mehr weiter. Ich habe dich lange angeklagt. Jetzt geh ich auf die Knie. Ich weiß mir nicht mehr zu helfen. Ich weiß nicht mehr, wie mein Leben weitergehen soll. Ich bin am Ende.»

Mitten im Wohnzimmer sank ich auf die Knie. Tränen liefen mir über das Gesicht. Im September hatte sich Richie in diesem Raum erhängt. Jetzt kniete ich hier auf dem Holzboden und flehte zu Gott. War ich durchgedreht, endgültig verrückt geworden?

«Jesus, wenn du mir helfen kannst, dann hilf mir bitte. Aber hilf bitte schnell. Nicht irgendwann. Ich kann nicht mehr.»

Exakt in diesem Moment kam mir ein merkwürdiger Gedanke. Gott hatte mir geantwortet.

Mein Leben sollte sich ab jetzt vollkommen verändern. Nur wusste ich das in diesem Augenblick noch nicht.

Aber es fing gerade an.

Teil III:

Franz

Kapitel 18

Nicht jammern, Probleme lösen

Unternehmer wollte ich schon werden, als ich noch gar nicht wusste, was das ist. Bereits als Kind versuchte ich, aus allem ein kleines Geschäft zu machen. Als ich fünf Jahre alt war, habe ich zum Palmsonntag kleine Palmzweige gebunden und am Zaun zur Straße hin verkauft. Das Geschäft lief so gut, dass sich meine Eltern nicht vorstellen konnten, wo ich das viele Geld her hatte.

Ich erinnere mich noch genau: Der erste Kunde sagte mir, ich sei viel zu billig. Sofort habe ich den Preis für das Büschel Palmkätzchen von fünfzig Pfennig auf fünf Mark erhöht. Alle meine dreißig Büschel bin ich losgeworden und konnte mein Glück kaum fassen. Meine Eltern wollten mir anfangs nicht glauben, dass ich mir auf diese Weise um die 150 Mark verdient hatte.

Unternehmertum schien zu meinem Gencode zu gehören. Meine Eltern hatten einen Gemüsegroßhandel. 1968 in Traunstein geboren, wuchs ich in Siegsdorf in Oberbayern auf. Genau genommen bin ich in der Obstkiste groß geworden. Die alten Kisten aus der Firma der Eltern waren mein Spielzeug.

Als ich kleiner Dreikäsehoch mir daraus Autos baute, konnte noch niemand ahnen, dass ich gut zwanzig Jahre später, nach der Wende, meine erste unternehmerische Karriere tatsächlich mit dem Handel von Obst und Gemüse im Osten machen würde. Als ich mit kindlichem Vergnügen in den Obstkisten meiner Eltern saß, stand die Mauer noch unverrückbar. Ost und West waren durch Stacheldraht und Schießbefehl getrennt.

Aber das deutsch-deutsche Drama fand jenseits unserer heilen bayerischen Welt statt. Hier in Oberbayern war die Welt «in Ordnung». Da gingen die Uhren anders. Der Pfarrer galt noch als Autorität im Ort, der Glaube war eine Tradition, die so selbstverständlich war, wie mit «Grüß Gott» zu grüßen oder den Alm-Abtrieb zu erleben.

Als Kind konnte ich nicht ahnen, dass ausgerechnet mein Geburtsjahr 1968 später jenen gesellschaftspolitischen Einschnitt markieren sollte, der selbst im tiefen Bayern für Veränderungen sorgen würde. In meiner heilen bayerischen Kinderwelt spielte die 68er-Revolte keine Rolle.

Ich wurde also in einem Unternehmerhaushalt groß. Unmittelbar nach meiner Geburt hatten sich meine Eltern selbständig gemacht. Wie gesagt, sie betrieben einen Gemüsegroßhandel. Inzwischen hat mein jüngerer Bruder ihr Unternehmen übernommen. Im elterlichen Betrieb war ich daheim.

Meine Eltern waren immer da, aber immer sehr beschäftigt. Sie waren anwesend, aber auf ihre Aufgaben konzentriert. Man hat sich gehütet, zum falschen Moment dort aufzutauchen. Das hätte leicht bedeuten können, eine kleine Arbeit aufgebrummt zu bekommen. Ganz nach dem Motto: «Geh nicht zu deinem Fürst, wenn du nicht gerufen wirst.»

Die frühen Erfahrungen, die ich daheim machte, haben mich geprägt. Wie sehr dies der Fall ist, wurde mir erst viel später bewusst. So geht es wohl den meisten.

Worüber sich viele aber wahrscheinlich weniger Gedanken machen: Die Elternerfahrung prägt auch unser Gottesbild. Mein Vaterbild hat mein Gottesbild stark beeinflusst. Und zwar durchaus positiv. Der Vater war immer da, immer greifbar, immer sichtbar, man konnte zu ihm gehen. Allerdings: Er war stets beschäftigt und hatte nie viel Zeit. Ihn mit

Belanglosigkeiten zu belästigen, wäre mir nie in den Sinn gekommen.

«Bevor du deinen Vater belästigst, suche selbst nach einer Lösung»: So wurde ich erzogen. Heute nennt man das «Erziehung zur Selbständigkeit». Damals hieß es: «Nicht jammern, Probleme selber lösen.» In einem Unternehmerhaushalt war das völlig normal und nicht etwa die Folge pädagogischer Reflexionen. Anders wäre das bei uns nicht gegangen, fertig aus.

Auch meine Mutter arbeitete im elterlichen Betrieb. Aber sie war auch für meine drei Geschwister und mich da. Außerdem hatten wir immer eine Haushaltshilfe, die sich um uns gekümmert hat. Wir wohnten direkt am Betrieb. So war meine Mutter immer in Reichweite, immer greifbar, aber eben nicht immer verfügbar. Keiner hätte je zu uns Kindern gesagt: «Verschwindet, wir müssen arbeiten.» Wir haben von uns aus gesehen, die Eltern sind beschäftigt: «Da stören wir lieber nicht.»

Meine Eltern habe ich als warmherzig und sehr verbindlich empfunden. Gefühle offen zu zeigen, war daheim allerdings nicht angesagt. Jemanden zu umarmen und zu sagen: «Hallo, wie geht's dir? Schön, dass du da bist!», das gab es nicht. Wir lebten ein respektvolles Miteinander.

Die Arbeit und die Aufgaben meiner Eltern hatten dabei stets Vorrang. Wir wussten das und empfanden das als nichts Außergewöhnliches. Wenn ein Kunde etwas wollte, war klar: Kundschaft geht vor.

Meine Eltern arbeiteten viel. Und auch wir wurden zum Arbeiten erzogen. Großes Lob gab es nicht. Es galt der Spruch: «Nicht geschimpft ist gelobt genug.»

Unter uns Geschwistern bin ich der Älteste. Eigentlich stimmt das so nicht. Ich hatte noch eine ältere Schwester. Leider habe ich sie nie kennen gelernt. Sie starb, als sie drei Monate alt war. Schon zuvor hatte meine Mutter Babys durch Abgänge verloren.

Auch die Schwangerschaft mit mir war wohl nicht einfach. Meine Mutter musste viel liegen. Es gab Symptome, dass auch ich abgehen könnte. Heute weiß man, wie solche pränatalen Krisenszenarien die Beziehung zwischen Mutter und Kind beeinflussen. Und wie sehr bereits frühe Störungen die psychische Entwicklung eines Kindes beeinträchtigen.

Wenn eine Mutter sich Sorgen um den Fortbestand der Schwangerschaft macht, weil sie bereits die Erfahrung machen musste, dass es auch schiefgehen kann, bleibt das nicht ohne Folgen für ihr ungeborenes Kind. Sie kann in einer Situation der Angst, der psychischen oder physischen Belastung nicht die gleiche emotionale Bindung zu ihrem Kind aufbauen, wie dies unter anderen Umständen möglich gewesen wäre.

Da kann man niemandem einen Vorwurf machen, aber es lohnt sich, über diese frühen emotionalen Zusammenhänge nachzudenken. Ich litt später unter massiven Existenzängsten. Dabei spielten pränatale Erfahrungen eine nicht unwesentliche Rolle. Davon bin ich überzeugt.

Unsere Familie war religiös. Wir waren katholisch, und wir lebten in Bayern. Hier wurde überdurchschnittlich traditionell gelebt und ebenso überdurchschnittlich traditionell geglaubt. Das ging so weit, dass sich oft nicht mehr unterscheiden ließ, was Brauchtumspflege ist und wo der Glaube anfängt.

Man konnte wunderbar all die herrlich katholischen Feste und die damit verbundenen Bräuche mitvollziehen, ohne überhaupt etwas zu glauben. Dieser bayerische Katholizismus der Äußerlichkeit war genauso identitätsstiftend wie das Tragen von Trachten oder die Mitgliedschaft im Sportverein. Sie gehörte dazu, man machte mit. Alles hatte seine gewohnte Ordnung. Das war schon immer so. Und schön war es ja auch.

Wem die Kirche am Sonntag zu lange dauerte, der kam etwas später, stieg zur Empore hoch, verhandelte dort unauffällig mit dem Banknachbarn den Preis für das Schwein, das nächste Woche den Besitzer wechseln sollte, und freute sich auf das Hefeweißbier nach dem Gottesdienst. Auch so kann man seine Sonntagspflicht, die es in der katholischen Kirche gibt, erfüllen. Und an Pflichten hielt man sich damals noch. Zumindest äußerlich.

Ich will niemandem zu nahe treten und ihm seinen Glauben absprechen. Schließlich kann man keinem ins Herz schauen. Aber ich erinnere mich noch gut, dass ich mich schon als kleiner Junge gewundert habe: «Da gehen sie regelmäßig sonntags in die Kirche. Und den Rest der Woche lassen sie den Herrgott einen guten Mann sein.»

So sagt man in Bayern, wenn einen Gott nicht sonderlich interessiert. Mich störte das schon als Kind. «Sonntags sind wir eine Stunde fromm. Den Rest der Woche spielt der Glaube keine Rolle.» Damit wollte und konnte ich mich nicht anfreunden. Diese Scheinheiligkeit, so empfand ich das, sollte mir als älterer Jugendlicher noch mehr zu schaffen machen.

Auch meine Familie ging jeden Sonntag in die Kirche. Feiertage wurden bewusst begangen. Wir lebten traditionell katholisch, aber das Religiöse war bei uns ernst gemeint. Gebetet wurde nicht in der Familie. Eine Ausnahme war das Mittagessen. Aber Gott hatte einen respektvollen, ernst zu nehmenden Platz in unserer Familie. Eine persönliche Beziehung zu Jesus, die gab es nicht. Rituale und Bräuche sorgten für den Erhalt der religiösen Tradition.

Als Schüler war ich eher der auffällige Typ. Einer von der Sorte, bei denen es im Jahreszeugnis beschönigend heißt: «Er war ein aufgeweckter, lebhafter Schüler.» Jeder wusste, was mit diesem formalen Lehrerspruch in Wirklichkeit gemeint war: «Wir hatten unsere Probleme mit ihm.»

Zugegeben, ich war nicht einfach. Ich war eigen und ein ziemlich lebhafter und robuster Typ. Heute würde man sagen, ich sei ein ernster Problemfall, und würde den Schulpsychologen alarmieren. Das wäre heute genauso falsch wie die Disziplinierungsversuche meiner Lehrer damals. Ich war anders und passte in keines ihrer vorgegebenen Raster. Wer nicht ins System passt, wird zum Problem. So ist das in der Schule.

Zum Glück hat sich heute manches gewandelt. Aber noch immer schleichen graue System- und Rasterwahrer durch Kultusministerien und Schulgebäude und verteidigen ihre Theorien – notfalls auch gegen die Realität.

Meine Realität war: Ich bin anders. Deshalb passte ich nicht ins Schulsystem. Sicher, ich war Jahrgang 68. In der Zeit danach wurde an den Schulen pädagogisch und methodisch viel experimentiert. Nur war für mich leider kein passendes Experiment dabei. Es musste also wohl an mir liegen.

Tatsächlich ticke ich ein bisschen anders, als man es gemeinhin als «normal» bezeichnet. Das wirkte sich zum Beispiel auch aufs Lernen aus. Ich habe ein annähernd fotografisches Gedächtnis. Lese ich Texte einmal, kann ich sie nahezu auswendig wiedergeben. Die Konzentration auf den Inhalt führt dazu, dass ich Wörter nicht einzeln wahrnehme. Ich erfasse sie in Bildern.

Auch geringste Änderungen in meiner Umgebung nehme ich sofort wahr. Stellt meine Frau in unserer Wohnung auch nur eine Kleinigkeit um, sticht mir das sofort ins Auge.

Das Problem an dieser bildlichen Wahrnehmung: Rechtschreibung kann ich komplett vergessen, weil ich Fehler in Wörtern durch meine spezielle Art der Text-Wahrnehmung überhaupt nicht erkenne. Buchstaben spielen keine Rolle für mich. Um sie wahrzunehmen, muss ich den Text noch einmal und dann ganz anders lesen. Diesen «zweiten Blick» habe ich mir erst im Erwachsenenalter antrainiert.

Während meiner Schulzeit hieß es: «Mit dem stimmt etwas nicht.» Meine Eltern hatten also ihre liebe Not mit einem aufgeweckten Sohn, der des Rechtschreibens nicht mächtig, dafür aber umso lebhafter und obendrein nicht willens war, sich einem System anzupassen, das ihn zum Außenseiter machte.

Vor diesem Hintergrund habe ich durchaus früh erfahren, was Druck ist und was Druck machen bedeutet.

Mein «Glück» war, dass meine Eltern kein besonderes Interesse an einem akademischen Bildungsweg hatten. Später sollte ich das bereuen. Von den verschiedenen Wegen und Möglichkeiten, die das Schulsystem bot, hatten wir damals keine Ahnung. Ich wusste nicht, dass es ein Gymnasium gab, das man besucht haben musste, wollte man später studieren. Meinen Eltern hätte ein Hauptschulabschluss gereicht, und dann ab in die Lehre. Das wäre für sie der normale Weg gewesen.

Spätestens, als viele meiner Freunde die Schule auf einmal verließen, wachte ich auf. Ich begriff: «Moment, da gibt es noch andere Möglichkeiten.» Von da an nahm ich die Sache selbst in die Hand. Ich wollte zumindest auf die Realschule und kümmerte mich selbst darum.

Auf Verständnis stieß ich damit nicht. Daheim musste ich mich rechtfertigen, warum und wieso. Ich biss mich selbst durch und fing an zu büffeln. Lernen fiel mir brutal schwer. Egal! Ich wollte da hin. Also quälte ich mich selbständig. Am Ende reichte mein Notenschnitt nicht ganz. Doch ich entdeckte, dass es noch eine Möglichkeit gab. Man musste an einem Test teilnehmen. Ich ging hin, bestand mit Bravour und besuchte fortan die Realschule.

Mit dem Glauben verhielt es sich bei mir ähnlich wie mit der Schule. Ich musste diese Welt für mich selbst erobern. Natürlich gingen meine Eltern mit uns Kindern in die Kirche. Aber dass es in Sachen Glaube so viel mehr zu entdecken gab, als unser bayerisches Traditionschristentum hergab, erschloss sich mir erst später.

Ich hatte immer einen besonderen Sensus für das Spirituelle. Ging es um Gott, hörte ich sofort aufmerksam zu. Erklären konnte ich mir das aber nicht. Schule und Glaube: Da sehe ich bei mir Parallelen. Ich musste erst verstehen: «Moment mal, hier geht viel mehr, als ich bisher kenne und ahne.» Dann habe ich mich jeweils selbst auf den Weg gemacht und bin fündig geworden.

Schon kurios: Auf diese Weise musste ich für mich das Rad zweimal selbst erfinden. Wahrscheinlich hat es mir dabei geholfen, dass uns die Eltern von klein auf darauf gedrängt hatten, unsere Probleme selbst zu lösen.

Heute ahne ich zumindest, woran es lag, dass mein Vater in puncto akademische Ausbildung eine Abneigung hatte: Mein Vater selbst hatte viele Geschwister. Und mein Opa war prominent. Er war Bundestags- und Europaratsabgeordneter und einer der Mitbegründer der CSU. Franz Josef Strauß ging bei meinem Opa ein und aus. Auch Konrad Adenauer kannte er persönlich.

Einige Geschwister meines Vaters wurden gefördert. Sie studierten, promovierten sogar und machten als Akademiker Karriere. Zum Beispiel im Landwirtschaftsministerium. Mein Vater war derjenige, der meinen Opa politisch unterstützt hatte. Auf Reisen fuhr er ihn mit dem Auto, und daheim sorgte er sich mit um die große Landwirtschaft. Ihm wurde versprochen, eines Tages werde er eine eigene Landwirtschaft bekommen.

Es kam anders. Mein Opa starb unmittelbar vor der Hochzeit meiner Eltern. Die Übergabe der Landwirtschaft scheiterte. Ich glaube, mein Vater fühlte sich durch die akademische Ausbildung der anderen benachteiligt. Daher waren Schule und Bildung kein großes Thema für ihn.

Kapitel 19
Tagträume, Ängste und Wegweiser im Nebel

Landwirtschaft war immer mein Ding. Schon als kleiner Junge hat mich der Betrieb meines Opas (mütterlicherseits) fasziniert. Heute weiß ich, das war kein jugendlicher Spleen, das hatte bereits mit meiner Berufung zu tun. Bis sich diese Berufung entfalten konnte, musste aber noch viel passieren. Besser gesagt: sogar sehr viel.

Als Kind war ich oft bei meinen Großeltern. Sie lebten in Siebenkofen, nahe Straubing, in Niederbayern. Kamen Ferien, ging es zu Oma und Opa. Auf ihrem Bauernhof mithelfen zu dürfen, war ein Traum. Traktor fahren, raus aufs Feld, körperlich arbeiten: Dafür konnte ich mich begeistern. Schule war nichts dagegen. Ich habe immer die Nähe zu meinem Opa in Niederbayern gesucht. Da fühlte ich mich besonders wohl.

Nicht, dass es mir daheim nicht gefallen hätte. Auch dort war es schön, aber eben anders. Mein Opa hat zwar auch viel gearbeitet. Aber er nahm sich immer wieder Zeit nur für mich. Er nahm mich mit auf die Jagd und – was noch besser war – mit aufs Gäubodenfest in Straubing. Das findet jedes Jahr in den großen Ferien statt.

Der Volksfestbesuch mit Opa gehört fest zu meinen Sommerferien. Das hatte Tradition. Gemeinsam drehten wir eine Runde über den Festplatz. Und zwischen all den Buden, Ständen und Fahrgelegenheiten gab's immer ein halbes «Hendl», etwas zu trinken, ein Eis und eine Tüte Magenbrot.

Mein Opa war ein angesehener Mann. Durch ihn fühlte ich mich dazugehörig. Das tat gut.

Außerdem faszinierte mich an ihm, dass er – trotz seiner vielen Arbeit – sein Leben gelebt und genossen hat. Alles hatte seinen Platz und seine Zeit. Es gab eine Zeit zum Arbeiten, aber auch eine Zeit, um zu genießen.

Sich dazugehörig fühlen zu können, war für mich wichtig. Wir lebten zwar als Bayern in Bayern, aber meine Eltern stammten nicht aus dem Ort, in dem wir wohnten. Hätte man damals das Wort «Migrationshintergrund» gekannt, hätte es möglicherweise auch für Niederbayern Anwendung gefunden, die nach Oberbayern gezogen waren.

Meine Eltern waren keine Einheimischen. Und das bekam man auch zu spüren. Durch den Opa gehörte man dazu, wurde zum Einheimischen. Durch die Eltern, die zugezogen waren, wurde man zum Zugereisten. Außerhalb des Weißwurstäquators – so nennt man in Bayern die natürliche Grenze, die den Freistaat vom Rest der Welt trennt – mag das sehr kleinkariert wirken. Für uns war es ein Thema. Wir waren so genannte «Zuagroaste» («Zugereiste»). Als solche wurden wir akzeptiert, aber du merktest, dass du in einem Ort lebst, in dem deine Eltern nicht zur Schule gegangen und nicht in den Vereinen groß geworden waren.

Wir Kinder waren in unserer Familie die erste Generation, die in Oberbayern geboren wurde. Meine Eltern waren nach ihrer Heirat, drei Jahre vor meiner Geburt, hierher gezogen.

Ein Leben als Kind von solchen «Einwanderern» zeichnete sich nicht zwangsläufig durch besondere Härten aus, aber es konnte von Fall zu Fall ein Problem sein. Fairerweise muss man sagen, wer von Inzell fünf Kilometer nach Siegsdorf zog, hatte die gleichen «Migrations»-Probleme wie wir. «Zugereister» zu sein, war und ist keine Frage der Entfernung oder der kulturellen Gräben zwischen Nieder- und Oberbayern. Es ging um die Tiefe des familiären Wurzelwerkes im Ort. Und meine Eltern hatten die Familie eben erst vor kurzem dorthin verpflanzt.

Ich will daraus kein Drama machen. Das war es nicht. Aber das Gefühl, sich Anerkennung erst verdienen zu müssen, weil man nicht von vornherein dazugehört, dieses Gefühl trug ich zeit meines Lebens mit mir herum. Das hat sicher nicht nur, aber auch, mit meinem «Zuagroasten»-Status zu tun. In der Schule fühlte ich mich als Fremdkörper, weil ich mit meiner Art nicht ins System passte, im Ort war ich der Oberbayer mit Eltern, die nicht von hier stammten.

Man konnte dies zum Beispiel daran spüren, dass die Eltern meiner Freunde sich kannten und schon teilweise selbst zusammen in die Schule gegangen waren. So fanden häufig Ereignisse oder Absprachen statt, die an uns vorbeiliefen. Wir waren nicht im «Eingeborenenverteiler». Niederbayer in Oberbayern: So beginnen Außenseiter-«Karrieren».

Wahrscheinlich hätte man seine Andersartigkeit spielend kompensieren können, wäre man ein begnadeter Fußballer gewesen, der den TSV Siegsdorf an die Tabellenspitze geschossen hätte. Aber das konnte ich leider nicht.

Auch da war ich anders: Ich war kein Fußballer, sondern begeisterter Schwimmer. Im Schwimmbad fiel ich bei einer Sichtung auf, wurde anschließend gefördert und betrieb Schwimmen bald als Leistungssport. Das brachte mir bei Weitem nicht jene öffentliche Anerkennung, die der Fußball selbst solchen Jungen zutrug, die wesentlich schlechter kickten, als ich schwamm. Aber Schwimmen gefiel mir dennoch.

Überhaupt spielte der Sport in meinem Leben eine wichtige Rolle. Es war eine Möglichkeit, mich über Leistung zu beweisen. Dass Leistung der Schlüssel für Anerkennung und Aufmerksamkeit ist, stand für mich früh fest.

Neben dem Sport gab mir die Musik die Chance, mir Anerkennung zu verschaffen. Bayerischer Musiktradition geschuldet, spielte ich Trompete und später Bass. Erst in einer Jugendkapelle, dann bei den Großen. Wir musizierten auf Festen, bespaßten Hochzeiten und bliesen jedem den Marsch, der uns buchte. Für mich war das eine «Pfunds-Gaudi», wie man in Bayern sagt.

Neben Sport und Musik hatten es mir vor allem die Berge angetan. Wann immer ich konnte, war ich als Jugendlicher in den Bergen unterwegs. Ich erinnere mich gut, ich muss um die sechzehn Jahre alt gewesen sein, als meine Eltern eine Berghütte auf dem Hochfelln pachteten. Für alle, die sich in den Chiemgauer Alpen nicht auskennen: Der Hochfelln ist ein 1674 Meter hoher Berg im Landkreis Traunstein. Was schreibe ich «Berg» – der Hochfelln und die Berge darum herum sind ein Paradies. Für mich waren sie das jedenfalls.

Oben am Berg sitzend auf die bayerische Voralpenlandschaft zu blicken und die Gedanken schweifen zu lassen, etwas Schöneres konnte ich mir nicht vorstellen. Es gab dabei nur einen einzigen Wermutstropfen. Und der wog allerdings schwer: meine Visionen und Tagträume.

Sie überkamen mich regelmäßig, wenn ich dort oben in den Bergen saß oder an sonst einem Platz, an dem ich meinen Gedanken freien Lauf lassen konnte. Schon als Kind hatten diese Tagträume begonnen. Sie waren plötzlich da, ohne dass ich verstand, was mit mir geschah. Ich konnte das so klar sehen, dass ich sogar anfing, die Szenarien im Sandkasten nachzubauen und zu spielen.

«Wer Visionen hat, soll zum Arzt gehen.» Den alten Satz von Helmut Schmidt kenne ich natürlich. Nicht nur deshalb bin ich vorsichtig, wenn es um das Wort «Visionen» geht. Ich spreche von meinen Tagträumen. Aber es waren tatsächlich innere Bilder und Eindrücke, die mich überkamen. Als Kind verstörten sie mich zum Teil. Sie machten mir Angst. Ich konnte damit auch deshalb nichts anfangen, weil Bilder darin vorkamen, die ich weder zeitlich noch geografisch einordnen konnte.

Als kleiner Junge sah ich, dass ich eines Tages etwas Großes für Gott machen möchte. Es wirkte auf mich wie ein Unternehmen. «Aha», dachte ich mir und projizierte dieses Bild in die Erfahrungswelt des Gemüsegroßhandels, die mich umgab: «Ich soll wohl mit Gemüse handeln und mit dem verdienten Geld dann Gutes tun.»

Meine Träume hatten ganz verschiedene Facetten: «Wohltätigkeit, ein Zentrum, Menschen.» Ich konnte das alles nicht einordnen. Je älter ich wurde, desto mehr versuchte ich, mir einen Reim darauf zu machen. Ich sah ein großes Haus mit großen Fenstern, eine Landwirtschaft. Alles Mögliche habe ich mir daraufhin zusammenfantasiert. «Die große Wiese hinter dem Haus meiner Eltern, da könnte das entstehen», bastelte ich mir das Gesehene gedanklich zurecht. Doch jedes Mal, wenn ich es örtlich platzieren wollte, wurde mein Bild sofort dunkel und verschwand wieder. Ich bekam fürchterliche Angst. «Was soll das?», fragte ich mich bange, fand aber keine Erklärung.

Wenn ich oben in meinen geliebten Bergen saß und ins Tal schaute, konkurrierten zwei Gefühle miteinander, die immer wieder auftauchten: «Hier will ich nie wieder weg!» Das war für mich sonnenklar. Und noch während ich das dachte, wusste ich intuitiv. «Eines Tages wirst du hier wegmüssen.»

Angesichts dieser Vorstellung überfiel mich eine tiefe Irritation. Meine bayerische Heimat, die Berge, mein Zuhause zu verlassen, schien mir ein Ding der Unmöglichkeit. Warum auch? Es gab keinerlei Anlass, darüber nachzudenken. Ich war vierzehn, als diese Vorstellung erstmals auftauchte. Keinerlei Veränderung war in Sicht, es gab keinen Anlass, sich über einen Ortswechsel Gedanken machen zu müssen.

Wie viele meiner Freunde hätte ich mein Leben in Bayern verbringen können, es gab keinen Grund, sich zu verändern.

Und selbstverständlich wäre ich geblieben, hätte Gott nicht ganz andere Pläne mit mir gehabt. Heute weiß ich, dass diese Pläne Gottes damals bereits in Bildern bei mir anklopften. Heute kann ich auch sagen, was genau sie bedeuteten. Aber dazu später.

Damals stocherte ich mit meinen Tagträumen im Nebel. Sie ängstigten mich, und ich war froh über jeden in meiner Umgebung, der eine spirituelle Ader erkennen ließ. Immer in der Hoffnung, dort etwas mehr über mich und meine eigenartige Innenwelt zu erfahren. Oft hatte ich sogar den Eindruck, irgendetwas wollte mit mir kommunizieren. Aber wer oder was sollte das sein?

Verbrachte ich die Ferien bei meinen Großeltern, traf ich dort Onkel Sepp. Josef, wie er eigentlich hieß, ist ein Onkel mütterlicherseits. Als Josef (oder Joseph) wird man in Bayern zwangsläufig zum Sepp. Es sei denn, man wird Kardinal und später Papst. In solchen Ausnahmefällen kann aus einem Joseph auch mal ein Benedikt werden. Üblich ist das nicht. Normalerweise wird der Josef erst zum Seppi und später dann zum Sepp.

Mein Onkel Sepp war ein ziemlich geistlicher Mensch. Er war fromm, sehr religiös und tief katholisch. Als Kind inspirierte er mich. Auch weil seine Religiosität etwas Geheimnisvolles hatte.

«Was macht der Onkel Sepp anders als andere, die nur in die Kirche gehen?» Diese Frage trieb mich um. Spiritualität faszinierte mich von klein auf, aber das hatte immer auch eine bedrohliche Note.

Bereits mit fünf Jahren begann ich meine inneren Bilder zu sehen und hatte Träume, die mich für die geistliche Welt sensibilisierten. Damals machte mir das Angst. Damit konnte ich mich niemandem anvertrauen. Wenn ich nachts zu meinen Eltern ans Bett kam, sagten sie zu mir: «Franzi, du hast nur geträumt.» Trösten konnte mich das nicht. Ich spürte, dass es in meinen Träumen um eine Realität ging, die ich damals noch nicht fassen konnte.

Aber ich habe auch erfahren: Gott schickt uns Menschen über den Weg, die uns Türen öffnen. Er schenkt uns Begegnungen, die uns innerlich weiterbringen. Manchmal sind es nur kurze Begegnungen, die große Folgen haben können. Manchmal sind es Freundschaften, die einen durchs Leben begleiten. So oder so: Solche Begegnungen wirken. Sie sind wie Wegweiser für den eigenen Lebensweg.

Im Laufe meines Lebens durfte ich einige solcher «Wegweiser-Menschen» treffen. Im Rückblick sieht man deutlich, wie gut es war, an dieser oder jener Stelle solche Wegweiser entdeckt zu haben und ihnen gefolgt zu sein.

In meinem Fall war ein solcher erster Wegweiser eine Nachbarin. Ihr Mann war verstorben. Sie fragte mich: «Franzi, möchtest du nicht bei der Beerdigung das Kreuz tragen?»

«Das mache ich», antwortete ich ihr und marschierte als kleiner Kerl auf dem Friedhof mit dem großen Tragekreuz in der Hand der Trauergesellschaft voraus. Diese Erfahrung berührte mich so, dass ich unbedingt Ministrant werden wollte.

In einer katholischen Gegend wie der unseren ist das keine Besonderheit. Es sei denn, man ist erst sechs Jahre alt und damit noch ein paar Jahre von der Erstkommunion entfernt. War man feierlich zur heiligen Erstkommunion gegangen, standen einem die Sakristei-Türen für den Ministrantendienst offen. Vorher hatte man da nichts verloren.

So lange wollte ich nicht warten. Entschlossen lief ich zum Pfarrer. «Herr Pfarrer, ich möchte Ministrant werden. Was muss ich tun, um da mitmachen zu können?», fragte ich ihn ohne Umschweife.

Der Herr Pfarrer schaute mich eine Weile prüfend an. Dann sagte er: «Franzi, das geht nicht. Das ist erst in der dritten

Klasse möglich, nach der Erstkommunion. Du musst noch drei Jahre warten.»

«Nein», erwiderte ich wie aus der Pistole geschossen. «Ich möchte jetzt gleich mitmachen.»

Diese Entschiedenheit schien ihm zu gefallen. «Gut», willigte er ein, «du darfst ministrieren, aber noch nicht zur Kommunion gehen.»

«Das ist mir wurscht», freute ich mich und hätte mir mit dieser spontanen Gleichgültigkeit gegenüber dem allerheiligsten Altarsakrament meine eben beginnende Ministrantenlaufbahn fast schon wieder aufs Spiel gesetzt. Doch ich hatte Glück. Trotz meiner «eucharistischen Wurstigkeit» durfte ich ministrieren.

Und ich wurde Ministrant aus Überzeugung. Ich diente gerne am Altar. Zwar hatte ich noch keine persönliche Gottesbeziehung, aber ich tauchte ein in die Welt des Sakralen und der katholischen Liturgie. Das öffnete mir die Augen und das Herz.

Ich ministrierte nicht nur einmal in der Woche. Ich klopfte drei- oder viermal wöchentlich an der Sakristei-Tür, um nach dem üblichen «Gelobt sei Jesus Christus» mein Ministrantengewand anzuziehen und am Altar dabei zu sein. Beerdigungen, Hochzeiten, Taufen. Samstag um 19.00 Uhr die Vorabendmesse. Sonntagfrüh um 8.00 Uhr und dann noch mal um 10.30 Uhr: Es war großartig! Und ich war immer da.

Uns Ministranten empfand ich als tolle Truppe, und Kirche war auf einmal nicht mehr langweilig. Der Herr Pfarrer war immer sehr freundlich. Als Priester war er nicht unbedingt der tiefgeistige Typ, aber er hat uns ernst genommen. Das fanden wir gut. Und ihm gefiel, dass er uns junge Burschen hatte, die ihn unterstützten. Aus meiner intensiven Ministriererei erwuchs mit der Zeit ein immer größerer Hunger nach Gott, Glaube und Spiritualität.

Nicht, dass mich das 24 Stunden am Tag beschäftigt hätte. In meiner insgesamt fünfzehnjährigen Ministrantentätigkeit kollidierten meine religiösen Interessen zwischenzeitlich durchaus mit dem Interesse an Mädels. Aber durch meine Ministrantenzeit war etwas in mir losgetreten worden, das auch pubertäre Abenteuer unbeschadet überdauern sollte.

Kapitel 20
Der Name der Rose und die Schule der Frauen

In den Glauben habe ich Schritt für Schritt hineingefunden. Es war ein fließender Übergang vom kleinen Ministranten, der sich für das Sakrale begeisterte, zum Jugendlichen, der anfing, Gott und Glauben als wesentliche Bezugspunkte für sich zu entdecken. Ich könnte nicht sagen, dass es einen Moment der Bekehrung gab. Es war vielmehr ein Hineinwachsen in mehreren Etappen.

Eine wichtige Etappe war für mich die Begegnung mit einem Franziskanerpater. Sie sollte mein späteres Leben prägen. Pater Johannes war Franziskaner-Minorit, ein spannender und interessanter Mensch. Er dürfte ungefähr dreißig Jahre alt gewesen sein. Ich war so um die fünfzehn, als wir uns das erste Mal über den Weg liefen.

Pater Johannes verkörperte nicht die alte Geistlichkeit, er war ein frischer Typ. Jung, modern, einfach anders. Er kam in seinem Franziskanerhabit daher und machte mächtig Eindruck auf mich. Von außen wirkte er wie ein normaler Ordensbruder, aber in der Kutte steckte ein lebensfroher, begeisternder Priester, der für frischen Wind sorgte. Das war eine völlig neue Erfahrung.

Pater Johannes und ich freundeten uns an. Ich merkte auf einmal: «Mensch, so ein Geistlicher ist auch außerhalb des Gottesdienstes erreichbar.» Das kannte ich vorher von unserem Pfarrer so nicht. Der Pfarrer kam zum Gottesdienst und ging danach wieder. Abgesehen davon kannte man ihn nicht.

Jetzt bekam ich Einblicke ins «Privatleben» eines Ordensmannes. Das begeisterte mich.

Pater Johannes war unkompliziert und hatte einen Draht zur Jugend. Er war ein Pfundskerl: sportlich, wendig, gescheit, theologisch auf Zack und ein spiritueller Charakter. Als Ordensmann führte er ein strammes geistliches Leben und stand doch mit beiden Beinen in der Welt.

Pater Johannes lud mich ein: «Lass uns was gemeinsam unternehmen. Komm, wir gehen zusammen in die Berge.»

So etwas musste man mir nicht zweimal sagen. Ich war dabei! Bei solchen Bergwanderungen sprachen wir im wahrsten Sinne des Wortes über Gott und die Welt.

Mit dem Moped brauste ich ins Franziskanerkloster. Da saßen wir dann im nahegelegenen Biergarten, tranken ein schönes Weißbier oder auch zwei und redeten stundenlang miteinander. Solche Biergarten-Katechesen zählten zu meinen bahnbrechenden Erfahrungen. Der Glaube verließ den Kirchenraum, er war genauso auf unseren Bergtouren dabei wie im Biergarten.

Pater Johannes trug immer Habit. Aber in seiner Freizeit erlebte ich ihn auch in Jeans und Bergschuhen. Ich fand in ihm einen väterlichen Freund. Na ja, vielleicht war er sogar eher wie ein großer Bruder für mich. Er nahm mich auch mit in seine Klostergemeinschaft. Von seiner Klosterbude aus hatte er einen atemberaubenden Blick auf die Alpen. Ein Traum, besonders im Winter.

Wir schlichen hoch in die Klosterküche, holten uns Hefeweißbier und Leberkäse und saßen dann beisammen und diskutierten. So tief, ernst und doch unverkrampft hatte ich bisher mit niemandem über meine Sehnsüchte, über das Leben und über den Glauben an Gott sprechen können. Pater Johannes war einer dieser Wegweiser im Nebel, von denen vorhin bereits die Rede war. Er hörte gut zu, aber erzählte auch von sich. Er liebte Gott, aber rieb sich auch an manchem in seiner Kirche.

Damit kein falsches Bild entsteht, wir saßen nicht nur bei Bier und Leberkäse zusammen. Ich war auch bei Gebetszeiten dabei. Während der Laudes, dem Morgengebet, saß ich in der Schule, aber die Vesper, das Abendgebet, betete ich ab und zu mit den Klosterbrüdern mit. Auch die Mitbrüder von Pater Johannes fand ich prima Typen.

Für mich war diese «Klosterzeit» das reinste Abenteuer und eine Phase geistlichen Wachstums und Reifens. Ich kam mir vor wie der junge Novize Adson von Melk in Umberto Ecos Bestseller *Der Name der Rose.* Pater Johannes war für mich wie dessen weiser Lehrmeister, der Franziskaner William von Baskerville. Sean Connery hatte den im Kino meisterhaft verkörpert. Adson war Williams gelehriger Adlatus. Ich war der wissbegierige Schüler von Pater Johannes.

Mein franziskanischer Lehrer hatte einen weiten Horizont und keine Angst vor der Freiheit. Im Gegenteil: Freiheit war für ihn die Voraussetzung, um seinen persönlichen Weg zu Gott zu finden und gehen zu können. Pater Johannes ermunterte mich, meinem Gewissen zu folgen. Er riet dazu, Gott nicht nur in den engen Grenzen meiner damaligen recht überschaubaren bayerischen Kirchenerfahrung zu suchen.

«Gott ist größer als alles, was wir von ihm denken können. Er lässt sich auch nicht in unsere engen konfessionellen Schemata sperren. Gott ist die Liebe, und die Liebe ist immer erfinderisch. Wenn du Gott wirklich kennen lernen willst, dann musst du aufbrechen und deinen persönlichen Weg finden. Selbst dann, wenn das zu Konflikten mit deiner eigenen Kirche führt.»

Ich bewunderte seine Gelassenheit und die innere Souveränität, mit der er bis an die Grenzen katholischer Doktrin ging. Manchmal sogar darüber hinaus.

Die katholische Kirche war für ihn keine Trutzburg, in der man der Welt entfloh. Sein Bild von Kirche war eher das pilgernde Volk Gottes, das seine Glaubenserfahrung miteinander teilt und gemeinsam Christus entgegengeht. So gesehen, hatten unsere Bergtouren durchaus symbolische Bedeutung. Pater Johannes erzählte mir viel über seinen Ordensgründer. Der große Heilige aus Assisi und ich, wir hatten den gleichen Namen. Schon deshalb sprachen mich diese Erzählungen besonders an.

Einen Satz von Franz von Assisi habe ich mir bis heute gemerkt. Ich versuche ihn zu leben. Für mein Empfinden fasst dieser eine Satz das Grundprinzip der Evangelisation treffend zusammen: «Predige das Evangelium zu jeder Zeit, und wenn nötig, benutze Worte.»

Wo ich das jetzt schreibe, komme ich mir selbst viel zu fromm geschildert vor. Man könnte fast meinen, ich sei auf dem direkten Weg ins Priesterseminar gewesen. So verhielt es sich aber nicht. Ich schätzte den Austausch mit Pater Johannes sehr. Diese Gespräche waren mir wichtig, und ich empfand sie als extrem bereichernd.

Aber wenn ich mit dem Moped nach Hause knatterte, hatte ich auch schnell wieder anderes im Sinn. Ich gehörte nicht zur Rosenkranzfraktion, die abends unterm Herrgottswinkel saß und andächtig den Tag beschloss. Abends war ich mit meinen «Spezeln» unterwegs, und ich hatte längst nicht mehr nur Augen für die Schönheit der bayerischen Voralpenlandschaft.

Noch während ich bei Pater Johannes in die Schule des Glaubens ging, begann für mich eine andere Lehrzeit. Die «Schule der Frauen» rief zum Unterricht. Der Lehrplan war weniger theorielastig, sondern eher praktisch angelegt. Ich hatte meine erste feste Freundin.

Wenn es um Beziehungen zu Mädels ging, merkte ich bald: Für mich waren andere Aspekte wichtiger als für gleichaltrige Kumpels. One-Night-Stands oder sexuell motivierte Kurzzeitpartnerschaften wären mir nie in den Sinn gekommen. Diesbezüglich stand mir mein Familiensinn im Weg.

Kam jemand als potenzielle Freundin in Betracht, fragte ich mich unverzüglich: «Könnte das meine Frau werden?» Nicht viele hielten dieser Frage stand. Ich hätte zwar viele Mädels haben können, aber sie interessierten mich nicht. Meinen gedanklichen Ehetest bestanden die wenigsten.

Anders meine erste feste Freundin. Vier Jahre waren wir zusammen. Immerhin. Dann ging unsere Beziehung auseinander. Ohne zu heiraten, konnte ich eine bestimmte Intensität von Beziehung nicht leben. Andere hatten kein Problem damit. Ich schon. Meine Suche galt nicht immer neuen Abenteuern. Ich suchte eine Lebenspartnerin. Aber dafür war es mit achtzehn Jahren noch viel zu früh.

Statt einer künftigen Frau stellte Gott mir zunächst einen neuen Wegweiser an die Straße meines Lebens: Tilo. Tilo kam aus Frankfurt und war schwerst drogenabhängig. Durch eine christliche Drogenrehabilitation war er clean und ein anständiger Kerl geworden. Die Großstadt hatte er hinter sich gelassen wie die Drogen und war ins beschauliche Bayern gezogen.

Tilo lernte ich zufällig über einen Bekannten kennen. Er hatte Dinge erlebt, die kannte ich nur vom Hörensagen. Er war es, der mir die Tür ins Charismatische öffnete. Das war ein Bereich des Christentums, zu dem ich bis dahin keinerlei Zugang hatte. Tilo kannte sich da aus. Er kannte «Jugend mit einer Mission», eine charismatisch-missionarische Jugendorganisation, erzählte mir von Geistesgaben und stellte mir Kontakte in die charismatische Szene her.

Ich war neugierig und interessiert. «Geistesgaben?», fragte ich mich. «Was soll das sein?» Ich hatte keinen blassen Schimmer. Durch Tilo lernte ich interessante Leute kennen und fand Zugang in die charismatische Welt. Bei «Jugend mit einer Mission» begegnete ich schließlich meiner späteren Frau. Das war 1988/89.

Man hatte mich mit zu einem Hauskreis genommen. Dieser

Hauskreis war völlig anders als alles, was ich bisher vom Glauben kannte. Es war ein charismatischer Hauskreis in einer Freikirche. Ich wusste damals nicht, dass es so etwas überhaupt gibt. Dort erschloss sich mir endgültig eine völlig neue Welt.

Einmal kamen Missionare aus Manila zu diesem Hauskreis und berichteten von ihrem Dienst. Mir verschlug es die Sprache. «Das ist es, was ich suche», durchfuhr es mich. «Diesen Gott, so lebendig wie ihn die Missionare beschreiben, den suche ich.» Das war mir von einem Moment auf den anderen klar. In mir entbrannte ein geistlicher Hunger nach einer lebendigen Gottesbeziehung, wie ich das bisher nicht gekannt hatte.

In dieser Zeit lernte ich meine erste Frau Andrea-Christa kennen. Sie war zwei Jahre als Missionarin auf den Philippinen gewesen und hatte dort eine Jüngerschaftsschule absolviert. Nun war sie zurückgekommen, und wir liefen uns bei «Jugend mit einer Mission» über den Weg.

Nach meinem Realschulabschluss hatte ich eine Lehre als Groß- und Außenhandelskaufmann absolviert. Mein Ziel war, das Fachabitur nachzumachen und anschließend ein Studium, vielleicht Betriebswirtschaft, hinterherzuschieben. Anders als geplant, war ich aber bei «Edeka» geblieben. Ich bildete mich konzernintern weiter und machte dort meinen Betriebswirt.

Beruflich war also alles in Butter. Wäre da nicht 1989 jener Tag gekommen, an dem ich das eindeutige Gefühl hatte, ich müsste meinen wirklich guten Job aufgeben.

«Wenn ich das meinem Vater sage, der bringt mich um», war das Einzige, was mir dazu einfiel. Es half nichts, meine Gefühlslage war eindeutig. Ich musste meinen Job hinwerfen. Vorsichtig sprach ich meinen Vater an und rechnete fest damit, dass gleich das Fallbeil über mir heruntersausen würde.

«Du, pass mal auf. Ich will mich neu orientieren. Ich höre

bei Edeka auf», stotterte ich. Ich wusste noch nicht mal, was ich stattdessen machen wollte. Solche Art von Ziellosigkeit war ein absolutes No-Go in unserer Familie. Ich rechnete also mit dem Schlimmsten.

Wie reagierte mein Vater? «Ja, dann hörst du halt auf», sagte er trocken.

Ich traute meinen Ohren nicht. Zutiefst erleichtert schrieb ich meine Kündigung und arbeitete anschließend zunächst im elterlichen Betrieb mit.

Etwa ein Dreivierteljahr verbrachte ich im Obst- und Gemüsehandel meiner Eltern. Schon bald spürte ich: «Das ist es nicht. Das ist nicht mein berufliches Ziel.» Schwer zu sagen, wie es beruflich mit mir weitergegangen wäre, hätte nicht die Weltpolitik mein damaliges Leben über Nacht völlig verändert:

Die Mauer fiel. Meine damalige Freundin und spätere erste Frau hatte eine Oma in der DDR. Ihre Eltern waren vor dem Mauerbau aus dem SED-Staat geflohen. Andrea-Christa war in Westdeutschland geboren. Was jahrzehntelang niemand für möglich gehalten hatte, war plötzlich Wirklichkeit: Die Mauer trennte Ost und West nicht mehr.

Kurzerhand entschieden Andrea-Christa und ich, in den Osten zu fahren, um ihre Oma zu besuchen. Diese Reise sollte mein Leben verändern.

Kapitel 21
Wendezeit: Die Mauer fällt

1989 ging als das Wende-Jahr in die Geschichtsbücher ein. «Solidarność» in Polen hatte der Macht des Kommunismus erste Risse zugefügt. Kirche und Politik arbeiteten aktiv am Umbruch mit. Im Vatikan saß ein Pole auf dem Stuhle Petri, der die Situation hinter dem Eisernen Vorhang genau kannte und damit umzugehen wusste. In der DDR luden evangelische Kirchen zu Friedensgebeten ein und stellten ihre Kanzeln zur Verfügung. Es waren Kirchen, aus denen der Funke schließlich auf die Straße übersprang.

Die Zeit war reif für Veränderung. Auch wenn das die Betonköpfe im Politbüro noch nicht wahrhaben wollten.

Der wirtschaftliche Niedergang beschleunigte den Zerfall. Gorbatschow in Moskau: Glasnost und Perestroika ließen den Ostblock erbeben. Bei Montagsdemonstrationen zogen Tausende durch Städte der DDR. Gebetstreffen in den Kirchen formten sich zu friedlichen Demonstrationszügen.

Der Ruf «Wir sind das Volk» begann die Macht des SED-Systems zu erschüttern. Der «Wind of Change» durchwehte das Sowjetreich. Der Geruch von Freiheit lag in der Luft und verdrängte den Gestank von Zwang und Unterdrückung, der die DDR durchzog.

Sozialismus und Kommunismus zerschellten an der Wirklichkeit. Freiheit triumphierte über Repression und staatliche Unterdrückung. Freiheitsliebe, Zivilcourage und Demokratie trugen in einer historisch einzigartigen Konstellation den Sieg davon. Bei dieser friedlichen Revolution fiel kein einziger Schuss. Dafür fiel die Mauer.

Niemand konnte in jener historischen Nacht des 9. November 1989 ahnen, wie es weitergehen würde. Aber alle wussten, in dieser Nacht war eine Zeitenwende angebrochen. Selten war ein geschichtlicher Moment derart mit Händen zu greifen wie in jenen Stunden, als die Grenzer unter dem Druck protestierender DDR-Bürger die Schlagbäume öffneten und sich Deutsche aus Ost und West in den Armen lagen. Tränen der Freude in den Augen, beäugt von Stasi-Leuten, die die Welt nicht mehr verstanden. Gefilmt von den Kameras der West-Journalisten, die ihren eigenen Augen nicht trauten angesichts dessen, was sie da erlebten.

Bis dann tatsächlich zusammenwuchs, was zusammengehörte, sollten noch viele Jahre vergehen. Das wollte in diesen Sternstunden der Geschichte niemand so recht sehen. Das Glücksgefühl globaler Veränderung, die Freude über die wiedergewonnene Freiheit und die Sehnsucht nach Wiedervereinigung überwogen. Verständlicherweise.

Für mich, der ich in meinem kleinen bayerischen Kosmos lebte, kam die Wende im Osten völlig überraschend. Die Existenz der DDR neben der Bundesrepublik war so selbstverständlich wie die steten Erfolge von DDR-Sportlern bei Olympischen Spielen. Dass sich daran je etwas ändern würde, hätten wir nicht zu träumen gewagt. Das war – um ehrlich zu sein – überhaupt kein Thema für uns.

Die DDR war für mich wie «ein Land, das nicht sein darf», das es aber dennoch gab. Man wusste das, nahm aber nicht weiter Notiz davon. Von meiner bayerischen Lebenswirklichkeit waren die DDR und ihr real existierender Sozialismus so weit entfernt wie die Kreuze auf unseren Berggipfeln von den Funktionärsbüros im Palast der Republik.

Niemals hätte ich es für möglich gehalten, dass Wende und

Mauerfall nicht nur den Lauf der Geschichte verändern sollten, sondern auch mein persönliches Leben völlig umkrempeln würden. Warum auch? Mit der DDR hatte ich nie etwas zu tun gehabt. Abgesehen von einer Klassenfahrt, die uns 1985 nach Berlin geführte hatte.

Ein Highlight dieser Reise war der Tag in Ost-Berlin. Ich erinnere mich gut. Wir Schüler empfanden diesen Tag als völlig abstrakt. Als hätten wir ein Museum besucht, in dem lebensechte Szenen dargestellt wurden, die aber nicht real waren. Es wollte uns nicht in den Kopf, dass das, was wir da erlebten, tatsächlich ein Teil deutscher Wirklichkeit war.

Ohne dass ich darauf vorbereitet gewesen wäre, wurde 1989 auch für mich zum Wendejahr. Ich lernte Andrea-Christa kennen. Sie war begeisterte Christin und kam – wie gesagt – von einem Missionseinsatz auf den Philippinen zurück. Wir begegneten uns bei «Jugend mit einer Mission» und verliebten uns ineinander. Stundenlang konnte ich mich mit ihr unterhalten. Sie hatte Antworten auf Fragen, die mich beschäftigten. Wir teilten unsere Neugier und trieben unsere Suche nach diesem lebendigen Gott nun gemeinsam voran.

Wir tauschten aus, was jeder bisher schon gefunden hatte, und machten uns auf, miteinander noch mehr zu entdecken. Andrea-Christa brachte mich mit Leuten zusammen, die mir die Welt des charismatischen Christentums weiter erschlossen. Ich hatte Feuer gefangen und wollte all die geistlichen Erfahrungen, von denen in diesen Begegnungen die Rede war, selbst machen.

Andrea war mir dabei Hilfe und Gefährtin. An ihrer Seite vertiefte ich mich immer mehr ins Glaubensleben. Geistesgaben, freies Beten, Heilungen: Mir erschlossen sich neue Welten. Ich wollte mehr und mehr darüber wissen.

Während ich langsam die Mauer meiner geistlichen Unwissenheit abtrug, fiel in der Nacht des 9. November 1989 eine ganz andere Mauer. Mehr als 28 Jahre hatte sie Ost und West getrennt.

Andrea-Christa und ich waren gerade in Italien unterwegs, als uns die Nachricht von der offenen Grenze erreichte. Wir konnten es zunächst kaum glauben. Weltweit kannten TV-Sender in diesen Tagen keine wichtigere Meldung. Auch in Italien flimmerten Bilder über die Mattscheibe, die tanzende und feiernde Menschen auf der Berliner Mauer zeigten. Kein Zweifel: Die Grenze war offen, die Mauer gefallen.

Andrea-Christa hatte familiäre Bande in die DDR. Der Mauerfall war für sie ein gewaltiges weltpolitisches Ereignis. Aber vor allem ein zutiefst emotionales und familiäres Erlebnis. Ihre Eltern waren noch vor dem Mauerbau aus dem Osten geflohen, als ihre Enteignung bevorstand. Andrea-Christas Oma lebte noch immer in der Nähe von Hainichen, einer Kleinstadt in Sachsen. Auch Onkel und Tanten lebten «drüben», wie man damals sagte.

Zu DDR-Zeiten war es schwer gewesen, Kontakt mit den Familienmitgliedern im Osten zu pflegen. Die Schergen des SED-Staates rissen Familien auseinander und überwachten mit Argusaugen jeden West-Kontakt.

Über Nacht war das vorbei. Keine Grenzschikanen mehr. Keine Grenzer, die einem das Blut in den Adern gefrieren ließen, wenn sie mit finsterer Miene und scharfen Hunden die Autos von allen Seiten absuchten. Keine Lichtkegel mehr, die aus Wachtürmen strahlten, um im Dunkeln den Grenzstreifen nach Flüchtenden abzusuchen. Keine Wachposten mit Schießbefehl mehr. Keine Patrouillen, um Stacheldraht und Selbstschussanlagen zu überprüfen. Man konnte einfach in die DDR reisen. Eine Nacht hatte alles verändert. Es war ein Wunder. Und wir durften es miterleben.

Die Wende im Osten, der Mauerfall: Plötzlich wurde über Dinge gesprochen, über die man zuvor nie groß geredet hatte. Andrea-Christas Eltern erzählten mir Geschichten aus ihrem früheren Leben: Enteignung und Flucht, Neuanfang im Westen, der erste Besuch der Verwandtschaft und die vielen damit verbundenen Schikanen. Sie konnten es nicht fassen, dass jetzt alles wieder «normal» werden sollte.

«Lass uns rüberfahren und meine Oma besuchen», schlug Andrea-Christa kurzentschlossen vor. Mich überkam die Abenteuerlust. Eine Reise in die DDR fühlte sich für mich an wie eine Expedition in ein unbekanntes Land.

«Das wird spannend. Ich komme mit», sagte ich sofort zu. Ich wollte meinem Eindruck von der Klassenfahrt einen erneuten Praxistest entgegensetzen.

Kurz nach dem Mauerfall fuhren wir rüber, um Andrea-Christas Oma zu besuchen. Zwar stand die Grenze offen, doch dahinter lag noch im Originalzustand und mit dem unverkennbaren Geruch der Trabi-Zweitaktmotoren das unbekannte «Land» DDR.

Wie heruntergewirtschaftet der SED-Staat war, konnte man an allen Ecken und Enden sehen. Ich war hin- und hergerissen. Einerseits war ich schockiert, andererseits faszinierten mich all die neuen Erfahrungen und Eindrücke. Sie schlossen eine geschichtliche Lücke, deren Ausmaß mir zuvor nicht bewusst gewesen war.

Andrea-Christas Ost-Verwandtschaft, Oma, Tanten und Onkel, erwiesen sich als überaus herzliche Menschen. Sie nahmen mich in die Familie auf.

«Großartig», dachte ich. Aber ihre selbstverständliche Herzlichkeit machte mich auch verlegen. Sie behandelten Andrea-Christa und mich, als wären wir ein altes Ehepaar. Dabei waren wir erst seit kurzem zusammen. Ihre Haltung uns gegenüber und unser noch ungeklärter Beziehungsstatus – das war witzig. Ohne es zu wissen, schubsten sie uns nach vorne, und «ab die Post»!

Aber es gab keine Zeit, groß darüber nachzudenken. Die (inzwischen ehemalige) DDR lockte mit ungeahnten beruflichen Abenteuern.

Kapitel 22
Goldrausch im Osten

Wir setzten unsere private «Expedition Ost» fort. «Hier ist so gut wie alles Mangelware», stellten wir fest. Meinen Job hatte ich gerade erst aufgegeben. Die Mitarbeit im elterlichen Betrieb war nicht so stramm geregelt, dass ich nicht flexibel gewesen wäre. Ich hatte also Zeit. Welch ein Luxus. Und was für ein Glück! Das sollte sich bald herausstellen.

Der Mangel in der DRR ließ mir keine Ruhe. Aus meiner Wessi-Sicht war es kaum zu fassen, wie Obst und Gemüse nur wenige hundert Kilometer entfernt von daheim solche Raritäten sein konnten. Wenn es etwas gab, das für mich selbstverständlich war, dann waren es Obst und Gemüse. Damit war ich im elterlichen Betrieb groß geworden.

Dass das irgendjemandem in Deutschland nicht zur Verfügung stand, hätte ich mir in meiner Jugend nie vorstellen können. Und jetzt das! Unfassbar: Die Oma meiner Freundin konnte sich keine Bananen, keine Mandarinen, ja noch nicht mal vernünftige Äpfel kaufen. Wo bei uns im Westen in den Geschäften die Auslagen zum Bersten gefüllt waren, herrschte im «besseren Deutschland» – so verstanden die Ost-Ideologen ihre DDR – gähnende Leere.

«Weißt du, was?», sagte ich zu Andrea-Christa. «Wir fahren heim. Ich belade einen LKW mit Obst und Gemüse und fahre wieder hierher.» Meine Freundin hielt das für eine gute Idee.

Zu Hause erklärte ich meinem Vater den Plan. Große Worte

musste ich nicht machen. Er war Unternehmer und verstand das sofort. Ich schnappte mir einen LKW und belud ihn. Die Ladefläche war knallvoll. Laderaum wollte ich auf keinen Fall verschenken. Ich packte alles drauf, was ich an Obst und Gemüse bekommen konnte, knallte die Tür des Führerhauses zu und machte mich wieder auf Richtung Osten.

Pirk, Hof, Plauen: Heute ist die Strecke bequem zu fahren. Damals war das eine fahrerische Herausforderung – wie eine Wüstenetappe bei der «Rallye Paris–Dakar». So kam es mir jedenfalls vor. Nur dass ich mit dem LKW unterwegs war.

Die miserablen Straßen wären noch zu verkraften gewesen, aber der Bau der Autobahnbrücke in Pirk, die «Elstertalbrücke», war im Zweiten Weltkrieg unterbrochen worden. Zu DDR-Zeiten hatte man sie nicht weitergebaut. Man musste jedes Mal unten herumfahren. Dort stand ich zehn Stunden im Stau. «Geht ja gut los», dachte ich mir. Aber der Ehrgeiz trieb mich an. Ich wollte mein Gemüse an den Mann beziehungsweise die Frau bringen.

Spätabends kam ich an. Todmüde, aber zufrieden. Ich stellte den LKW ab und machte es mir darin bequem. Schlafen war angesagt. Ein Quartier hatte ich nicht. Ich hatte ja das Führerhaus. Andrea-Christa wollte später mit dem Auto nachkommen.

Als die Sonne am nächsten Morgen langsam hinter den Hügeln hervorkam, klopfte es draußen am LKW. Ich staunte nicht schlecht: Da standen meine Eltern. Sie waren mir hinterhergefahren und wollten mithelfen.

«Du bist ja verrückt», sagte mein Vater. «Du fährst mit einem vollen LKW hier rüber und willst das alles alleine verkaufen. Das schafft kein Mensch. Komm, wir helfen dir.»

Am nächsten Tag öffneten wir den LKW und bauten ziemlich provisorisch eine Verkaufsstelle auf. Das war kein kleiner Transporter, mit dem ich da unterwegs war, sondern ein großer Lastwagen. Kaum hatten wir uns platziert und die ersten

Waren ausgelegt, kamen die Leute aus dem Wohngebiet und kauften uns in kurzer Zeit den Laster leer.

Ich war begeistert. Nicht nur, weil der Verkauf ein voller Erfolg war. Viel mehr noch, weil unsere Kunden sich so freuten. Wir verkauften «nur» Obst und Gemüse. Aber die Leute freuten sich, als hätte ich überlebenswichtige Hilfsmittel in ein Krisengebiet am Ende der Welt gebracht.

Meine Eltern waren genauso beeindruckt wie ich. In kürzester Zeit entstanden herzlichste Kontakte und Begegnungen.

Hinter der gesamten Aktion stand keinerlei Strategie und keine Absicht. Ich sah den Bedarf und dachte: «Komm, da müssen wir was machen.»

Dieses «Machen» wurde immer intensiver. Wochenende für Wochenende fuhr ich rüber. Am Samstag verkaufte ich im Osten Obst und Gemüse. Sonntags donnerte ich ausverkauft wieder heim nach Bayern.

Nach einiger Zeit kamen private Händler auf mich zu: «Können Sie auch uns Ware mitbringen? Wann kommen Sie wieder?»

«Geht klar», versicherte ich. Und versprach: «Ja, sicher komme ich wieder.» Ehe ich mich's versah, wuchs mein Geschäft und entwickelte sich immer weiter. Unter der Woche lebte ich daheim.

Andrea-Christa und ich vertieften unsere Beziehung und unseren Glauben. Am Freitag sattelte ich meinen LKW und «machte rüber». Samstags wurde verkauft, bis die Schwarte krachte. Sonntags ging es wieder zurück. So lief das über Monate. Ich fuhr hin und her. Das Geschäft wuchs. Inzwischen unterstützte mich Andrea-Christas gesamte Ost-Verwandtschaft beim Verkauf. Cousinen und Tanten, alle halfen mit.

Das ganze Land war im Umbruch. Wo es noch vor kurzem «*Wir* sind das Volk» geheißen hatte, skandierten die Massen jetzt «Wir sind *ein* Volk». Der Ruf nach Wiedervereinigung erscholl auf den Plätzen und bei Demonstrationen. Im Osten herrschte eine ungeheure Aufbruchsstimmung. Im Westen witterten Unternehmer ihre Chancen. Windige Geschäftsleute sorgten dafür, dass die eben vom Kommunismus befreiten Ostdeutschen gleich die Fratze der Ideologie westlicher Prägung kennen lernen mussten. Der Kapitalismus suchte sich neue Opfer, und er fand sie.

Der Umbruch im Osten war beispiellos. Mauerfall, Währungsunion, Wiedervereinigung: Es existierten keine Erfahrungswerte. Alles war Neuland. Und niemand wusste, wie lange die Tür für diese historischen Veränderungen offen stehen würde. Aber jeder spürte die Chance, die in dieser Phase politischer und gesellschaftlicher Veränderung lag.

Das Geschäft brummte. Inzwischen wohnte ich bei Andrea-Christas Oma in Langenstriegis. Die Woche in Bayern zu verbringen und nur am Wochenende zum Verkauf zu kommen, konnte ich nicht länger durchhalten. Die Strapazen waren zu groß. Ich stellte einen jungen Mann ein, der an meiner Stelle die Fahrerei übernahm. Daheim belud mein Vater den LKW. Ich verkaufte vor Ort.

Bei Andrea-Christas Oma wurde ich aufgenommen wie ein Sohn. Überhaupt galt ich als Held der Familie. Das schmeichelte mir ungemein. Alle waren schon neidisch. Ich konnte ankommen, wann ich wollte, die Oma stand auf und machte mir erst mal ein zünftiges Essen. Egal, wie spät es war.

Der Stau in Pirk sorgte dafür, dass ich zwischen 23.00 Uhr und 3.00 Uhr morgens ankam. Dann stand Oma auf. Mir war das schon peinlich. Ich wollte die arme Oma nicht zu dieser Unzeit wecken. Aber alles Anschleichen nützte nichts. Oma lag auf der Lauer. Sobald ich vorfuhr, wurde der Herd angeschmissen und aufgekocht.

Für mich war es eine fantastische Zeit. Es herrschte eine unbeschreibliche Pionier- und Goldgräberstimmung. Und ich war nicht nur dabei, sondern mittendrin. Noch dazu sehr erfolgreich. Unter den zahllosen «Goldgräbern», die im Osten ihr Glück suchten, war ich einer, der schon «Nuggets» vorzeigen konnte. Ich war einer von denen, die wussten, wie man erfolgreich «schürft». Mein Heldenstatus konnte sich sehen lassen. Und er wuchs weiter.

Von Andrea-Christas Oma zog ich in eine eigene Wohnung. So schön der Anschluss an ihre Familie war, irgendwann brauchte ich eine eigene Bleibe. In Hainichen wurde ich fündig. Das traf sich gut. Dort hatte eine Cousine meiner Frau eine Gärtnerei. Bei ihr eröffnete ich ein Lager.

Mein Geschäft begann allmählich Großhandelszüge anzunehmen. Wir transportierten Obst und Gemüse von Bayern in den Osten. Hier hatten wir bereits ein paar LKWs stehen. Mit denen verteilten wir die Lieferungen in den neuen Ländern weiter. Die Nachfrage war riesig. Das Geschäft florierte. Wir wuchsen schnell, damit wir die ständig wachsende Nachfrage bedienen konnten.

Innerhalb eines Jahres baute ich eine Riesen-Firma auf, den «Striegistaler Fruchthof». Wir hatten Niederlassungen in Riesa, in Leipzig, in Dresden, in Chemnitz und in München. Mit rund 120 Angestellten waren wir einer der größten Fruchthändler in ganz Ostdeutschland. Wir hatten zwanzig Verkaufsstellen, sogar welche bei «Edeka». Und wir expandierten weiter.

Mit dem geschäftlichen Erfolg wuchs der Wunsch, sich auch privat zu konsolidieren. 1992 heirateten Andrea-Christa und ich.

In der Zeit des beruflichen Erfolgs spielte das Religiöse weiter eine starke Rolle in meinem Leben. Mir wurde schlagartig klar, dass meine Visionen und Tagträume hier Realität wurden. Plötzlich wurde das Bild nicht mehr schwarz. Offenbar hatte ich den richtigen Ort gefunden. Andrea-Christa und ich hatten viele beeindruckende Christen kennen gelernt und uns gemeinsam im Glauben weiterentwickelt. Für mich war inzwischen klar: «Jetzt baust du hier die Vision auf, die dich immer verfolgt hat. Hier entsteht dieses große Unternehmen, das du gesehen hast.»

Während ich weiter an meiner unternehmerischen Karriere arbeitete, wuchs meine Sehnsucht, auch in Glaubensdingen vorwärts zu kommen. Allerdings stand ich in dieser Phase selbst zu sehr im Mittelpunkt. Der Held, der im «Goldrausch» schneller als andere schwere «Nuggets» gefunden hatte, war inzwischen zu «Franz, dem Großen» geworden, der sein unternehmerisches Reich regierte.

Ich sah mich als großen Macher: wirtschaftlich enorm erfolgreich und auch geistlich auf der Überholspur. Mehr und mehr versuchte ich, Gott vor meinen Karriere-Karren zu spannen.

Damals habe ich das nicht bemerkt. Heute sehe ich das sehr deutlich.

Gott hat mich machen lassen und später wieder in die Spur geholt. Unterdessen gewann mein inneres Bild vom dem, was hier am Ort entstehen sollte, immer deutlichere Konturen.

Es war ein herrlicher Wintertag. Auf den Straßen lag frischer Schnee. Bei jedem Schritt knirschte es unter den Schuhen. Wie Kristalle funkelten Schneeflocken in der Sonne. Die Bäume trugen dicke weiße Kappen. Die Luft war kalt, aber klar. Ich spazierte durch die Berthelsdorfer Straße in Hainichen. Damals lief ich da entlang, um frische Luft zu schnappen und den Winter zu genießen.

Ich ging alleine durch die weiße Winterwelt. Schnee und Winter waren mir daheim in Bayern immer besonders wichtig gewesen. Jetzt war die Heimat weit weg. Aber immerhin war der Winter da. Alleine spazierte ich an der Kleinen Striegis entlang. So heißt der Fluss, der sich durchs Tal schlängelt und der in den Namen meiner Firma Eingang gefunden hatte.

Mein Blick fiel auf ein herrschaftliches Haus am Rande der Straße. Es stand inmitten eines prächtigen, tief verschneiten Gartens. Das Haus, der Garten, die weiße Pracht: Das wirkte wie ein Winterwunderland auf mich. Eine eigenartige Stimmung überkam mich.

«Hier wirst du wohnen. Und in der Halle dahinter werden Gottesdienste stattfinden», stieg ein Gedanke in mir auf. – Was war das? Ich erschrak. Dieser Gedanke stammte nicht von mir. Er widersprach allem, was ich mir selbst vorstellte. Ich wollte nicht hier wohnen. Ich wollte dieses Anwesen definitiv nicht kaufen. Warum hätte ich das tun sollen? Nein, diese absurde Idee stammte nicht von mir. Sie hatte mit meiner Lebensplanung nichts zu tun.

Was war das dann? Oder vielmehr: Wer hatte da zu mir gesprochen? Ich erschrak so sehr, dass ich rasch nach Hause flüchtete. Die kalte Winterluft blies mir den Kopf durch. Was war da eben geschehen? Es kam mir so merkwürdig vor, dass ich meiner Frau nichts von diesem seltsamen Erlebnis erzählte.

Ich versuchte zu verdrängen, was mir nicht mehr aus dem Kopf ging. Und wie das so ist: Arbeit lenkt ab. Ich legte meine winterliche Eingebung gedanklich zu den Akten und stürzte mich in den Ausbau meines «Striegistaler Fruchthofes». Dabei beseelte mich weiter der Gedanke, ein geistliches Zentrum zu gründen. Der Plan verfolgte mich seit langem und drängte danach, umgesetzt zu werden.

Mit meinem wirtschaftlichen Erfolg schien mir die Zeit gekommen, dieses Vorhaben zu verwirklichen.

Kapitel 23
Aufstieg und Absturz

«Jugend mit einer Mission» waren die Richtigen. Die Arbeit dieser christlich-charismatischen Jugendorganisation schätzte ich sehr. Ich selbst hatte dort viel gelernt und war interessanten Menschen und aufrechten Christen begegnet. Außerdem hatte ich Andrea-Christa dort kennen gelernt. Mehr Gründe brauchte es nicht, um sich für deren Arbeit einzusetzen.

Je länger ich im Osten wohnte und arbeitete, umso deutlicher kamen die alten Bilder in mir wieder auf. Ein geistliches Zentrum, dieser Gedanke formte sich immer stärker in mir. Ich sprach meine Freunde an und aktivierte meine Kontakte in der Jugendorganisation.

«Wollt ihr hier nicht irgendetwas aufziehen? Das ist Missionsgebiet. Es würde sich bestimmt lohnen. Ich helfe euch dabei.»

Meine Gründungseuphorie erfuhr einen jähen Dämpfer. Wo ich auch anklopfte, immer die gleiche Antwort: «Nö, kein Interesse.» Oder: «Sorry, aber wir haben schon genug anderes um die Ohren.»

Ich war enttäuscht, ließ aber allen Gesprächspartnern meine Visitenkarte da. Sicherheitshalber. «Falls ihr es euch anders überlegt, wisst ihr, wo ihr mich erreichen könnt.»

Eines Tages klingelte mein Handy. Die Stimme am anderen Ende kam mir nicht bekannt vor. Der Anrufer bezog sich auf meine Visitenkarte.

«Hallo, Herr Lermer? Sind Sie das?»

«Ja», entgegnete ich, «worum geht es?»

Der Anrufer erklärte, er habe meine Kontaktdaten über «Jugend mit einer Mission» bekommen. Dort habe man ihm gesagt, ich hätte etwas Interessantes. Er selbst sei von einem Dienstzweig von «Jugend mit einer Mission» und auf der Suche nach einem neuen Standort. Die Organisation war damals bereits in Bautzen in der sächsischen Oberlausitz tätig.

Wir vereinbarten ein Treffen. Er kam mit ein paar Kollegen.

In Hainichen zeigte ich ihnen das Grundstück, das ich für ein geistliches Zentrum im Auge hatte. Es lag in unmittelbarer Nachbarschaft zu jenem herrschaftlichen Haus, vor dem mich an jenem kalten Wintertag ein merkwürdiges Gefühl überkommen hatte.

Sie überlegten nicht lange, sondern kauften das Anwesen. Ich freute mich darüber und half ihnen, hierher umzuziehen. Ich ließ meine LKWs zwischen Bautzen und Hainichen rollen, investierte ordentlich und baute dieses Zentrum mit auf. Ich haute mich da richtig rein.

Für mich war es meine Vision eines geistlichen Zentrums, die da endlich Gestalt annahm. Neben der finanziellen Förderung unterstützen meine Frau und ich auch die praktische Arbeit. Wir halfen, wo es ging, und übernahmen Dienste. Die Neuen aus Bautzen wurden Freunde. Was immer sie unternahmen, wir waren dabei.

1993 kam mein Schwiegervater auf mich zu. «Franz, wenn ihr mal was seht, was euch zusagt, würde ich mich mit Blick auf Andrea-Christas Erbe da einbringen.»

Erbe? Darüber hatten wir uns nie Gedanken gemacht. Das war uns nicht wichtig. Wir waren mit unserem Leben und unseren Plänen beschäftigt. Damit waren wir ausgelastet und zufrieden. Erbe? Investitionen ins Erbe? Nein, das musste warten. Dafür war jetzt keine Zeit. Ab und zu schaute man sich mal zwanglos um. Aber es war nie etwas dabei, was uns angesprochen hätte.

Doch Jahre später geschah etwas Unerwartetes: Die Besitzerin jenes herrschaftlichen Haues, also meines Winterwunderlandes, vor dem ich beim Spaziergang geflüchtet war, kam auf ihre Nachbarn von «Jugend mit einer Mission» zu. Sie hatten zu der freundlichen alten Dame eine Beziehung aufgebaut und pflegten gute Nachbarschaft miteinander.

Sie sei alt, sagte die Winterwunderland-Besitzerin, und wolle ihr Anwesen verkaufen. «Haben Sie Interesse?»

«Wir nicht», sagten unsere Freunde von «Jugend mit einer Mission». «Aber vielleicht interessieren sich ja die Lermers dafür. Fragen Sie doch mal bei denen.»

Das Angebot der alten Dame erreichte uns.

Wir zeigten das eindrucksvolle Anwesen Andrea-Christas Vater. Mein Schwiegervater war Müller von Beruf. Er besaß eine Getreidemühle in Altenmarkt.

Was soll ich sagen? Er kaufte das Haus, vor dem ich einst mit mulmigem Gefühl gestanden hatte. Wir zogen 1997 dort ein. Die Stimme, die zu mir gesagt hatte: «Hier wirst du wohnen», hatte recht behalten.

Nun wohnten wir in einem Haus, das mächtig Eindruck machte. Selbst wenn man nur mit dem Auto vorbeifuhr. Vor der Tür parkten die Insignien meines unternehmerischen Erfolges. Alles hätte perfekt sein können.

War es aber nicht: In der Firma hatten sich Probleme eingeschlichen. Erst langsam, dann immer deutlicher. Der wilde Osten veränderte sich weiter. Die Goldgräberstimmung wich zunehmend der Ernüchterung. Strukturen, auf denen die schnellen Erfolge der Wendejahre aufbauten, brachen zusammen. Sie waren nicht nachhaltig und daher nie wirklich stabil gewesen.

Es begann ein Prozess der Normalisierung und des strukturellen Umbaus. Das «System Ost» wackelte erneut, weil der Boden, auf dem es in einer Mischung aus Eile und Gier errichtet worden war, brüchig wurde. Viele Goldgräber steckten rasch ihre geschürften Nuggets in die Tasche und zogen wieder ab. Wer zu spät reagierte, konnte alles verlieren.

Neben den Industrie-Ruinen aus DDR-Zeiten standen nun die ersten Baracken des schnellen Geldes. Verlassene Mahnmale, den Mächten des strukturellen Wandels ebenso schutzlos ausgeliefert wie dem scharfen Wind der Marktbereinigung und der Kälte des Kapitals.

Auch in meiner Firma zeigten sich erste Probleme. In den Jahren 1995/96 waren es noch leichtere Erosionen. Aber sie wurden zunehmend heftiger. Das Unternehmen hatte einen kometenhaften Aufstieg hinter sich. Und das in einem Tempo, bei dem einem schwindelig werden konnte. Der Zenit war erreicht. Im großen Stil belieferten wir die ehemaligen DDR-Handelsbetriebe, die über die Treuhand verwaltet wurden. Zwanzig LKWs hatte ich laufen. In Läden und Niederlassungen standen rund hundert weitere Angestellte auf meiner Gehaltsliste. Ich war Wachstum gewohnt und vom Erfolg verwöhnt.

Die berufliche Karriere pumpte mein Selbstwertgefühl auf und stabilisierte mein Ego. So selbstsicher, wie ich von außen wirkte, war ich aber in Wirklichkeit nicht. Tief in mir schleppte ich meine Defizite und Minderwertigkeitsgefühle von früher mit mir herum.

In der Schule hatte ich nicht ins System gepasst. Zwar konnte ich gut schwimmen. Das hatte mir aber nicht geholfen: Anerkennung bekam man über Fußball. Ich war der Sohn von Zugereisten, kein Einheimischer, der bereits über Generationen in der Bergwelt verwurzelt war. All das nagte immer noch an mir und meinem Selbstbewusstsein. Anmerken ließ ich mir das nicht. Niemand konnte in mich hineinschauen. Schon früher nicht. Wie man Gefühle versteckt, wusste ich gut.

Nach außen Schwäche zu zeigen, kam für mich nicht in Frage. Das hätte auch nicht zu dem durchtrainierten Brocken gepasst, der ich war. Äußerlich wirkte der Franz wie ein Fels in der Landschaft, der eher andere erdrückt hätte, als sich selbst in Frage zu stellen.

Innerlich sah es anders aus: Weil es mir an Selbstwertgefühl fehlte, versuchte ich durch Leistung zu überzeugen. Auf diese Weise ergatterte ich mir Lob und Anerkennung. Beides brauchte ich dringend, um mich angenommen und wertvoll fühlen zu können. Leistung war mein Motor und mein Treibstoff.

Als junger Unternehmer hatte ich es nun allen gezeigt. Ich hatte Leistung geliefert und Anerkennung bekommen. Franz der Große, der bayerische Held in den neuen Bundesländern, hatte als Selfmade-Man ein Unternehmen aufgebaut, das seinesgleichen suchte. Der Erfolg war Balsam für meine Außenseiter-Seele. Ich war oben angekommen, regierte mein Reich und war nicht länger derjenige, der nicht dazugehört.

Jetzt entschied ich. Die Zeiten, in denen andere darüber befanden, ob der kleine Franzi dabei sein durfte oder nicht, hatte ich hinter mir gelassen wie ein Schmetterling den Kokon, aus dem er schlüpft. Aus dem Franzi war der Franz geworden.

Mitten in dieser Hochphase meines unternehmerischen Erfolgs traf mich ein prophetisches Wort. Noch heute geht es mir durch Mark und Bein, wenn ich daran denke. Andrea-Christa und ich nahmen am Treffen eines Gebetskreises teil. Es wurde gesungen, gebetet und in der Bibel gelesen.

Da erhob sich ein Mann, den ich noch nie zuvor gesehen hatte. Er sah mir in die Augen und sagte: «Ich habe eben im Gebet ein prophetisches Wort für dich empfangen. Das würde ich gerne über dir aussprechen.»

«Warum nicht?», antwortete ich und dachte: «Was soll schon dabei sein?»

Es sei aber ein hartes Wort, nicht leicht anzunehmen, entgegnete der Fremde. Er war wohl evangelischer Geistlicher. Ein hagerer, schlaksiger Typ, schon etwas älter.

«Schon gut», sagte ich. «Mach nur.» Hätte ich geahnt, was dann kam, hätte ich nicht so locker reagiert.

Alle schwiegen. Einige Teilnehmer des Gebetskreises schauten mich betreten an. Andere blickten gespannt auf den Typen.

Der Fremde erhob seine Stimmte: «Du wirst alles verlieren, was du besitzt. Dir wird alles genommen werden. Nichts davon wird dir erhalten bleiben. Alles wird in Scherben liegen. Wenn du alles verloren hast, wird Gott dir begegnen. Er wird dir ein neues Herz geben und einen neuen Geist in dich legen. Wenn du geistlich reif dafür bist, wird Gott dir eine neue Mission anvertrauen. Dann wirst du mit ihm an deiner Seite anderen vorausgehen.»

Der Alte verstummte und setzte sich wieder.

Ich schluckte.

Rums.

Das saß.

Es kam mir vor, als hätte mir einer der Klitschko-Brüder einen rechten Haken verpasst. Ich schnappte nach Luft und rang um Fassung. Äußerlich blieb ich ruhig und demonstrierte Gelassenheit.

«Aha», sagte ich leise. Zumindest meine ich mich daran zu erinnern. So genau weiß ich das nicht mehr. Ich war ja damit beschäftigt, den «prophetischen Hammer» irgendwie wegzustecken. Außerdem nahm mich die Frage in Anspruch, woher er das wissen wollte, denn er kannte mich nicht und wusste nichts über mich.

Schneller als gedacht, entwickelte sich in mir eine Abwehrstrategie gegen den Spruch: «Niemals. Niemals wird das passieren», brach es reflexhaft aus mir heraus. «Nie. Nie. Nie wird das geschehen», wiederholte ich mir immer wieder.

Es war, als hätte der unbekannte Prophet neuen Ehrgeiz in mir angefacht. «Jetzt erst recht.» Ich wollte beweisen, dass er sich geirrt hatte. Ich schuftete und ackerte wie wild: 16 Stunden, 20 Stunden, auch 24 Stunden am Stück. Doch was ich auch tat, die Glückssträhne schien gerissen. Der Erfolg entglitt mehr und mehr meinen Händen. Der Alte sollte recht behalten.

Eben noch von der Sonne des Erfolgs beschienen, zogen dunkle Wolken auf. Auch geistlich fühlte ich mich massiv angegriffen. Der neue Wohlstand zerrann mir zwischen den Fingern. Uns schwammen die Felle davon.

Beinahe täglich änderte sich etwas. Kunden gingen pleite, Betrügereien kamen ans Licht. Wir wurden bestohlen und von kriminellen Kunden betrogen. Es rächte sich, dass die Banken im Osten noch nicht so gut organisiert waren. Wir zahlten damals mit Schecks. Diese Schecks brachte man zur Bank und bekam sein Geld. Mir war nicht bewusst gewesen, dass so ein Scheck auch platzen kann.

Ich hatte einen Kunden, von dem ich zehn solche Schecks bekommen hatte. Jede Woche einen über rund 30.000 DM. Plötzlich platzten diese Schecks rückwirkend. Auf einen Schlag hatte ich einen Schaden von 300.000 DM. In Ärger und Frust mischten sich zunehmend existenzielle Sorgen.

Die Umsätze brachen weiter ein. Da ging ein Kunde Konkurs, dort geschah Unvorhergesehenes, das auf unsere Kalkulation drückte. Es war «wie verhext». So, wie es die Jahre zuvor permanent aufwärtsgegangen war, ging es nun abwärts. Nur schneller.

Wir waren auf der Treppe des Erfolgs nach oben gestiegen, hatten etliche Stufen übersprungen und waren schnell unterwegs gewesen. Aber jetzt ging es mit der Rolltreppe abwärts. Es gab kein Halten mehr.

Kapitel 24
Sechs Millionen Schulden

Ich begann, im unternehmerischen Abstiegskampf eine geistliche Herausforderung zu sehen. «Gut, dann ziehe ich in den Kampf», sagte ich mir und rüstete zum geistlichen «Kriegszug» gegen den heraufziehenden Ruin.

Mit dem Umzug in den Osten und der Gründung meines Unternehmens hatte sich das Bild erfüllt, das ich schon als Kind in mir trug. Endlich konnte ich alles in die Realität umsetzen, was ich bereits im Sandkasten gespielt hatte. Als Unternehmer, der sich für die Verbreitung des Glaubens einsetzt, war ich genau da angekommen, wovon ich schon als kleiner Bub geträumt hatte.

«Ich bin in meiner Berufung angekommen. Ich bin da, wo Gott mich hinhaben wollte», davon war ich überzeugt. Das gab mir die Zuversicht, dass ich den Kampf gegen die Pleite gewinnen würde. «Wer Gott auf seiner Seite hat, der verliert nicht», dachte ich. Im guten Gefühl, genau am richtigen Platz zu stehen, stürmte ich drauflos.

Ich riss im wahrsten Sinne des Wortes Bäume aus und versuchte, meine Vision aus eigener Kraft Wirklichkeit werden zu lassen. Im Überschwang der Gefühle, in der Euphorie des Erfolgs übersah ich Signale, die mich hätten nachdenklich stimmen können.

Und ich stürmte weiter vorwärts. Immer Vollgas voraus. Kein Hindernis konnte mich aufhalten. Wo kein Weg war, schuf ich einen. Der Franzi war zum Franz geworden. Und der Franz wollte es sich und seiner Umwelt beweisen. Der Franz demonstrierte, was für ein Kerl er war. Es gab kein Halten mehr.

Dauerstress, Arbeit ohne Unterlass, wenig Schlaf: Das war mir alles egal. Meine Mission musste erfüllt werden. Innehalten gab es nicht. Ich wollte mich durch nichts und niemanden aufhalten lassen. Schließlich war ich in meiner Vision unterwegs und dachte, Gott werde mich durch alles hindurchbringen.

Probleme wertete ich als geistlichen Angriff und versuchte, über jede Mauer zu springen, die sich mir in den Weg stellte. Wer sollte mich da stoppen? Niemand hätte mich aufhalten können. Hätte es jemand versucht, ich hätte definitiv meinen Standpunkt verteidigt. Jetzt war *meine* Stunde, *mein* Kairos. Meine inneren Bilder wurden Wirklichkeit. Ich war dick im Geschäft und auch in Glaubensdingen auf der Überholspur – beseelt und bestärkt vom Gedanken, meiner Berufung zu folgen.

Im Übereifer gerieten mir die Dinge durcheinander. Anstatt mich von Gott leiten zu lassen, ließ ich mich von meinem Ego inspirieren. Meine Ängste und Unsicherheiten trieben mich an; meine falschen Bedürfnisse bettelten darum, gestillt zu werden. Gerne willigte ich ein. Ohne es zu merken, verfiel ich Götzen. Autos, Uhren, Geld: Das Leben zeigte sich von seiner angenehmen Seite. Und ich genoss meine Möglichkeiten.

Sämtliche Warnungen, die Gott mir in den Weg stellte, übersah ich. Schlimmer noch, ich ignorierte sie. Meine Fähigkeit, andere mitzureißen, sie von etwas zu überzeugen, richtete sich gegen mich selbst. Ich begann, mir selbst etwas vorzumachen, und glaubte daran.

«Warum hat Gott mir nicht eher auf die Finger geklopft?», habe ich mich später oft gefragt. Heute weiß ich: Unsere von Gott gegebenen Begabungen funktionieren auf beide Seiten. Sie können dem Guten dienen oder dem Schlechten. Gott nimmt sie uns nicht weg, wenn wir uns damit verselbständigen oder verrennen und ihn aus dem Blick verlieren. Ein Mensch, der gut verkaufen kann, wird diese Gabe nicht verlieren, auch wenn er anfängt, Menschen zu betrügen. Selbst Satan hat seine Fähigkeiten nicht verloren, als er vom absolut Guten auf die andere Seite gewechselt ist.

Auch Menschen verrennen sich und setzen ihre Begabungen für falsche Ziele ein. Bis wir am Schweinetrog landen, wie der verlorene Sohn im Gleichnis, das Jesus seinen Jüngern erzählt. Auch ich habe mich damals verrannt. Und dabei habe ich Gott vor meinen Karren gespannt, vor meine Pläne und Vorstellungen. Als der Karren dann im Dreck steckte, konnte ich es nicht begreifen.

Nicht Gott hatte den Karren in den Dreck gefahren. Das war ich schon selbst. Aber wer die Begabung hat, Eskimos Eiswürfel zu verkaufen, der läuft Gefahr, seinen eigenen Irrweg für den Plan Gottes zu halten. So war das bei mir.

Auch der Turmbau zu Babel entstand durch falsch eingesetzte Begabungen. Der Turm meines Unternehmens wankte bereits bedrohlich. Da wollte ich es immer noch nicht wahrhaben, dass er einstürzen könnte. Mit aller Macht stemmte ich mich gegen die Katastrophe.

Ich kämpfte auf allen Ebenen, um die Firma zu erhalten. Unermüdlich, bis zur völligen Erschöpfung. Ich war überzeugt: «Mit Gottes Hilfe gelingt das.» Davon wollte ich mich auch nicht abbringen lassen, als längst alle Zeichen eine andere Entwicklung signalisierten. Ich wollte die Alarmsignale nicht sehen. Ich kämpfte weiter. Blind vor Angst und mit dem Mut der Verzweiflung.

Wer in der Schlacht steht, von Feinden umzingelt, mit dem Rücken zur Wand, der denkt nicht mehr, der kämpft nur noch. Um mich herum standen sie und brüllten hinein ins Schlachtgetümmel: die Lieferanten, die Banken, die Angestellten. «Mach schon, Franz! Das wird wieder, Franz! Du packst das, Franz! Es geht schon noch, Franz! Jetzt nicht nachlassen,

Franz! Aufgeben geht nicht, Franz! Denk an deine Verantwortung, Franz! Weiterkämpfen, Franz!»

Wahrscheinlich wäre es klüger gewesen, eher einzusehen, dass nichts mehr zu gewinnen war. Vielleicht wäre es weniger schmerzhaft gewesen, die Niederlage einzugestehen und die Rettungsversuche einzustellen. Aber das konnte ich nicht. Und das wollte auch keiner von denen, die mich kämpfen sahen und mich aufforderten, weiterzumachen. Banken, Lieferanten, Geschäftspartner, sie alle wussten genau: Wenn meine Firma die Grätsche macht, verlieren auch sie.

Entsprechend heftig befeuerte man meinen Kampf gegen den Untergang. Als ich ihn verloren hatte, kamen dieselben, die mir noch vor kurzem ermutigend auf die Schulter geklopft hatten, und kannten kein Pardon mehr: «Das haben wir kommen sehen. Da hätte man anders reagieren müssen. Das war zu erwarten. Das waren schwere Fehler, Franz!»

Als das Schiff unterging, sprangen die Ratten von Bord. Eben noch hatten sie gut von mir gelebt. Jetzt bissen sie die Hand, die sie genährt hatte, blutig. Ich hatte gedacht: «Die meinen es gut mit dir und deiner Firma. Also musst du weiterkämpfen.» Jetzt erst begriff ich: «Es ging ihnen nicht um mein Unternehmen und um mich, sondern um ihre eigenen Interessen.»

Wäre mir das eher klar gewesen, hätte ich vielleicht anders gehandelt. Aber so kämpfte ich weiter. Um meine Firma, um die Arbeitsplätze, um meine Vision, um meinen guten Ruf. Letztlich wollte ich die große Katastrophe einfach nur verhindern. Ich kämpfte, als ginge es um Leben und Tod. Alles oder nichts: So fühlte sich das an.

Was ich auch unternahm, die Angst vor dem Absturz war immer dabei. Sie biss sich fest und wurde zu meinem ständigen Begleiter. Nachts wälzte ich mich im Bett hin und her, weil mich meine Existenzsorgen nicht mehr schlafen ließen. Tagsüber taumelte ich von Termin zu Termin. Schwindelig vor Angst, weil ich am Abgrund stand und nach unten blickte. Ständig hatte ich eigentlich unlösbare Probleme zu lösen.

Mein Existenzkampf verschlang nicht nur meine finanziellen Ressourcen. Auch das Geld meiner Eltern und Schwiegereltern ging dabei drauf. Sie hatten an meine Vision geglaubt, waren begeistert von meinem unternehmerischen Erfolg und hatten mich finanziell unterstützt. Jetzt ging alles den Bach runter.

Andrea-Christa und ich kämpften bis zum Schluss. Wir wollten keinen Schaden verursachen. Der Überlebenskampf schweißte uns enger zusammen, aber er belastete die Beziehung zu unseren Kindern. Inzwischen waren wir stolze Eltern. 1995 erblickte unser Sohn Max das Licht der Welt, 1999 wurde Tochter Vianne geboren. Beide waren absolute Wunschkinder. Im ersten Moment gaben sie uns Kraft. Doch mit den Kindern wuchs der existenzielle Druck noch weiter. Die Verantwortung für sie verschärfte die Existenzangst.

Wir hatten zwei bezaubernde Kinder. Mit ihnen hielt ich die Zukunft in den Armen. Kinderaugen strahlten mich an. Und ich dachte nur: «Welche Zukunft kannst du deinen Kindern überhaupt noch ermöglichen?» Ich sah in ihre leuchtenden Augen und konnte ihr Strahlen nicht erwidern. Mir war nicht nach Lachen. Mir schnürte es die Kehle zu.

Wem die Angst die Nerven zerfrisst, der wird zum emotionalen Zombie. Solche Zombies sind beziehungsunfähig. Wahrhaben wollte ich das nicht.

Daheim Kinderlachen, draußen tobte der nackte Überlebenskampf: Einen größeren Gegensatz konnte ich mir nicht vorstellen. Mir war zum Heulen. Hätte ich Tränen gehabt, hätte ich stundenlang geweint. Ich hatte keine Tränen. Ich verbat sie mir und kämpfte weiter – bis zur Bewusstlosigkeit.

Nachts schlief ich nicht mehr, weil die Gedanken kreisten. Tagsüber wurde jeder Schritt zur Qual. Eine tonnenschwere

Last lag auf meinen Schultern. Ich konnte nicht mehr schlafen, an nichts mehr anderes denken. Nur Essen blieb mir. Ich fraß meine Sorgen im wahrsten Sinn des Wortes in mich hinein.

So nahm ich 55 Kilogramm zu. Die 145 Kilo, die ich nun wog, führten dazu, dass ich mich auch körperlich immer schlechter fühlte. Die Angst vor der Pleite wuchs: Erbarmungslos fraß sie sich durch Tage und Nächte. Sie zerfleischte Beziehungen und Freundschaften. Sie untergrub Vertrauen, erschütterte Ehe und Familie und vergiftete den Glauben.

Über mir kreisten die Geier. So sehr ich auch aufbegehrte, ich wusste, lange würde es nicht mehr dauern, bis sie ihre scharfen Schnäbel in den Kadaver meiner Existenz schlagen würden. Alles in mir sträubte sich gegen diesen Gedanken. Die Angst davor, Pleite zu gehen, erschütterte mich zutiefst. Nichts war mehr wie zuvor. Alles stand in Frage.

1999 kam das Ende. Wieder fiel ein Großkunde aus. Diesmal traf es einen unserer Hauptkunden. Die Firma «Konsum Chemnitz» ging Pleite. Erneut verloren wir eine Menge Geld. Auch die Bankkredite waren ausgereizt. Bis zum Schluss gelang es mir, alle auf dem sinkenden Schiff zu halten, aber dann sprang einer nach dem anderen ab. Und aus Mutmachern wurden Ankläger.

Mir war es gelungen, andere derart zu überzeugen, dass ich betriebswirtschaftlich verschlossene Türen aufbekam, die besser zugeblieben wären. Eine Bank gab mir eine Million – ohne jede Sicherheit. Man vertraute mir. Man glaubte, es würde funktionieren. Es war ja auch die Jahre zuvor immer gutgegangen. Wir hatten immer eine Lösung gefunden. Das redete ich meinen Geschäftspartnern und mir selbst ein. Doch irgendwann krachte das ganze Kartenhaus in sich zusammen. Mit einem riesigen Knall ging ich Pleite.

Ich war am Boden zerstört. Von ganz oben nach ganz unten: Der Aufschlag war härter als alles, was ich bisher erlebt hatte. Meine Familie versuchte zu retten, was noch zu retten war. Meine Schwiegermutter stellte sich zur Verfügung. Wir meldeten die Firma auf ihren Namen an und versuchten, das Unternehmen weiterzuführen. Und alle machten wieder mit: Banken und Lieferanten stiegen wieder an Bord.

Wir gingen in die Verlängerung und versuchten alles, um das Schicksal zu wenden. Die Hoffnung stirbt zuletzt. Aber auch sie starb irgendwann. Es funktionierte nicht. Alle Mühen blieben vergebens.

Das Einzige, was wuchs, war der Schuldenberg. 2002 war es endgültig vorbei. Unser Wiederbelebungsversuch war ebenso kläglich gescheitert wie all meine Rettungsaktionen davor. Wieder gingen wir Pleite. Und ich stand da mit einem Berg von Schulden. Am Ende addierte sich die Summe alles in allem auf sechs Millionen DM, also über drei Millionen Euro.

Unternehmerisch habe ich definitiv Fehler gemacht. Nicht absichtlich. Ich wusste es damals einfach nicht besser. Wahr ist aber auch: Wir waren alle im Goldrausch. Niemand hatte damit gerechnet, dass die raschen unternehmerischen Erfolge im Osten derart fragil sein könnten. Wir unterschätzten die Gefahr, die von den unzureichend vorhandenen Strukturen im Osten ausging. Der Boden, auf dem wir standen, war weit weniger stabil, als wir dachten. Aber das spürt man nicht, wenn man die Taschen voll Geld hat.

Mein Vater war der Einzige, der die Wirklichkeit nicht aus den Augen verlor. «Franz, das ist mir zu heiß. Ich steige aus. Ich helfe dir jetzt nicht mehr. Das macht keinen Sinn mehr», hatte er zu mir gesagt.

Für mich war das bitter. Ich fand es hart, dass er mir mitten im Überlebenskampf die Unterstützung entzog. Heute weiß ich, wie weise mein Vater damals gehandelt hat.

Seine Weigerung, mich weiter zu unterstützen, belastete das Verhältnis zu den Schwiegereltern schwer. Sie waren anderer Meinung: «Du musst deinen Sohn mehr unterstützen, auch finanziell.» Andrea-Christas Eltern hatten sich finanziell maximal engagiert. Sie wollten nicht einsehen, dass der große, mit der Wiedervereinigung verbundene Traum geplatzt war.

Mein Vater war nicht dazu bereit, weiter Geld zuzuschießen. «Ich helfe dir wieder, wenn alles vorbei ist. Aber jetzt ist das nicht mehr sinnvoll», war er überzeugt. Mit dieser Meinung stand er allein. Banken, Lieferanten, Kunden und Mitarbeiter, sie sahen das anders.

Heute weiß ich: «Wir haben damals wirklich das tote Kalb auf die Wiese getrieben.» Betriebswirtschaftlich betrachtet, war das der reinste Wahnsinn.

Den Tag, an dem wirklich alles vorbei war, werde ich nie vergessen. Ich saß in dem großen Haus, das meinen Schwiegereltern gehörte, und hatte selbst alles verloren. Ich hatte nichts, aber auch gar nichts retten können. Sämtliche finanziellen Mittel waren verbrannt.

Für mich brach eine Welt zusammen. Ich war jetzt arm wie eine Kirchenmaus. Auf der anderen Seite fühlte ich mich frei, so frei wie seit langem nicht mehr. Ich atmete auf. Der Kampf war vorbei. Ich hatte verloren, alles verloren. Das war brutal. Aber der Kampf war wenigstens zu Ende. Endlich. Die gesamte Last der letzten Jahre fiel von mir ab.

Ich sagte zu meiner Frau: «Weißt du, was? Du bist gesund. Ich bin gesund. Wir haben unsere Kinder. Das Leben geht weiter.» Für mich war es eine unfassbare Erleichterung, endlich all den Druck los zu sein. «Arm, aber frei!» Hätte mir das vor kurzem einer gesagt, ich hätte ihn für einen naiven Schwärmer gehalten, der sich seine miserable Finanzsituation schönredet. Jetzt wusste ich aus eigener Erfahrung: Dieses Gefühl von befreiender Armut gab es wirklich.

Meine mit Armut erkaufte Freiheit hatte allerdings Schattenseiten. Vor allem deshalb, weil ich eine Familie zu versorgen hatte. Ich hatte zwei kleine Kinder und eine Frau und absolut keine Ahnung, wie wir am nächsten Tag unser Essen zahlen sollten. Vor der Tür stand noch mein Sportwagen. Ich hatte ihn gekauft, als Geld für mich keine Rolle spielte. Es war einfach da. Jetzt war das anders. Ich hätte nicht mal mehr die Tankrechnung zahlen können.

Wir mussten das Auto abgeben. Auch die Miete konnten wir nicht mehr zahlen. Wenigstens durften wir im Haus der Schwiegereltern wohnen bleiben. Die Beziehung zu ihnen litt sehr unter dieser neuen Situation.

Irgendwann reichte das Geld auch nicht mehr für die Heizung. Zu viert zogen wir in ein Zimmer, um nicht noch mehr frieren zu müssen. Wir hatten kein Geld mehr, um Kleidung zu kaufen, und waren froh, wenn uns jemand ein paar alte Schuhe überließ, die wir auftragen konnten.

Meine Armut machte nicht nur frei. Sie schmerzte auch ungeheuer. Auch in der Umgebung waren wir ein Gesprächsthema. Plötzlich standen lauter Besserwisser vor einem und geizten nicht mit ihrer Kritik und ihren Anklagen.

Ich ärgerte mich und schämte mich. Beides gleichzeitig. Am meisten taten mir meine Kinder und meine Frau leid. Ich hatte die Katastrophe nicht verhindern können. Jetzt litten sie mit am Unglück, das uns überrollt hatte wie eine Lawine, die alles mit sich reißt. So gut wie nichts war geblieben. Finanziell waren wir ruiniert. Ich hatte tatsächlich alles verloren. Die Prophetie des alten Mannes hatte sich erfüllt.

Damals konnte ich nicht ahnen, dass die Pleite meiner Firma und meine Millionen-Schulden noch längst nicht alles war, was ich zu verlieren hatte. Auch ahnte ich nicht, dass Gott mir durch den Zusammenbruch meines Unternehmens die Wahrheit über mich selbst gezeigt hatte.

«Die Wahrheit wird euch frei machen», heißt es im Evangelium. Damit ist auch und vielleicht sogar an erster Stelle die Wahrheit über uns selbst gemeint. Hat man die erkannt und angenommen, kann es mit Gottes Plänen funktionieren. So weit war ich damals noch nicht. Aber die grauenhafte Erfahrung, Pleite zu gehen, sollte mich einen großen Schritt weiterbringen.

Kapitel 25
Das Geschäft brummt wieder

Geistlich bin ich in dieser Zeit enorm gereift. Das klingt seltsam, ich weiß. Aber so war es. «Ganz unten» lernt man oft mehr über Gott als «oben». Zugegeben: Gott gegenüber war ich ziemlich angefressen. Der Niedergang der Firma, der Dauerstress durch den Kampf gegen den Ruin und dann die Katastrophe, die ich unbedingt hatte verhindern wollen ... Gott hatte das alles zugelassen. Wo war er überhaupt? Er hatte mich alleingelassen. Mich, seinen treuen Gefolgsmann, der doch in seinem Namen unterwegs war.

Genau damit begann die Verwechslung. Ich hatte nicht mehr nach Gottes Plänen und Zielen gefragt. Ich war derart berauscht vom Erfolg, dass ich Gott wie selbstverständlich vor meinen Karren gespannt hatte. Meine Devise hieß nicht mehr: Gott und ich, sondern Ich und Gott. «Gott, ich weiß, was du willst, und wir machen das jetzt», so war ich unterwegs gewesen. Das ist nicht christlich, das ist anmaßend.

Nach meinem Absturz musste ich lernen, wieder wirklich auf Gott zu hören, nach seinen Plänen zu fragen und nicht meinen Floh im Ohr für das Wort Gottes zu halten.

Damit kein Missverständnis entsteht: Gott ist kein Karrierekiller. Gott freut sich über unseren Erfolg. Er hat nichts gegen Leistung und berufliche Erfolge. Die Frage bei alledem ist nur: Wofür? Mit welchem Ziel? Um welchen Preis? Und: In wessen Namen? Bin ich in meiner Berufung unterwegs, oder arbeite ich sogar dagegen an und mache mich dabei selbst kaputt?

Als es mit der Firma zum zweiten Mal bergab ging, habe ich Gott herausgefordert. Ich weiß noch genau: Ich saß alleine in unserem Esszimmer. Die Firma, die wir auf den Namen meiner Schwiegermutter weitergeführt hatten, stand erneut am Abgrund. Ich war wütend, Frust hatte sich angestaut, und ich wusste nicht, wohin damit. Ich hatte Gott gesucht und wollte ihm, dem lebendigen Gott, aus tiefstem Herzen begegnen. Dabei wähnte ich mich auf dem richtigen Weg. Doch statt Gott zu begegnen, stand ich wieder vor der Pleite.

Ich stand auf, lief im Zimmer auf und ab. Plötzlich brüllte ich los: «Gott, wenn du mir nicht begegnest, dann begegne *ich* dir jetzt.» Ich wäre nie so weit gegangen, mir das Leben zu nehmen, aber das war es, was ich in diesem Moment meinte. Ich erschrak über mich selbst, so etwas gesagt zu haben.

Aus lauter Verzweiflung warf ich mich auf den Boden. Dort lag ich nun. Auf dem Bauch, Arme und Beine ausgestreckt. Das Licht war gelöscht. Es war dunkel. Durch die großen Fenster drang nur der matte Schein der Straßenlaternen. In mir kroch die Verzweiflung hoch, sie packte und würgte mich.

«Gott, warum quälst du mich?», stammelte ich und schlug mit der flachen Hand auf den Holzboden. In diesem Moment hielt ich inmitten meiner Verzweiflung inne.

«Franz, bist du wirklich bereit, mir zu begegnen, mir nachzufolgen?», vernahm ich in mir eine Stimme.

Ich erschrak und erwiderte: «Gott, ich will dir begegnen. Das weißt du doch! Ich gebe mich nicht zufrieden mit diesem ganzen Mist, den ich hier erlebe. Ich will wissen, ob du lebst oder nicht.» Mit weit aufgerissenen Augen starrte ich in die Dunkelheit.

«Wenn du das wirklich willst, bist du dann auch bereit, den Preis dafür zu bezahlen?», vernahm ich die Stimme in mir.

«Ich weiß nicht, was das bedeutet, aber ja: Ich bin bereit», schrie ich. In diesem Moment war mir alles egal. Hätte ich sterben müssen, bitte sehr. Schlimmer, als ich mich fühlte, hätte es nicht kommen können. Mein Herz schlug wie wild. Ich konnte den Rhythmus meines Herzschlags hören. Ansonsten war es totenstill im Raum.

Langsam erhob ich mich. Es kam mir vor, als hätte ich gerade einen Deal mit Gott gemacht. Was war das? War ich jetzt völlig durchgedreht?

In den nächsten Wochen und Monaten bewegte ich mich geistlich wieder mehr auf Gott zu. Das Kartenhaus meines Erfolges war eingestürzt. Ich saß in den Trümmern und kam mir vor wie Hiob.

Bibelwissenschaftler übersetzen den Namen Hiob (auch: Ijob) mit: «Wo ist der Vater?» Genau das war meine Frage: Wo ist dieser Gott? Wo ist der Gott, den uns Jesus als unseren Vater offenbart hat?

Ich wollte nicht nur theoretisch glauben. Das war mir schon immer zu wenig gewesen. Ich wollte ihn erfahren, diesen lebendigen Gott. Wenn das Evangelium wahr ist, wenn es stimmt, was dort steht, dann muss es möglich sein, diesen Gott zu erfahren. Davon wollte ich mich nicht abbringen lassen.

Ich ließ nicht nach mit meiner Suche und betete: «Gott, hilf mir, dich als lebendigen Gott zu erfahren.»

Zwei Mal Pleite, Millionen-Schulden, öffentlich geächtet und gedemütigt, beschloss ich, der Business-Welt den Rücken zu kehren. Mit Unternehmertum wollte ich nichts mehr zu tun haben. Nie mehr! Ich entschied, mein Leben ganz in den Dienst Gottes zu stellen. Ich wollte Missionar werden.

Von meiner großen Firma war mir am Schluss noch ein kleiner Laden in Oberlichtenau geblieben. Das Geschäft hatte ich auf den Namen meiner Frau angemeldet. Darin versuchte ich, wenigstens ein bisschen Geld zu verdienen, damit die Familie etwas zu essen hatte.

Frühmorgens fuhr ich zum Großmarkt. Früher war ich dort der größte Händler gewesen. Jetzt kaufte ich bei ehemaligen Konkurrenten, die mich damals gezielt mit plattgemacht hatten.

Den ganzen Tag stand ich in meinem kleinen Laden und versuchte, Gemüse und Kleinkram zu verkaufen. Das war irgendwie, als würde Eric Clapton mit seiner Gitarre in der Fußgängerzone spielen. Na ja, das ist jetzt doch etwas übertrieben. Aber ungefähr so fühlte es sich für mich an.

Wir waren bettelarm, hatten kaum etwas zu beißen und nichts mehr anzuziehen. Meine Frau und ich hatten gelernt, gemeinsam zu kämpfen. Wir waren finanziell miteinander aufgestiegen und hielten auch jetzt zusammen, als es uns dreckig ging. Aber der Alltag war hart und bitter.

Eines Tages bot sich die Gelegenheit, ein Team von «Jugend mit einer Mission» zu einem Einsatz nach Litauen zu führen. Dankbar für die Möglichkeit, etwas Abwechslung vom grauen Alltag zu haben, erlaubte ich mir, meinen Laden zu schließen.

Mit einem kleinen Team fuhren wir nach Litauen. Dort arbeiteten wir in einem Feriencamp für Familien und hielten Seminare für Ehepaare. Das tat gut und machte Spaß. Und Spaß hatten wir schon lange keinen mehr gehabt.

Leider fand der Spaß ein jähes Ende. In der dritten Woche wurde unser alter VW-Bus geklaut. Jeder Autodiebstahl ist schlimm. In meinem Fall aber war er ruinös. Der klapprige VW-Bus war das Auto, mit dem ich morgens mein Gemüse im Großmarkt holte. Wie sollte das jetzt gehen?

Daheim angekommen, stellte sich diese Frage nicht mehr. Man hatte nämlich unseren Laden gekündigt. Einfach so.

«Ein Geschäft in einer Einkaufspassage darf nicht geschlossen werden», lautete die Begründung. Kündigung – raus.

Jetzt hatten wir nichts mehr. Alles war weg, der Laden und der Bus. Auch mein Schwiegervater war inzwischen in finanzielle Schwierigkeiten gekommen. «So, jetzt ist endgültig Schluss!», sagte ich. «Jetzt haben wir gar nichts mehr. Wir werden jetzt Missionare.»

Meine Frau und ich beschlossen, nach Neuseeland zu gehen. Dort wollten wir an einer so genannten Jüngerschaftsschule teilnehmen, um uns auf unsere Aufgabe als Missionare vorzubereiten. Der Plan wirkte auf uns wie eine Erleichterung.

«Wir haben alles verloren, dann können wir diesen Schritt auch noch gehen», sagten wir uns. Das hatte eine gewisse Logik. Vielleicht waren das ja Gottes Wege, von denen es heißt, sie seien unergründlich, würden aber immer zum Ziel führen. Unser Ziel hieß jedenfalls Neuseeland.

Dort wären wir auch gelandet, hätte sich nicht wieder diese Stimme bemerkbar gemacht, die mich damals, als ich in meiner Verzweiflung auf dem Boden des Esszimmers lag, angesprochen hatte: «Franz, du wirst wieder Unternehmer sein.»

Das war das Schlimmste, was man mir hätte sagen können. «Nein, nein, nie wieder! Nie wieder werde ich Unternehmer sein!», schrie ich. «Das kann mir keiner antun. Was soll das? Nein, das mache ich nicht. Warum willst du das von mir? Willst du mich verspotten?»

Ich schäumte vor Entsetzen und Wut. «Was soll ich denn machen? Nein, Unternehmer, das geht überhaupt nicht!», schrie ich stocksauer. Kein normaler Mensch wäre auf diesen Gedanken gekommen. Was sollte das? Konnte das wirklich Gottes Wille sein?

Ich ließ Zeit verstreichen und wollte sehen, was passieren würde. In mir reifte die Überzeugung: «Gott will wirklich nicht, dass wir nach Neuseeland gehen.»

Ich fasste mir ein Herz, sprach mit meiner Frau und erzählte ihr alles.

«Unternehmer?», fuhr sie mich an. «Ja, womit denn?», brachte sie noch heraus.

«Keine Ahnung», sagte ich schnell und zuckte mit den Schultern. Ich wusste tatsächlich nicht, wie ich mir das vorstellen sollte. Ich hatte weder einen Plan noch den Hauch einer Vorstellung, wie das gehen sollte. Ich wollte ja auch gar nicht. Ich hatte nach wie vor eine gewaltige Abneigung gegen den Gedanken. Das Einzige, was ich wusste, war: «Ich muss meine Familie versorgen. Wir brauchen dringend Geld. Wenigstens ein bisschen.»

Ein Freund von mir hatte eine Garten- und Landschaftsbaufirma. Die Firma seines Vaters war zur gleichen Zeit in die Insolvenz gegangen wie meine. Nun hatte mein Freund zwar keine Mitarbeiter mehr, aber noch Restaufträge zu erledigen. Er erzählte mir das.

«Ich muss noch eine Gartenhecke pflanzen», sagte er ratlos.

«Wie geht das?», fragte ich ihn.

Er erklärte es mir.

«Weißt du, was? Ich mache das!», antwortete ich spontan.

«Spinnst du?» Er tippte sich mit dem Finger an die Stirn.

Er war aus Bayern wie ich. Wir pflegten einen direkten Umgangston miteinander. Das machte vieles einfacher. Aber in diesem Fall konnte er sich tatsächlich nicht vorstellen, dass ich die Hecke für ihn setzen würde. In seiner Vorstellung war ich immer noch der große Unternehmenschef. Für mich war diese Zeit längst vorbei. Ich freute mich über die Beschäftigung und über die Aussicht, ein paar Euro zu verdienen.

«Was kannst'n mir zahlen?», fragte ich ihn.

«Ich geb dir 35 Euro die Stunde.»

«Im Ernst? So viel?», fragte ich zögernd.

Er meinte es ernst.

«Wenn ich den Auftrag jemand anderem geben würde, müsste ich das auch zahlen.»

Wir hatten noch ein aktives Gewerbe, das auf meine Frau

zugelassen war. «Dann schreibe ich dir eine Rechnung», sagte ich und schlug ein.

Ich pflanzte die erste Hecke meines Lebens. Die Frau, die den Garten besaß, dachte, sie habe einen Fachmann vor sich. Dabei war ich mehr oder weniger Autodidakt. Ich buddelte in der Erde und hatte riesigen Spaß daran. Eine Woche arbeitete ich. Dann stand die Hecke. Ich konnte eine Rechnung über 1400 Euro schreiben. Zum ersten Mal seit langem hatte ich wieder richtig Geld in der Hand. Ich hätte schreien können vor Glück.

«Wenn du wieder mal was hast, melde dich bitte», bat ich meinen Bekannten.

«Du, ich hätte da noch einige Aufträge», meinte der.

Das ließ ich mir nicht zweimal sagen. Ich legte los: da noch eine Hecke, dort einen Rasen, Bäume schneiden, Löcher ausheben. «Geht nicht gibt's nicht», machte ich mir zum Motto und kniete mich rein.

Eines Tages kam er wieder auf mich zu: «Da hat einer angefragt, ob wir einen Kunstrasen installieren können. Das haben wir noch nie gemacht. Würdest du mir dabei helfen? Es kommt ein Supervisor dazu, der es dir zeigt», sagte er.

«Mach ich», sagte ich zu. Innerlich jubelte ich.

Mit einem Freund fuhr ich zu dem Kunden. Wir besichtigten das Areal, um das es ging, und installierten gemeinsam mit dem Supervisor in den folgenden Wochen einen wunderbaren Kunstrasen für einen Fußballplatz. Ich hatte keine Ahnung, wie so etwas geht. Ich recherchierte, probierte viel aus und brachte das schließlich recht ordentlich hin.

Der Kunde jedenfalls war offensichtlich zufrieden. Er fragte, ob wir noch einen Fußballplatz bauen könnten. Und noch einen.

«Klar mache ich das», versprach ich. Ich wurde in die Firma aufgenommen, lernte die Leute dort kennen und merkte bald: «Wir brauchen Maschinen.» Aber die, die wir gebraucht hätten, gab es nicht. «Dann müssen wir sie selber bauen», meinte ich. In der Firma gab es einen Mechaniker. Einen von der Sorte, die alles bauen können. Ich hatte die Ideen und sagte, wie die Maschinen funktionieren sollten. Der Mechaniker baute sie dann. Das ging zack, zack.

Innerhalb von zwei Jahren entstand aus dem Nichts eine neue Firma. Anfangs fungierten mein Freund und ich als Partner. Wir arbeiteten zusammen, aber jeder hatte seine kleine Einzelfirma. Zunächst lief das Geschäft nebenbei. Aber die Auftragslage war gut und wurde immer besser. Es kamen mehr und mehr Anfragen. So entschieden wir, aus zwei Firmen eine GmbH zu machen. Finanzielle Mittel hatten wir keine. Aber Gott machte uns Türen auf. Das war unglaublich. Diese Firma war ein reines Wunder.

Die Banker, bei denen wir vorstellig wurden, rollten mit den Augen. Wo ich auch hinkam, legten sie die Stirn in Falten. Dann hieß es unisono: «Wir können Ihnen kein Konto geben. Sie haben eine neue GmbH, die nichts wert ist. Und Sie haben einen Eintrag als Geschäftsführer. Sie sind pleite. Sie bekommen von uns definitiv nichts.»

«Ich brauche auch nichts», entgegnete ich jedes Mal. «Nur ein Bankkonto.»

Die Herren blieben hart.

Einmal trafen wir auf eine Bankangestellte, die hinter ihrem Designerschreibtisch und den Aktienkursen auf ihrem Monitor doch noch Mensch geblieben war.

«Eigentlich darf ich das nicht», flüsterte sie. «Aber ein Konto mit Guthaben lege ich Ihnen an. Fangen Sie einfach an zu arbeiten. Aber machen Sie keinen Scheiß. Es gibt keinen Cent Kredit.»

Wir legten los. Und der Laden brummte. Wir stellten immer mehr Leute ein, bauten Maschinen, mieteten ein weitläufiges Firmengelände. Es lief besser und besser. Wir druckten geradezu Geld. 2004 hatten wir die GmbH gegründet. 2006 hatten wir bereits dreißig Mitarbeiter, 2008 waren es vierzig Mitarbeiter und zehn zusätzliche in der Saison. Ich bekam eine Restschuldbefreiung.

2008 konnte ich all meine Schulden zurückzahlen. Im gleichen Jahr kaufte ich das gesamte Firmengelände. Im Mai feierte ich meinen 40. Geburtstag und ließ es richtig krachen. Von ganz oben nach ganz unten und wieder hinauf: Meine Schulden waren beglichen und mein Name wiederhergestellt. Mit 40 Jahren hatte mein Leben seinen Zenit erreicht.

Geistlich war ich mit mir im Reinen. Das Tal der Tränen war durchschritten, der Wohlstand zurückgekehrt. Die Stimme, die mir angekündigt hatte, ich würde wieder Unternehmer sein, hatte recht behalten.

«Mensch, jetzt passt alles», dachte ich, «ab jetzt geht es endlich vorwärts.»

Meine Frau hatte inzwischen Psychologie studiert. Wir dachten an eine Praxisgründung. Therapie und geistliches Leben miteinander zu verbinden, so lautete einer der Pläne. Alles war auf einem guten Weg. Ja, es hätte besser nicht sein können.

Bis zum 23. Oktober 2008. An diesem Tag fiel meine Frau tot um. Einfach so.

Kapitel 26
So viele Tränen gibt es nicht

Völlig überraschend war meine Frau in unserer bayerischen Wohnung gestorben. Und ich stand da mit zwei kleinen Kindern.

«Schlimmer geht es nicht mehr», dachte ich. Aber ich sollte schnell dazulernen. Meine Frau war noch in ihrer Todesnacht nach Rosenheim in die Gerichtsmedizin gebracht worden. Ich erfuhr, dass sie bereits tot war, als der Notarzt eingetroffen war. Jetzt suchte die Gerichtsmedizin nach einer Todesursache.

Unmittelbar nachdem ich von ihrem Tod erfahren hatte, erinnerte ich mich an ein Ereignis aus dem Jahr 1998, ein Jahr, bevor unsere Tochter Vianne geboren wurde. Meine Frau und ich besuchten damals ein Seminar. Plötzlich brach Andrea-Christa zusammen. Wir dachten an einen Schwächeanfall.

Der eilig herbeigerufene Notarzt sagte mir hinterher: «Wissen Sie, dass Sie großes Glück gehabt haben? Ihre Frau hatte einen Herzstillstand.»

Neun Jahre waren seit dem Vorfall vergangen. Nun hatte sich das Geschehen wiederholt. Diesmal mit tödlichem Ausgang. Meine Frau war aus heiterem Himmel an einem Herzstillstand gestorben.

Andrea-Christa lag in der Gerichtsmedizin, und meine Kinder schauten mich aus ihren verweinten Augen an.

«Wie soll es weitergehen? Was mach ich jetzt bloß? Sie haben keine Mutter mehr. Nur noch mich. Was mache ich denn nur?» Tausend Fragen durchbohrten mich. Antworten hatte ich keine.

Mit letzter Kraft zwang ich mich dazu, irgendwie zu funktionieren. «Reiß dich zusammen. Du musst jetzt für die Kinder stark sein», hämmerte ich mir in den Kopf, um nur ja nicht die Kontrolle über mich zu verlieren und vor Schmerz und Trauer zusammenzubrechen.

Ich setzte meine Kinder ins Auto, und wir fuhren zurück nach Hainichen.

Zu Hause war alles wie immer, aber nichts mehr so wie früher. Dieses fürchterliche Gefühl beim Betreten der Wohnung kann nur verstehen, wer das schon selbst erlebt hat. Alles steht an seinem Platz, alles sieht aus wie gewohnt. In der Küche stapelt sich noch das benutzte Geschirr, das niemand in die Spülmaschine gestellt hat.

Es ist, als hätte alles nur für einen kurzen Moment den Atem angehalten. Nur um Luft zu holen und wieder Leben einströmen zu lassen. Aber da ist kein Leben mehr. Kein Raum atmet mehr wie früher. Alles ist still, alles ist anders. Überall hängt der Tod, so wie Andrea-Christas Jacke an der Garderobe. Sie würde sie nie wieder anziehen.

Schon der Gedanke machte mich rasend vor Schmerz. Es fehlte jemand, der immer da war, der diesen Räumen und der ganzen Familie Seele gegeben hatte. Andrea-Christa fehlte. Und sie fehlte für immer.

Wie sehr man jemanden vermisst, merkt man erst, wenn derjenige plötzlich nicht mehr da ist. Wenn deine Frau, wenn die Mutter deiner Kinder stirbt, reißt das ein Loch von unbeschreiblichem Ausmaß – bei einem selbst und bei den Kindern. Selbst wenn man jahrelang weinen würde, alle Tränen der Welt könnten diesen Krater der Trauer und der Verzweiflung nicht füllen.

Mir war permanent zum Heulen. Aber ich drückte die Tränen weg. Mein Hals schmerzte, die angestaute Trauer drückte auf den Kehlkopf. Wenn ich versuchte, den aufsteigenden Schmerz über ihren Verlust halbwegs unter Kontrolle zu bekommen, schnürte es mir regelrecht die Kehle zu. Dann hatte ich Mühe, vernünftig zu sprechen. Aber ich versuchte, mir möglichst wenig anmerken zu lassen. Der Kinder wegen.

Ohne Andrea-Christa musste unser ganzes Leben neu geordnet werden. Kann man in so einer Situation überhaupt noch von Ordnung sprechen? Eigentlich nicht. Aber das Leben musste weitergehen, so weh es auch tat. Ich organisierte eine Haushälterin und begann selbst einzukaufen. Kochen konnte ich. Also kochte ich für die Kinder. Ich versuchte alles, um wenigstens einen Hauch von Normalität zurückzugewinnen.

Vianne und Max wollten wieder in die Schule gehen. Das war ein nächster Schritt. Ich schmierte ihnen Pausenbrote und versuchte, all das zu übernehmen, was meine Frau stets getan hatte. Bei solchen Gelegenheiten fällt einem auf, wie viel sonst im Stillen geschieht. Erst wenn keiner mehr da ist, der diese Arbeiten übernimmt, springt es einem ins Auge.

Waren die Kinder in der Schule, überfiel mich die Trauer. Ich saß da und konnte nicht mehr. Gemeinsam waren Andrea-Christa und ich durch das tiefe Tal der Unternehmenspleite gegangen, hatten den Wiederaufstieg erlebt, waren endlich raus aus der fürchterlichen Armut und wieder zu Wohlstand gekommen.

«So könnte es jetzt dauerhaft weitergehen», hatte ich erst kurz davor gesagt. Und jetzt war alles vorbei. Ich hatte nicht den blassesten Schimmer, wie es weitergehen sollte. Meine Brust schmerzte, als sei mir etwas herausgerissen worden. Immer wieder sah ich an mir hinunter und wunderte mich, dass mein Hemd nicht blutig war. Es waren physische Schmerzen. Oft hatte ich das Gefühl, dass eine warme Flüssigkeit wie Blut über meine Brust lief.

Im Unternehmen erledigte ich nur das Allernötigste. «Die Bausaison ist bald zu Ende. So lange musst du noch durchhalten. Dann sehen wir weiter», dachte ich mir und quälte mich von Tag zu Tag.

Es galt, die Beerdigung zu organisieren. Nichts ist schlimmer als das. Und gleichzeitig hilft dieser Zwang, diese Dinge organisieren zu müssen, auch beim Verarbeiten. Das ist ein wichtiger Teil der Trauerarbeit. So sieht man das aber nicht, wenn man mittendrin ist und überhaupt nicht mehr weiß, wo einem der Kopf steht. Eigentlich möchte man ihn nur in den Sand stecken. Aber das geht nicht.

Die Kinder, die Beerdigung, die Verwandtschaft. Wie soll das alles ablaufen? Fragen wie diese zwangen mich dazu, nicht zu resignieren. Weitermachen, immer weiter.

Manchmal war es, als stünde ich neben mir selbst. Ich sah mir zu, wie ich telefonierte, wie ich mit dem Beerdigungsinstitut verhandelte, wie ich meinen Schwiegereltern kondolierte. Es war wie im Film. Ich spielte die Hauptrolle und war der einzige Zuschauer.

Drei Tage lag meine Frau bereits in der Gerichtsmedizin. Ich hatte sie noch immer nicht sehen dürfen. Sie war obduziert worden.

«Sie möchten sie so nicht sehen», teilte mir die Polizei kurz und knapp mit, als ich zum wiederholten Male darum bat, mich von meiner Frau verabschieden zu dürfen. Die Gerichtsmedizin blieb verriegelt. Ohne polizeiliche Zustimmung gab es keine Chance, da hineinzukommen.

Wir hatten kein Grab. Wozu auch? Das musste jetzt ausgesucht werden. Die Grabsuche wirkte auf mich absolut surreal. Man führte mich über den Friedhof und pries mir verschiedene Gräber an, als würde ich eine Wohnung kaufen. Bei einem hieß es, hier könne man die Abendsonne sehen. Bei einem anderen sagte man, das sei eher unvorteilhaft. Da wüchse so viel

Unkraut. Das war so absurd-komisch, dass ich tatsächlich kurz lachen musste. Nur einen Moment später fiel ich zurück in meine Trauer.

Zu allem Überfluss drohte die Schließung der Bankkonten. Nach meiner Pleite lief die jetzige Firma auf den Namen meiner Frau. Zum Glück vertraute mir unsere Bankerin.

Als ich ihr berichtete, was geschehen war, sagte sie nur leise: «Herr Lermer, ich weiß von nichts», und legte auf.

So konnte ich zumindest an die Konten gelangen und die nötigen Dinge erledigen. Sonst wären sie gesperrt worden.

Die Zeit bis zur Beerdigung war fürchterlich. Man kommt innerlich nicht zur Ruhe und fühlt sich wie in einem dunklen Tunnel, der kein Ende nehmen will. Zugleich soll man über Sarg, Kränze und Gottesdienstgestaltung entscheiden. Alles Dinge, die einem in diesem Moment als derart nebensächlich oder beschwerlich erscheinen, dass man einfach nur sagen möchte: «Muss das wirklich sein?»

Am schlimmsten war, dass ich dem Beerdigungsinstitut etwas bringen sollte, um meine Frau anzuziehen. Ich erinnere mich noch, wie ich im Kleiderschrank nach etwas suchte und dabei richtig wütend wurde.

Am Tag vor der Trauerfeier gab mir das Beerdigungsinstitut die Gelegenheit, meine Frau doch noch zu sehen. Andrea-Christa war zu diesem Zeitpunkt bereits über zwei Wochen tot. Ich trat neben den geöffneten Sarg. Die Person, die da lag, hatte mit meiner Frau nichts mehr zu tun.

Im Gebet ging ich unser Leben durch und bat um Verzeihung für alles, was nicht gut gewesen war. Andrea-Christa hatte mir unendlich viel bedeutet. So viel hatte ich ihr zu verdanken. Vor allem unsere beiden großartigen Kinder. Wegen Andrea-Christa und ihrer Verwandtschaft war ich damals in den Osten gegangen und hatte dort gemeinsam mit ihr eine neue Heimat gefunden. Als das Unternehmen ins Schlingern geriet, stand sie mir zur Seite. Sie war mir Hilfe und Stütze in dunklen Tagen, und in den hellen war sie mein Sonnenschein. In Glaubensfragen hatten wir uns gegenseitig inspiriert und damit neue geistliche Erfahrungen ermöglicht. Ich dachte, das Leben läge noch vor uns. Nun musste ich Abschied nehmen. Ich berührte ihre Hände, verabschiedete mich und ließ sie gehen. Diese Berührung hätte ich vielleicht besser gelassen. Es fühlte sich kalt und schrecklich an.

Am nächsten Tag kamen sehr viele Leute zur Beerdigung. Die Freunde von «Jugend mit einer Mission», die mir halfen, das alles zu organisieren, haben mir einen großen Freundschaftsdienst erwiesen.

«Leichenschmaus» sagt man bei uns in Bayern zu diesen Begegnungen nach einer Beerdigung, bei denen gemeinsam gegessen, getrunken und sich erinnert wird … «Leichenschmaus» klingt komisch, wird aber von den Hinterbliebenen verlangt. Es ist verrückt, welche traditionellen und gesellschaftlichen Verpflichtungen einem da aufgebürdet werden.

Die Beerdigung war für mich der reinste Horror. Das Mitgefühl so vieler Freunde und Bekannter tat einerseits gut. Es war aber auch schlimm, wenn Gäste einen mit ihrer Trauer zusätzlich belasteten. Den Kindern war dieser Tag keine Hilfe. Ich selbst saß da wie ferngesteuert, aber ich atmete auch erstmals auf. Die Beerdigung war überstanden. Jetzt konnte ich mich von diesem Ort des Todes entfernen und langsam anfangen, nach vorne zu schauen. Allerdings war da nichts zu sehen, was mich hätte ermutigen können.

Kapitel 27
Die Liste des Unmöglichen

Die Beerdigung war überstanden. In der Firma quälte ich mich noch einige Wochen durch – mehr schlecht als recht. Anfang Dezember begann endlich die Winterpause. Erst Ende März begannen wir wieder mit dem Sportplatzbau.

Ich hatte diese Pause herbeigesehnt, um endlich Zeit zu haben – für die Kinder und für mich. Ich brauchte Zeit, um mich auf die neue Lebenssituation einzulassen. Für mich begann der schlimmste Advent meines Lebens.

Im Nachhinein weiß ich, dass Gott mir tatsächlich so nahe kam wie nie zuvor. Aber damals fühlte sich das anders an. Draußen war es winterlich, dunkel und kalt. In mir sah es genauso aus.

Schon der Versuch, für die Kinder wenigstens etwas Adventsdekor ins Haus zu holen, schien mir absurd. Jede angezündete Kerze machte es in mir nur noch dunkler. So fühlte es sich zumindest an. Vor allem an den schlechten Tagen.

Es gab auch andere. An ihnen keimte Hoffnung: «Vielleicht schaffe ich es ja doch irgendwie.» Meist wurde der Funke Hoffnung rasch von der Dunkelheit des nächsten Tages wieder verschlungen. Manchmal brauchte es dafür gar keinen ganzen Tag. Ein paar Stunden genügten.

Immerhin hatte ich Freunde und Bekannte, die sich um die Kinder und mich kümmerten. Freundschaften sind ein Segen. Und in Situationen wie dieser merkt man schnell, wer die wahren Freunde sind.

In manchen Fällen entwickelte sich aus weiblicher Sorge um den bemitleidenswerten Witwer etwas anderes. Ich hatte kein Sensorium dafür. Schließlich war ich mit ganz anderen Dingen beschäftigt. Daher merkte ich nicht, wie aus Versorgung mehr und mehr Anmache wurde. Ein alleinstehender Unternehmer in einer schönen Villa mit dicken Autos vor der Tür, das schien eine Anziehungskraft zu haben, über die ich mir keine Gedanken gemacht hatte. Für einige Damen, selbst solche, die verheiratet waren, schien ich wie Freiwild. Sie machten sich auf die Pirsch.

Ich war in meinem Tunnel und merkte das alles nicht richtig. Freunde öffneten mir die Augen. Erst dann kapierte ich, was los war. Jagdtrophäe wollte ich nun wirklich nicht sein. An Angeboten, die sich selbst in die Auslage drängten, hatte ich nicht das geringste Interesse. Ich wollte wieder eine Partnerin, mit der ich den Glauben leben konnte. Nicht eine, die die Ehe bricht, um sich bei mir einzuschleichen.

Hier war ich an einem Punkt angelangt, an dem ich wieder stärker bei Gott andockte. An schlechten Tagen fühlte ich mich völlig am Ende. Da war mein Beten ein einziges Jammern. «Herr, ich weiß nicht weiter. Ich bin ratlos. Wie soll es nur weitergehen? Hilf mir doch», stammelte ich.

Mir war schmerzlich bewusst, dass mit dem Tod meiner Frau eingetreten war, was mir Jahre zuvor vorausgesagt worden war: Ich hatte tatsächlich alles verloren. Nicht nur meine erste Firma. Nun auch meine Frau. «Herr, man hat es mir vorausgesagt», betete ich, «aber man hat mir auch gesagt, dass du mich wiederherstellen wirst. Darauf vertraue ich jetzt.» So klangen meine Gebete an den nicht ganz so düsteren Tagen. Mein nachtschwarzer Advent hellte sich langsam auf.

Phasen der Trauer kamen wie Wellen. Dazwischen gab es lichtere Momente, in denen ich über die Zukunft nachdachte. Dann quälte mich die Einsamkeit. Würde ich jemals wieder eine Partnerin finden? Jemanden kennen zu lernen, der zu mir und den Kindern passt, schien mir unmöglich.

Das stürzte mich in eine schwere Krise. «Herr, was soll ich nur machen? Das ist unmöglich», betete ich an einem der düsteren Adventsabende. Die Kinder waren bereits im Bett.

Da vernahm ich inmitten meiner inneren Dunkelheit eine Stimme: «Schreib eine Liste, damit du weißt, wonach du suchst.»

Der Gedanke kam mir seltsam vor. Aber ich setzte mich hin und begann aufzuschreiben. Sehr detailliert. Ich kam auf 28 Punkte. Ich beschrieb, was ich mir im Idealfall wünschen würde. Danach war ich völlig fertig. Als ich meine Wunschliste durchlas, hatte ich noch weniger Hoffnung als vorher. «Gott, wie soll das gehen? Es ist doch aussichtslos, so jemanden zu finden.»

In den Tagen danach fiel mir ein Büchlein in die Hand. Ich wusste gar nicht, dass wir so etwas im Haus hatten. Später habe ich das komischerweise auch nicht mehr gefunden. Es war kein frommes Buch. Zwar ging es um die verändernde Macht des Glaubens, aber ohne christlichen Gottesbezug. Mich hat das damals dennoch inspiriert. Ich übertrug das, was da stand, auf Gott. Schließlich heißt es in der Bibel, dass der Glaube Berge versetzen kann. Genau das wollte ich jetzt ausprobieren.

«Gut, Gott, dann probiere ich das jetzt aus», betete ich und erneuerte meinen «Deal» mit ihm. Mehr und mehr wurde mir bewusst, dass ich nur noch eine Chance hatte. Ich musste alles, was ich hatte, auf Gott setzen. Jetzt wollte ich es wissen. Ich nahm meine detaillierte Liste zur Hand. Diese Liste habe ich übrigens heute noch:

«Frau aus Bayern, braune Haare, dunkle Augen, 178 cm groß, Christin, aber nicht katholisch», stand da. Auch den gewünschten Charakter hatte ich beschrieben. Ebenso wie das Körpergewicht. Auch sportlich sollte sie sein und, und, und.

Als ich meine Liste fertig geschrieben hatte, überkam mich das Gefühl, noch zwei Punkte ergänzen zu sollen. Ich war irritiert. Da stand doch alles, was ich mir wünschte. Mehr fiel mir nun wirklich nicht mehr ein. Das war ja auch schon mehr als genug. Und mehr, als dass es jemals hätte Wirklichkeit werden können. Was sollte ich da noch hinzufügen? Ich hatte keine Ahnung.

«Schreib ‹Pferde› und ‹Bauernhof› dazu», durchfuhr es mich.

Was war das? Pferde, Bauernhof – damit hatte ich nichts zu tun. Was sollte das? Warum ausgerechnet Pferde? Bauernhof? Ich war kein Landwirt, sondern Unternehmer, der Sportplätze baute. Pferde und Bauernhof: Das war so weit weg von mir, da hätte ich genauso «U-Boot» und «Space Shuttle» hinschreiben können.

Pferde und Bauernhof: Das war überhaupt nicht mein Thema, aber bitteschön. «Wenn Gott will, dass ich noch Pferde und Bauernhof dazuschreibe, dann mach ich es halt», dachte ich mir und ergänzte meine Liste um zwei für mich völlig unverständliche Punkte.

«So, Herr, bitte sehr, das suche ich», betete ich. «Jemanden zu finden, der so ist, das geht nicht. Das wäre absoluter Wahnsinn. Das schaffst auch du nicht.» Meine Verzweiflung wuchs. Und doch spürte ich auch in der Verzweiflung, dass ich mit Gott reden konnte. Er war da. Irgendwie.

Allmählich gelangen erste Schritte zurück ins Leben. Was heißt Schritte? Es waren Gehversuche – mit den Kindern und alleine. Aber immerhin. Langsam setzten wir einen Fuß vor den anderen. Vieles war noch sehr wackelig. Der Schmerz in meiner Brust ließ nicht nach. Noch immer spürte ich mein Herz bluten. Das quälte mich seit Monaten.

Am Abend des 18. Dezember lag ich schlaflos im Bett. Dieser physische Schmerz hielt mich wach. Ich konnte nicht einschlafen, wälzte mich von einer Seite auf die andere und war nur noch zu kurzen Stoßgebeten in der Lage.

«Herr, hilf mir. Ich halte das nicht mehr aus. Tu bitte irgendwas. Ich kann so nicht weitermachen.»

Spät in der Nacht schlief ich vor Erschöpfung ein.

Als ich am Morgen erwachte, waren meine Schmerzen in der Brust wie weggeblasen. Ich konnte es kaum glauben. Wieder und wieder fühlte ich in mich hinein. Aber da war nichts mehr. Ich atmete auf und dankte Gott.

An diesem Tag hatte ich zum ersten Mal das Gefühl: «Ja, Gott hat mich tatsächlich körperlich wiederhergestellt. In diesem einen Punkt hatte er gehandelt. Er hatte mir den Schmerz genommen. Meine Schmerzen in der Brust waren nicht langsam weniger geworden. Sie waren komplett weg. Einfach so. Über Nacht.

Ich weiß, dass es Menschen gibt, die spöttisch lachen, wenn ich diese Veränderung Gott zuschreibe. Aber ich bin mir ganz sicher. In meinem späteren Leben durfte ich noch ganz andere Wunder und Taten Gottes erleben. Davon hätte ich in diesem Moment nicht zu träumen gewagt. Im Nachhinein kann ich dankbar sagen, dass diese erste «kleinere» körperliche Wiederherstellung nur der Beginn eines großen Prozesses war, der überdeutlich die Handschrift Gottes trug.

Damals war ich noch nicht so stabil, dass mir diese erste Erfahrung schon aus meinen Sorgen und Ängsten geholfen hätte. Da lag noch ein weiter Weg vor mir. Aber immerhin: Mit der Zeit gelang es, meine Trauer zu verarbeiten.

Die Trauer war für mich wie ein großer Haufen Sand, der mir vor die Tür gekippt worden war. Dieser Sandhaufen musste weg. Aber zunächst galt es, zu akzeptieren, dass er da ist. Dieser Haufen lag vor der Tür. Das ließ sich nicht ändern. Egal, ob man weint, schreit, grollt, sich ärgert. Der Sandhaufen bleibt. Diese Situation muss man akzeptieren lernen. Man musste sich damit aussöhnen. Erst dann kann Veränderung beginnen.

Hat man die Realität dieses Sandberges akzeptiert und will ihn weghaben, muss man eines Tages eine Schaufel in die Hand nehmen und den Sand konsequent Schaufel für Schaufel abtragen. Das Dumme dabei ist: Von der ersten bis zur letzten Schaufel fühlt sich das immer gleich schmerzhaft an.

Man muss dennoch weitermachen. Am besten, man achtet darauf, dass der Haufen zumindest kleiner wird. Das macht die jeweilige Schaufel nicht leichter, aber es hilft, nicht nachzulassen, auch wenn es wehtut.

Wahrscheinlich gibt es zwei Extreme, mit diesem Sandhaufen der Trauer umzugehen. Die einen packen die Schaufel und schaufeln den Sandberg mit aller Gewalt aus ihrem Leben heraus. Andere ignorieren den Sandhaufen. Dann liegt er auch in zehn oder zwanzig Jahren noch da. Ignorieren mag sich eine Zeitlang leichter anfühlen als Schaufeln. Aber es nützt nichts. Der Haufen muss weg. Daran führt kein Weg vorbei, will man die Kurve zurück ins Leben finden. Solange der Trauerhaufen vor der Tür liegt, so lange versperrt er den Zugang zu sich selbst.

Ich habe versucht, gemeinsam mit Gott zu schaufeln. Erst war es sehr mühsam, mit der Zeit ging es besser. Jede Schaufel, die ich abtrug, schmerzte. Aber mit Gott hoffte ich, wieder eine Perspektive für mein Leben zu bekommen. Daran war bis dahin nicht zu denken gewesen. Der Schmerz war zu groß.

Besonders schmerzte der Gedanke an das bevorstehende Weihnachtsfest. Heiligabend mit den Kindern ohne ihre Mutter: Der Gedanke war blanker Horror. Was sollte ich tun? Weihnachten ausfallen lassen?

Ich dachte lange darüber nach, entschied aber anders. Vom 19. bis zum 23. Dezember fuhr ich mit den Kindern zum Skifahren nach Südtirol. Zum ersten Mal erlebten wir wieder so etwas wie Normalität. Trotz all der vergangenen Geschehnisse fühlten wir drei uns als Familie. Die Tage auf der Piste machten Hoffnung. Wir konnten gemeinsam vorwärtsgehen. Wie beim Skifahren richteten sich unsere Blicke nach vorne. In der Sonne glitzerte der Schnee. In mir breitete sich ein Gefühl von Zukunft aus.

Kapitel 28

Gott übernimmt die Regie

An Weihnachten waren wir wieder daheim. Der Heilige Abend kam. Ich schmückte den Baum, verpackte die Geschenke für die Kinder und stellte mich in die Küche. Die Kinder sollten ein Weihnachtsfest haben. Das hatte ich mir vorgenommen. Nun versuchte ich alles, damit das im Rahmen des Möglichen gelang.

Zum Abendessen gab es Sauerbraten, Knödel und Blaukraut. Ich weiß es wie heute. Ich kann mich noch genau an den Geruch erinnern, der durch unser Haus zog. Wer in einer solchen Situation Weihnachten feiert, dem brennen sich selbst kleinste Details ein. Das vergisst man nie mehr.

Was soll ich sagen: Wir haben dieses Weihnachtsfest überstanden. Mag sein, dass das seltsam klingt, aber Weihnachten überstanden zu haben, war für uns drei ein großer Schritt Richtung Zukunft.

Silvester nahmen uns Freunde mit auf eine Party. Auch das tat uns gut. Und bedeutete einen weiteren Schritt in eine neue Normalität. Schon zuvor hatten meine Freunde versucht, mich und die Kinder «ins Leben» zurückzuholen. Fürsorglich kümmerten sie sich um uns. Manche nahmen uns wie in ihre Familie auf. Andere luden uns zum Essen ein oder nahmen mich mit auf eine Feier oder zu Veranstaltungen. Ich sollte auf andere Gedanken kommen, meinten sie. Das half mir und tat gut. Es lenkte mich ab. Aber eine Lösung war das nicht.

Ich saß da und kämpfte mit meiner Verzweiflung. Daran

konnten auch Ausflüge in die «Welt der Lebendigen» nicht grundsätzlich etwas ändern. Auch wenn ich mich über Ablenkung freute und inzwischen mehr nach vorne als zurück schaute. Doch mit der Einsamkeit wuchs in mir die Angst vor der Zukunft. Wie würde es weitergehen? Ich war ein Familienmensch. Zu all meinen Lebensplänen und Visionen gehörte eine Ehefrau. Aber ich war allein.

Würde ich jemals wieder eine Partnerin finden? Wie sollte das überhaupt gehen? Allein, zwei kleine Kinder, die Firma. Unter diesen Umständen würde es aussichtslos sein, jemanden kennen zu lernen. Dessen war ich mir sicher.

Außerdem wollte ich ja nicht irgendeine Partnerin. Ich war Witwer, hatte zwei Kinder, und ich war Christ. Ich wünschte mir eine gläubige Frau, die meine Vision mittragen würde. Ich hatte meine Liste geschrieben und hielt ihre Erfüllung für ein Ding der Unmöglichkeit.

So haderte ich mit meinem Schicksal. «So jemanden gibt es nicht. Und falls doch, würde ich diese Frau nie kennen lernen.» Das war in meiner Situation schon rein praktisch völlig undenkbar.

Der Gedanke, allein durchs Leben gehen zu müssen, verursachte Panik. Ich lehnte mich dagegen auf: «Das kann ich nicht. Das will ich nicht. So bin ich nicht. Das kannst du doch nicht mit mir machen, Herr!»

Kurz danach resignierte ich wieder: «Mach dir nichts vor. Du wirst niemand finden. Kümmere dich um deine Kinder und um deine Firma. Da hast du genug zu tun», versuchte ich mir einzureden. Dabei wusste ich genau, ein solches Lebensmodell passte überhaupt nicht zu mir. Ich war kein Single-Typ. Weder früher noch jetzt.

In meiner Einsamkeit betete ich: «Herr, jetzt kann ich ausprobieren, ob du wirklich existierst.» Instinktiv spürte ich: So brutal diese Situation für mich war, so wertvoll konnte sie sein. «Gott, wenn ich hier durchkomme, dann weiß ich, dass du existierst, und zwar wirklich», sagte ich und fuhr fort: «Gott, jetzt musst du mir begegnen. Du hast angekündigt, dass du mich wiederherstellen wirst. Jetzt tu es auch bitte. So halte ich nicht mehr lange durch!»

Ich rang weiter mit meinem Schicksal als alleinerziehender Witwer. Es waren dunkle Stunden. Zwischendurch flammte Hoffnung auf, wenn ich an Gottes Versprechen dachte, mich wiederherzustellen. Wie das geschehen sollte, konnte ich beim besten Willen nicht erkennen. Sollte Gott sich als Lügner erweisen? Das wäre die bitterste Erkenntnis meines Lebens gewesen.

So viel hatte ich daran gesetzt, ihm, dem lebendigen Gott, begegnen zu dürfen. Rastlos hatte ich mich auf die Suche gemacht, um ihn wirklich zu erfahren. Ich war nicht zufrieden gewesen mit der bayerischen Kirchenerfahrung, die ich von daheim kannte. Da war Glaube eher Tradition, religiöse Praxis, mehr Volkstum als lebendige Christusbeziehung. Zumindest hatte ich es in meiner Jugend so wahrgenommen.

Sonntags gingen alle brav in die Kirche und gaben sich den Friedensgruß. Am Montag schon kratzten sich dieselben, die am Tag zuvor noch in feierlicher Tracht zur Kommunionbank geschritten waren, gegenseitig die Augen aus.

Glaube und Alltag hatten nichts miteinander zu tun. Glaube und Geschäfte noch weniger. Solche gelebte Heuchelei hatte mich damals aus der Kirche getrieben. Ich war ausgetreten, weil ich die Veräußerlichung des Glaubens, die Verweltlichung des Religiösen nicht länger hatte ertragen können.

Christus und sein Evangelium wurden kaum noch ernst genommen. Umso mehr wurden Brauchtum und Tradition hochgehalten. In meinem Umfeld waren Glaube und Tradition nicht mehr zu trennen. Ich konnte die Widersprüche, die ich dabei wahrnahm, nicht aushalten. In der Kirche ein frommes Festtagsgesicht, draußen im Leben nicht die Spur von Gott.

Für mich war das kein Glaube, sondern religiöses Theater. Man machte sich selbst und anderen etwas vor und war auch noch stolz darauf.

Mich faszinierte die geistliche Welt. Spiritualität begeisterte mich und zog mich an. Aber Kirche als «Komödienstadel» des Zeitgeists, nein, davon wollte ich nichts wissen.

Meinen Glaubensweg hatte ich bei den Charismatikern fortgesetzt. Immer tiefer hatte ich in deren geistliches Leben hineingefunden. Ihre Art, frei zu beten, die geistliche Dimension des Lebens wirklich ernst zu nehmen, den Glauben tatkräftig zu praktizieren und missionarisch weiterzugeben, wirkte auf mich befreiend.

Die Beziehung zu Jesus Christus und die Sehnsucht danach, dem lebendigen Gott wirklich zu begegnen: Das trieb mich innerlich an. Ich suchte nach den Erfahrungen und Wundern, die die Bibel beschreibt, und wollte nicht aufgeben, bis ich selbst sie erleben konnte.

Von klein auf hatten mich Bilder und Visionen begleitet, die ich mir zunächst nicht hatte erklären können. Als ich nach der Wende in den Osten ging und aus dem Nichts zu einem der großen Obst- und Gemüsehändler aufstieg, sah ich mich am Ziel. Meine Vision, als erfolgreicher Unternehmer für Gott missionarisch unterwegs zu sein, schien Realität zu werden.

Doch dann ging meine Firma bankrott. Nach einer Zeit schlimmster Entbehrung und bitterster Armut rappelten wir uns wieder hoch. Mit Sportplatzbau fuhr mein neues Unternehmen gigantische Erfolge ein. Wir hatten wieder Geld. Der Wohlstand kehrte zurück. Jetzt war es so weit: Mit Verzögerung und der Erfahrung des Absturzes konnte meine Vision endlich Wirklichkeit werden. So dachte ich.

Dann starb meine Frau. Jetzt erst begriff ich, was es heißt, wenn einem alles, wirklich alles genommen wird.

Ich saß am Tisch, den Kopf in beide Hände gestützt, und klagte Gott mein Leid. «War es das jetzt? Was soll nun werden? Allein. Ohne Frau. Was tust du mir an? Wo bist du überhaupt? Zeig dich mir! Lass mich nicht allein!»

Ich flehte und jammerte. Es half nichts. Ich sah kein Licht am Ende des Tunnels. Gab es überhaupt eines?

Ich ließ nicht locker, Gott zu beknien. Hatte Gott einen Plan? Gab es Gott überhaupt? Oder hatte ich mich mein Leben lang fürchterlich getäuscht? Hatte ich einer Illusion vertraut? Hatte ich mir alles nur eingeredet und zurechtfantasiert? Ich wusste es nicht mehr.

So sicher war ich gewesen, hatte meinen Glauben gelebt, geliebt und verteidigt. Jetzt war alles zerbrochen. Wie Hiob saß ich da. Klagend und mutlos. Nur ein winziger kleiner Funke Hoffnung war noch in mir. Ein Windstoß nur, und er wäre erloschen.

Aber statt eines kalten Windstoßes war es, als berührte mich ein sanfter Windhauch. Gott war in diesem Windhauch. Der Funke erlosch nicht. Er sollte sich auswachsen zu einer Flamme der Begeisterung und der Freude.

Das konnte ich an jenem 9. Januar 2009 nicht ahnen. Da saß ich am Tisch als Hiob von Hainichen. Und es war mir, als würde ich an meiner Einsamkeit ersticken.

Als mich plötzlich eine innere Stimme wie ein sanfter Windhauch berührte: «Setz dich an den Computer, geh ins Internet und geh auf ein christliches Partnerportal.»

Nanu? Was war das? Was sollte ich denn da? Von solchen Internetportalen hielt ich überhaupt nichts. Das hat sich bis heute nicht geändert. Aber damals war mir ohnehin schon alles egal.

«Dann mach ich das eben», sagte ich mir. Von allein wäre ich nie auf eine solche Idee gekommen. «Na gut, dann geh ich da halt mal rein», dachte ich und schlurfte zum Arbeitszimmer. Nichtsahnend fuhr ich meinen Rechner hoch. Dieser Moment sollte mein Leben verändern. Und zwar für immer. Damals konnte ich das nicht ahnen. Ich hätte es nicht einmal zu träumen gewagt.

Wenn Gott seine Finger im Spiel hat, ist alles möglich. Heute weiß ich das, weil ich es immer wieder erleben darf. Als ich an jenem 9. Januar abends meinen Computer hochfuhr, wusste ich nicht, dass Gott längst die Regie übernommen hatte. Ich ahnte nicht, welcher Weg und welche Entdeckungen noch vor mir lagen.

Teil IV:

Franz & Andrea

Kapitel 29

Blind Date:
Der Blitz schlägt ein

Franz: Es war Freitag, der 9. Januar 2009. Eine innere Stimme hatte mich dazu gebracht, meinen Rechner anzumachen und mich ins Internet zu begeben. In Hainichen saß ich an meinem Schreibtisch und wartete darauf, dass mein Rechner endlich hochfuhr.

«Was soll ich in diesem Partnerportal?», dachte ich mir. «Warum ausgerechnet das? Da tummelt sich doch alles Mögliche.» Okay, es war ein christliches Portal. Aber auch da ist online viel unterwegs. Ich war kein Typ für die virtuelle Welt, mein Leben fand in der Wirklichkeit statt. Da war ich zu Hause. Gegen solche Dating-Portale hatte ich schon immer eine massive Abneigung gehabt. Von alleine wäre ich nie auf die Idee gekommen, mich da hineinzubegeben. Das war für mich ein absolutes No-Go.

Ich erinnerte mich an einen jungen Mann, den ich gecoacht hatte. Mit ihm war ich wegen solcher Portale und entsprechender Chats aneinandergeraten. Mit Nachdruck hatte ich ihm Gefahren und Risiken erklärt und dringend geraten, die Finger davon zu lassen. Auch heute würde ich das jedem ans Herz legen.

Doch nun saß ich selbst da. Ich wählte mich ein. Das hatte geradezu etwas Verstohlenes. Ich kam mir komisch vor. Wenigstens sah mich keiner. Aber der Eindruck, genau das jetzt tun zu sollen, war derart stark gewesen, dass ich es ausgeschlossen gefunden hatte, mich dem zu verweigern.

Ich schaute mich um. «Meine Güte, was ist das denn hier?» So sah also ein christliches Partnersuchportal aus. Ich zählte weder zu den «digital natives», noch hatte ich Erfahrung mit virtueller Partnersuche. «Ich glaub, ich spinne. Was ist denn hier los?», fragte ich mich, als ich durch Bilder und Texte scrollte. «Die Not muss groß sein.» Ich schüttelte den Kopf.

Da waren Gestalten unterwegs – unfassbar! Warum die Singles waren, beantwortete meist schon das Foto. Das waren keine normalen Porträtbilder. Die Leute inszenierten sich. Mit Kerzenleuchter, frommen Sprüchen, Halleluja-Singsang oder sonstigem religiösen Schnickschnack.

«Oh Gott, sind die bekloppt? Nein, das ist nichts für mich.» Ich wollte keine einsamen Jungfern, die vorne am Altar rumlungern. Das widerstrebte mir. So war ich einfach nicht.

«Aber halt, da schau her! Es gibt auch andere. Nein. Nein, nein. Ich will das hier nicht. Das ist nicht meine Welt.»

Eigentlich wollte ich nur schnell wieder raus. Doch seltsamerweise beruhigten sich meine Gedanken – trotz meines Widerstandes gegen schräge einsame Jungfern, mit und ohne Kerzenleuchter.

Ich sah mich weiter um. Da ging es zu einem Chat. «Chat? Nein, das geht überhaupt nicht.» Chatten war für mich wie der Vorhof zur Prostitution. Davor hatte ich Angst.

Um in den Chat zu kommen, musste man sich anmelden. «Immerhin, das geht, ohne Informationen von sich preiszugeben. Na ja, jetzt ist es ohnehin schon egal. Dann probiere ich das halt mal aus.» Egal, welches Pseudonym ich mir suchte, alle waren schon belegt. Endlich: Mit «Servus68» war ich drin. In Bayern grüßt man mit «Servus», und 68 war mein Geburtsjahr. Das passte.

«Was soll man noch angeben?», tastete ich mich vorwärts. «Verheiratet, ledig, geschieden, verwitwet?»

«Ledig», gab ich an. «Verwitwet» traute ich mich nicht.

«Dann schreibt dich bestimmt keine an.» Tausend Dinge konnte man hineinschreiben. «Nein, danke», sagte ich mir. «Das muss so reichen.»

«Servus68» schickte seine mageren Angaben auf die Reise.

Zack, schon ging es los. So schnell konnte man gar nicht schauen.

«Oh weh, jetzt melden sich die ganzen schrägen Vögel bei mir. Gott, was soll das? Das bringt doch nichts», schickte ich ein Stoßgebet zum Himmel. «Oh, da sind auch eine paar Attraktive dabei. Was schreiben die denn? Ach herrje, nein. Das passt wirklich nicht.»

Das meiste interessierte mich nicht, anderes kam mir geradezu unheimlich vor. Ich war drauf und dran, meinen Versuch abzubrechen.

Plötzlich meldete sich eine «GuteFee30»: «Hallo, kennst du dich auch nicht aus? In deinem Profil steht ja auch nichts drin, und du hast auch kein Bild.»

Ich las das, und es traf mich ein Stich ins Herz. «Hallo», schrieb ich zurück. «Wer bist du?»

Wir tauschten ein paar Worte aus, dann schrieb ich an «GuteFee30», von der ich nichts wusste, außer dass sie verwitwet war. Das war das Einzige, was man ihren Angaben entnehmen konnte.

Ich schrieb: «Mir ist das hier unheimlich. Können wir nicht per E-Mail weiterschreiben? Ich will raus hier.» Ich erschrak über mein Verhalten. Wieso reagierte ich so heftig auf sie? Ich konnte mir das nicht erklären.

Ausgerechnet jetzt hatte ich Termine im Büro. In der Firma standen die Jahresgespräche an. Wir trafen die wichtigsten Lieferanten, um gemeinsam zu planen. Den Termin konnte ich nicht ausfallen lassen.

«Können wir abends weiterschreiben?»

«GuteFee30» schrieb zurück, am Abend habe sie einen Hauskreis.

«Hauskreis, das klingt interessant», dachte ich und schrieb: «Melde dich doch nach deinem Hauskreis.»

Andrea: Die «GuteFee30» war ich. Hunderte Kilometer entfernt von Hainichen, hatte mich genau im gleichen Moment eine seltsame Eingebung bewogen, mich an den Computer zu setzen und in den Chat zu gehen, in dem ich auf «Servus68» traf.

Ich hatte meinen vorigen Mann in einem Chat kennen gelernt. Sein wahres «Ich» hatte mit seinem «Chat-Ich» nichts zu tun gehabt. Wir führten eine katastrophale Beziehung. Einige Monate zuvor hatte er sich das Leben genommen.

Die noch nicht verheilte Platzwunde an meiner Stirn schmerzte. Ich war auf eine anonyme Internetbekanntschaft hereingefallen, war betäubt und missbraucht worden und anschließend auf der Toilette zusammengebrochen.

Internetbekanntschaften: Damit war ich bedient. Endgültig. Wäre nicht plötzlich mitten in einem Gebet, in dem ich Gott meinen ganzen Schmerz hingeworfen hatte, diese Stimme in mir aufgetaucht. Ich wäre nie auf den Gedanken gekommen, in diesen Chat zu gehen.

Jetzt war ich als «GuteFee30» unterwegs. Mit einem mageren Profil, das so minimalistisch war, wie es nur sein konnte. Keine Infos, kein Bild, nichts. Auf Grund meiner schlimmen Erfahrungen wollte ich mich schützen. Ich hatte all die merkwürdigen frommen Typen «gescannt», die da zu sehen waren, ehe mich «Servus68» – obwohl keine Angaben dabeistanden – elektrisierte. Es traf mich wie ein Blitz.

Irgendetwas an unserem ersten kurzen Austausch machte mich extrem neugierig. «Wer war das?» Er wollte raus aus dem Chat. Das sei nicht so sein Ding. «Sehr sympathisch», fand ich. Ausgerechnet heute Abend war Hauskreis. So ein Mist! «Servus68» hatte berufliche Verpflichtungen. Also verabredeten wir uns auf den späteren Abend. Bis 21.00 Uhr, spätestens

21.30 Uhr würde der Gebetskreis vorbei sein, dachte ich. Dann wollten wir wieder schreiben.

Meine Mutter hatte die Idee gehabt, bei mir einen Gebetskreis zu veranstalten. Es würde mir guttun, wenn jemand käme und wir bei mir zusammensäßen, meinte sie.

Andrea & Franz: Nach unserer ersten kurzen Begegnung im Netz waren wir beide innerlich aufgewühlt. Wir erledigten unsere Termine und Aufgaben. In Gedanken aber zählten wir nur die Stunden bis zum Abend, um uns endlich weiter austauschen zu können. Etwas Unerklärliches war passiert. Wir wussten nichts voneinander, aber da war eine gegenseitige Anziehung, die nicht normal war. Das hatte etwas Übernatürliches.

Andrea: Mein Gebetskreis wollte und wollte nicht nach Hause gehen. Ich hatte Pizza gemacht. Die Damen aßen und redeten. Es nahm kein Ende. Ich begann, die Teller abzuraumen: «So, jetzt müsst ihr langsam gehen.»

Sie dachten nicht daran. Ich musste unfreundlich werden, um die schnatternden Beterinnen aus dem Haus zu bekommen und mich endlich an den Computer setzen zu können.

Ich hatte Angst. «Würde ich ‹Servus68› wieder treffen?» Es war deutlich später als vereinbart. Die «Betschwestern» hatten mich so lange aufgehalten. Von «Servus68» wusste ich nichts. Ich hatte keinen Namen, keine Telefonnummer, auch E-Mail-Adressen hatten wir noch nicht ausgetauscht.

«Was mache ich, wenn ich ihn nicht mehr treffe?» Schon den Gedanken fand ich furchtbar. Ich versuchte mich zu beruhigen: «Du kennst den doch gar nicht. Reg dich nicht so auf.»

«GuteFee30» regte sich auf, aber sie hatte Glück. Wir fanden uns wieder und schrieben los.

Kapitel 30
Schreiben genügt nicht

Franz: Wir fanden heraus, dass man sich auf den Seiten dieses Partnersuchportals einen eigenen Chatraum einrichten konnte. Der war nicht öffentlich. Da konnte nur teilnehmen, wer zugelassen wurde.

23.00 Uhr war vorbei. Draußen war es längst tiefe Nacht. Aber wir waren hellwach. Endlich wieder im Chat, endlich zu zweit allein. Ich hatte mein Büro verlassen, war nach Hause gefahren und hatte es mir auf dem Sofa gemütlich gemacht. Wir hatten uns gegen 21.00 Uhr verabredet gehabt.

Zwischendurch hatte «GuteFee30» geschrieben: «Bist du dann noch da? Bitte warte auf mich.»

Also wartete ich. Es gab immer was zu tun. Aber mein Kopf war ganz woanders. Ich kam mir vor wie ein Teenager im Pausenhof. Damals, als einem diese Zettel zugesteckt wurden: «Willst du mit mir gehen? Ja / Nein / Warum nicht?» Genau so fühlte ich mich jetzt.

Die Zeit war außer Kontrolle geraten. Nicht nur, weil ich mich gerade in den Pausenhof zurückversetzt fühlte. Das hatte noch andere Gründe: Was sich in der realen Zeit in Minuten und Stunden abgespielt hatte, kam mir vor wie eine Ewigkeit.

Wir kannten uns nicht. Wir waren uns nur kurz begegnet. Nur per Chat, nicht persönlich. Und doch war da vom ersten Moment eine unbeschreibliche Vertrautheit. Das war unheimlich, weil man nicht wusste, woher die kam. Wir wussten nichts voneinander. Und doch fing auf einmal mein Herz an zu klopfen.

Der Verstand sagte: «Moment mal, was soll das? Das könnte doch auch ein perverser Spinner sein, der sich als Frau ausgibt. Du weißt überhaupt nicht, wer das ist. Du spinnst dir was zusammen.»

All das konnte sein, aber es änderte nichts daran: Mein Herz raste, als hätte mich eben auf dem Pausenhof die von allen begehrte Klassenschönheit ins Kino eingeladen.

Erst viel später erfuhr ich, dass sich auch Andrea im emotionalen Ausnahmezustand befand. Aber davon war zwischen uns noch lange keine Rede.

Andrea: Die Kinder waren im Bett, der Bibelkreis hatte sich verzogen.

Eilig schrieb «GuteFee30» an «Servus68»: «Endlich sind die weg. Ich musste die fast rausschmeißen. Ich hab denen die Teller unterm Essen weggezogen. Die denken bestimmt, ich hab einen Vogel. LOL.»

«Was heißt LOL?», antwortete «Servus68».

«Das heißt im Chat: ‹Laughing out loud›, Abkürzung!», erklärte «GuteFee30».

«Aha, okay», staunte «Servus68».

So fingen wir an. Franz outete sich als totaler Newcomer. Andrea hatte offensichtlich Chaterfahrung. Langsam tasteten wir uns aneinander heran: «Wie heißt du? Wo kommst du her?».

Aus der «GuteFee30» wurde Andrea, und «Servus68» war von da an der Franz.

Franz: «Andrea?», der Name machte mich stutzig. «GuteFee30» hatte den gleichen Vornamen wie meine verstorbene Frau. Dass ich Witwer war, verschwieg ich weiter.

«Ich komme aus Berchtesgaden», schrieb Andrea.

«Ich bin aus deiner Nähe. Ich komme aus Siegsdorf», antwortete ich, ohne in diesem Moment daran zu denken, dass ich in Sachsen saß und nicht in Bayern.

«Siegsdorf – cool», dachte sich Andrea.

Lange war sie überzeugt, ich würde ganz in ihrer Nähe wohnen.

Wir tauschten Belanglosigkeiten aus und kamen uns dabei immer näher.

«Hobbys?»

«Pferde!», schrieb Andrea.

«Wow, sie ist sportlich. Das ist gut», dachte ich. «Ich fahr Fahrrad», schrieb ich zurück. Und druckste herum. Ich wollte nicht zugeben, dass ich gerade meinen Pilotenschein machte. Das wäre vielleicht angeberisch rübergekommen. Das wollte ich vermeiden.

Aber Andrea fragte so geschickt nach, dass sie es mir am Ende doch aus der Nase zog.

Vorsichtig klopften wir uns weiter gegenseitig ab. Je mehr wir voneinander erfuhren, umso mehr klopften unsere Herzen. Unser Austausch war lustig, die Atmosphäre entspannt. Aber da war diese eigenartige Vertrautheit! Wie kann jemand so vertraut wirken, den man nicht kennt?

Mit dieser Frage gingen wir beide gegen 4.00 Uhr morgens ins Bett. Franz in Sachsen. Andrea in Bayern.

Beide hatten wir in den folgenden Tagen viel Zeit. Andrea war krankgeschrieben. Bei Franz hatte die Bausaison noch nicht begonnen. So wurde Schreiben unser Tagesinhalt.

Nach einigen Tagen wagte ich, Franz, mich aus der Deckung und schrieb an Andrea: «Du, wir haben eine traurige Gemeinsamkeit.»

«Welche denn?», fragte sie.

«Ich bin auch Witwer.» Jetzt war es raus. Und das war gut so. Ich hatte es schon länger schreiben wollen. Aber jetzt war der richtige Zeitpunkt für mich.

Nun gewann unser Austausch schlagartig Tiefe. Wir offenbarten uns gegenseitig.

«Was ist dir passiert?»

«Und bei dir?»

Unser Austausch über dieses Thema war intensiv, aber nicht besonders lang. Franz war froh, dass die «Katze endlich aus dem Sack war». Andrea tat es gut, zu wissen, dass jemand da war, der ihre Gefühle verstehen konnte.

Andrea: Als Nächstes kamen Franz und ich auf das Thema Glauben.

«Hey, was hast du für einen religiösen Hintergrund?», fragte Franz.

Ich war in einer Brüdergemeinde. Heute weiß ich, dass Franz damals kurz erschrak, als er das erfuhr. Er dachte, ich sitze mit altmodischem Rock und noch altmodischerem Dutt herum. Wir konnten den Irrtum rasch aufklären.

«Wie sieht dein Hintergrund aus?», wollte ich von Franz wissen.

«Jugend mit einer Mission», schrieb er zurück.

«Was? Kenne ich nicht», erwiderte ich. So ergab ein Wort das andere.

Irgendwann sind Worte zu wenig. Da möchte man wissen, wie der andere aussieht. Weder «Servus68» noch «GuteFee30» hatten im Chat Fotos verwendet. Keiner hatte bis dahin ein Bild vom anderen. Wir waren uns erst vor einigen Tagen im Internet begegnet, aber hatten eine Vertrautheit, als würden wir uns seit vielen Jahren kennen. Das war völlig unwirklich, aber doch ganz real.

Mit dieser eigenartigen Vertrautheit, ohne sich persönlich zu kennen, sollten wir später noch ernste Schwierigkeiten bekommen. Im Moment genossen wir es einfach, dass da jemand war, von dem man sich verstanden fühlen durfte.

Wir sprachen über die Situation mit unseren Kindern und spürten zunehmend, wie sich nach all den Monaten der Trauer, des Schmerzes und der inneren Erschütterung etwas Neues

Bahn brach. Nach dem Verlust des Ehepartners war es neu, wieder mit jemandem als Mann und Frau zu sprechen. Nicht als Witwer und Witwe. Diese allmähliche Veränderung zu spüren, wirkte befreiend.

Endlich war es so weit. Wir vereinbarten, uns gegenseitig ein Foto zu schicken. Bis dahin wussten wir nicht, wie der jeweils andere aussah. Jeder suchte ein Foto raus, und wir schickten es uns per Mail. Die Spannung war groß.

Andrea: Das Foto von Franz druckte ich im DIN-A4-Format aus und hängte es neben meinem Computer an die Wand. Als ich die Datei damals am Bildschirm öffnete, war mein erster Gedanke: «Nett, ein Sympathischer.»

Franz: Andreas Fotos waren leider sehr unscharf. Auf einem war sie mit Rollerblades unterwegs, auf dem anderen trug sie eine Sonnenbrille. Die Rollerblades fand ich klasse. Ich wollte keine zerbrechliche Frau. Ich wollte eine Frau, die ihren Rucksack selber den Berg hochtragen kann; eine sportliche, agile Frau. Genau so sah Andrea auf diesem Foto aus. Und sie war braungebrannt. «Toll, sie ist der Outdoor-Typ», dachte ich. Das gefiel mir. Ich wollte eine sportlich-attraktive Frau, keine Schickimicki-Tussi.

Andrea: Franz wollte von mir noch ein Foto. Er fand die Bilder unscharf. Also bat ich meine Kinder, Lukas und Marlena, ein Foto von mir zu schießen. Meine Tochter frisierte mich, damit man die Platzwunde nicht so sah. Da Franz gerade von der Schickimicki-Tussi spricht, die er nicht wollte: Auch ich hatte eine ziemlich klare Vorstellung. Ich wollte einen Cowboy als Mann.

Franz: Als ich das neue Foto von Andrea sah, war ich begeistert. «Wow, das passt total», freute ich mich.

Wir schrieben uns weiter. Jetzt hatten wir neben dem inneren Bild vom anderen, das bei jedem von uns längst entstanden war, endlich auch einen konkreten äußeren Eindruck. Irgendwann war auch das zu wenig.

«Andrea, ich komme mit der Schreiberei jetzt nicht mehr weiter», klopfte ich in meine abgenutzte Tastatur. «Entweder wir telefonieren, oder wir treffen uns.» Nur zu schreiben, das genügte mir einfach nicht mehr.

Andrea wollte weder telefonieren noch sich mit mir treffen. Telefonieren mochte sie grundsätzlich nicht, und außerdem war da noch die Narbe von der Platzwunde im Gesicht. Wie hätte sie das erklären sollen?

Nach vierzehn Tagen Schreiben kannten wir uns eine gefühlte Ewigkeit. Wir wussten mehr voneinander als manche Paare, die seit Jahren verheiratet sind, aber nie wirklich tief miteinander gesprochen haben.

Dann kam der Tag, an dem uns beiden klar war, dass es so nicht weitergehen konnte. Wir vereinbarten ein Treffen. Herzklopfen wurde zu Herzrasen.

Kapitel 31
«Die kennen wir doch»

Andrea: Unserem ersten Treffen ging ein erstes Telefonat voraus. Das war schon aufregend genug. Im Zuge unseres Chat-Austauschs war ich draufgekommen, dass Franz nicht in Siegsdorf wohnte, sondern im Osten. Ich war völlig irritiert und bekam Angst.

«Wenn ich mit ihm telefoniere und er sächselt? Was dann?» Ich hatte Sorge, Franz könnte Ossi sein. Ich hatte überhaupt nichts gegen Ostdeutsche und lebe nun schon seit Jahren ausgesprochen gerne in Sachsen. Hätte sich aber herausgestellt, dass der Franz sich nur als Bayer getarnt hätte und in Wirklichkeit aus Ostdeutschland käme, hätte mich das schon sehr herausgefordert. Ich hätte das als Vertrauensbruch empfunden. Was konnte man dann noch glauben?

Franz: Ich hatte nie die Absicht, Andrea zu täuschen oder hinters Licht zu führen. Im Übereifer hatte ich anfangs geschrieben, ich käme aus Siegsdorf. Das war ja auch richtig. Nur wohnte ich dort nicht mehr. Ich lebte in Hainichen. In diesem Moment empfand ich das als derart nebensächlich wie die Tatsache, dass sowohl Bayern als auch Sachsen Freistaaten sind.

Ich hatte eine Wohnung am Chiemsee und wollte wieder mehr in Bayern leben. Ich fühlte bayerisch und wollte mich mehr Richtung alter Heimat orientieren. All das konnte Andrea natürlich nicht wissen, als ich bayerisches Urvieh bei ihr unter «Ossi-Verdacht» geriet.

Andrea: Mit zitternder Hand griff ich zum Hörer. Es war unerträglich, so aufgeregt war ich.

Als Franz mich mit «Servus» begrüßte, fiel mir ein großer Stein vom Herzen. «Das klingt nach Heimat», dachte ich. Franz hatte eine weiche, sonore Stimme. Sie gefiel mir auf Anhieb.

Franz: Andreas Nervosität war hörbar. Aber auch ich hörte mein Herz klopfen. Ich zwang mich zur Ruhe. Bei tausend Geschäftsgesprächen hatte ich das so praktiziert. Vor allem dann, wenn es heikel wurde. Immer schön souverän bleiben, nur nicht die Ruhe verlieren. Und wenn doch? Dann sich zumindest nichts anmerken lassen. Darin hatte ich reichlich Übung. Jetzt kam ich mir vor wie ein Anfänger.

Andrea: Es dauerte nicht lange, da hatten wir die anfängliche Nervosität überwunden.

Von da an löste das Telefon das Internet ab. Telefonieren war schon ein ganzes Stück persönlicher. Immerhin hörte man die Stimme des anderen, spürte direkte Reaktionen und musste sich Emotionen nicht aus den Buchstaben zusammenreimen oder mit Chat-Kürzeln dazubasteln.

Wir telefonierten nächtelang. Jeder lag in seinem Bett, das Telefon am Ohr. Irgendwann hörte ich Franz schnarchen. «Das gibt es doch nicht. Ist der etwa eingeschlafen? Wie kann man mitten in so einer Unterhaltung einfach wegpennen?», dachte ich.

«Schläfst du? Du bist doch gar nicht mehr wach», raunte ich ins Telefon.

«Doch, doch, ich hör dir zu. Ich bin da», kam es wenig glaubwürdig zurück. Wir redeten und redeten.

Relativ schnell stellte sich eine Emotionalität ein, die deutlich über das Chatgefühl hinausging. Wir sprachen über alles. Über Sinnloses und Belangloses. Aber auch über unseren Glauben, unsere Träume, unsere Kinder. Ohne uns je persönlich begegnet zu sein, waren wir ineinander verliebt. Man musste das wohl so nennen, auch wenn es verrückt erschien. Wahrscheinlich hätte das jeder so gesehen, der uns erlebt hätte.

Wir entdeckten Gemeinsamkeiten über Gemeinsamkeiten und konnten kaum fassen, dass es so etwas gibt. Wir hatten den gleichen bayerischen Hintergrund und die gleichen Sehnsüchte: Berge, Natur, Skifahren. Und wir standen auf die gleiche Musik. Das war Wahnsinn. Wir schwärmten sogar für das gleiche Essen. Konnte es das wirklich geben? Das war alles zu schön, um wahr zu sein. Aber es war doch offensichtlich die Wirklichkeit. Wir hörten uns ja jeden Tag. Nein, das war kein Traum. Definitiv nicht.

Franz: Wir entdeckten uns gegenseitig. Es fühlte sich an, als ob zwei Aborigines, die bislang in einem falschen Umfeld gelebt hatten, plötzlich zueinander, zu sich selbst und nach Hause fanden.

Andrea & Franz: Wir stellten fest, dass unsere Eltern sehr ähnlich waren.

Andrea meinte: «Mensch, so viele Gemeinsamkeiten! Wir könnten ja fast Geschwister sein.» Wir kamen aus dem gleichen bayerischen Stall. Es war unfassbar, wie sehr man das merkte. Wir hatten sogar gemeinsame Bekannte.

Aus heutiger Sicht wissen wir, dass wir füreinander bestimmt waren. Dass wir zueinander fanden, hat Gott durch ein Wunder möglich gemacht. Theoretisch hätten wir uns bereits in unserer Jugend in Bayern über den Weg laufen können. Dazu kam es nicht. Warum auch immer.

Jetzt zog Gott seinen Plan für uns «aus der Tasche», und wir kamen beide aus dem Staunen nicht mehr heraus. Keiner musste sich verstellen. Jeder war so, wie er tatsächlich war. Unverstellt und unverkrampft. Dadurch half jeder dem anderen, noch mehr er selbst zu werden. Jeder von uns hatte das Gefühl: Ich treffe die Person, die ich so gut kenne wie keine andere zuvor. Es war beinahe, als begegnete man sich selbst.

Über all dem lagen zwei Geheimnisse, die noch nicht gelüftet waren. Das waren Risikofaktoren. Franz war ein vor Selbstbewusstsein strotzender Unternehmer, stets gefährdet, zu überdrehen. Andrea fühlte sich total minderwertig. Die letzten Erfahrungen hatten ihr den Rest an Selbstvertrauen geraubt. Beides hatten wir bislang voreinander geheim gehalten. So offen wir sonst über alles andere sprachen, darüber schwiegen wir uns aus.

Franz: Beim Schreiben hatte ich das Gefühl, ich habe eine hochintelligente, selbstbewusste und eloquente Frau vor mir. Niemals hätte ich gedacht, welche Geschichte Andrea mit sich herumschleppte.

Für Andrea war die Distanz durch Internet und Telefon wie ein Schutzraum. Mir ging das allmählich auf die Nerven. Ich wollte sie endlich persönlich kennen lernen. Ich brauchte den direkten Kontakt. So aus der Halbdistanz, das ging für eine Weile, aber dann musste ich in die Realität eintauchen. So war ich. Das ließ sich nicht ändern.

Andrea: Ich hätte es schon noch ein paar Wochen ohne ein Treffen ausgehalten. Die Neugier war da, aber meine Angst, dass die heile Welt, die wir uns eröffnet hatten, kaputtgehen könnte, war noch größer. Aber ich wusste, dass ich ein Treffen nicht ewig würde hinausziehen können. Deshalb willigte ich ein.

Wir vereinbarten, dass Franz nach Bayern kommen würde. Die Kinder konnte er bei Freunden unterbringen.

Franz: Organisatorisch war das kein Problem. Aber ich musste mich meinen Kindern anvertrauen. Nur zu gut erinnerte ich mich an Viannes Ausruf, als sie die Todesnachricht von ihrer Mutter erhalten hatte: «Ich will keine neue Mama!» Damals gab es nicht den geringsten Anhaltspunkt dafür.

Jetzt aber war ich drauf und dran, eine Frau zu treffen, die ich bereits so gut zu kennen glaubte, dass man zumindest nichts ausschließen konnte. Ich musste mit den Kindern sprechen. Heimlichtuerei hielt ich für unverantwortlich. Ich beschloss, meinen Kindern von dem geplanten Treffen mit Andrea zu erzählen. Auf meinem Laptop hatte ich das Bild von Andrea mit Sonnenbrille.

Abends setzte ich mich mit meinen Kindern an unseren Esstisch. «Kinder, ich muss euch was sagen», begann ich umständlich. «Ich habe eine Frau kennen gelernt.»

«Aha, ja und?», antworteten sie.

«Ich wollte euch das sagen und … wollt ihr sie mal sehen?»

«Ja, ja, ja, hast du ein Foto?» Vianne und Max waren damals neun und dreizehn Jahre alt. Wortlos drehte ich meinen Laptop um und zeigte den Kindern das Sonnenbrillen-Foto.

Ich war so aufgeregt, dass ich mich nicht mehr daran erinnern kann, was mir in diesem Moment durch den Kopf schoss. Ich wusste nur, wären meine Kinder ausgetickt und hätten protestiert, wäre alles sehr schwierig geworden.

Jetzt saßen beide vor meinem Laptop, schauten auf den Monitor und blickten sich gegenseitig an.

Dann sagten sie: «Die kennen wir.»

«Nein, nein, die kennt ihr nicht», wiegelte ich ab.

«Doch, die kennen wir.» Max und Vianne waren nicht davon abzubringen, dass sie die Frau, die sie niemals zuvor gesehen hatten, kannten.

«Na gut, dann kennt ihr sie halt», gab ich nach. «Wollt ihr sie auch mal treffen?», fragte ich.

«Ja, klar.» Beide waren total offen und begeistert. Vianne war lediglich entsetzt, weil die Sonnenbrille, die Andrea trug, ihrer Meinung nach unmöglich aussah. Ich fand die Brille toll. Viel toller aber war die Reaktion meiner Kinder gewesen. Ich empfand sie als «Go» und freute mich auf das Wochenende. Da sollte es endlich nach Bayern und ab zu Andrea gehen.

Freitagmittag setzte ich mich in meinen grau-metallic-farbenen Touareg. Ich ließ die 380 PS aufheulen und donnerte mit 250 km/h Richtung Süden. Schneller fuhr die Kiste nicht. Dafür war das Auto zu schwer.

Bei meinen Eltern bezog ich Quartier. In der Wohnung, in der meine Frau gestorben war, wollte ich nicht übernachten. Nun musste ich aber auch meine Eltern einweihen. Ich wollte sie, bei allem, was sie für mich getan haben, nicht übergehen.

Vorsichtig startete ich bei meiner Mutter. Ich zeigte ihr das Bild, und sie rief zu meinem Entsetzen sofort meinen Vater. «Muss das sein», grummelte ich. Beide starrten auf meinen Laptop und sahen mich an. Dann kam der Hammer, sie behaupteten unisono:

«Die kennen wir von irgendwo her.»

Ich dachte, ich höre nicht recht. «Das gibt's doch nicht.» Meine Kinder hatten genauso reagiert. Sie kannten Andrea ebenso wenig wie meine Eltern. Aber beide hätten Stein und Bein geschworen, dass sie Andrea schon gesehen haben. Egal! Ich war erleichtert: «Grünes Licht auch von meinen Eltern!» Ich konnte es kaum fassen.

Am Samstag hatten Andrea und ich unser erstes Treffen vereinbart: auf «neutralem Boden». In Salzburg auf dem Parkplatz vom «Hofer», dem österreichischen «Aldi», sollte es zu unserer ersten Begegnung kommen.

Andrea fragte: «Wie erkenne ich dich denn? Nach welchem Auto muss ich suchen?»

In dem Moment war mir der Touareg peinlich gewesen. Ich hatte Sorge, mit diesem Auto falsch rüberzukommen. Darum sagte ich: «Ich fahre einen grauen VW.» Das stimmte ja auch.

Langsam und voller Erwartung bog ich mit meinem VW Touareg auf den Hofer-Parkplatz ein. Nur noch wenige Sekunden, und wir würden uns endlich kennen lernen.

«Ob wir uns wohl in die Arme fallen?», fantasierte ich, als ich den Parkplatz bereits nach Andrea absuchte. Ich ahnte nicht, dass ich gleich einen Schock erleben sollte.

Kapitel 32

So nah und doch so fremd

Andrea: Ich wollte dieses Treffen nicht. Aber Franz war nicht davon abzuhalten gewesen. Und auch mir war klar, auf Dauer kam ich nicht darum herum, wenn das mit uns Zukunft haben sollte. Zunächst hatte ich noch versucht, unser Treffen hinauszuzögern. Dann rückte der Termin näher und näher.

Schon beim Gedanken daran wurde mir schlecht. Seit Tagen schon konnte ich nicht mehr richtig essen. Die letzten drei Nächte vor unserer geplanten Begegnung schlief ich überhaupt nicht mehr. Ich war fix und fertig. In meiner Aufregung versuchte ich, mich schön zu machen. Das funktionierte überhaupt nicht.

Dreimal wusch ich mir die Haare und föhnte mich. Kaum sah ich mich im Spiegel an, fand ich: «Du siehst unmöglich aus!» Also noch mal waschen, wieder föhnen, wieder unmöglich. Es war eine einzige Katastrophe.

Auch zum Anziehen fand ich nichts. Die letzten Jahre hatte ich mir keine neuen Kleidungsstücke gekauft. Ich hatte mein Geld für die Kinder und all das, was sonst noch nötig war, ausgegeben. Für mich selbst hatte ich nichts gekauft.

Einen «Aldi»-Mantel fand ich noch im Schrank, nicht mal eine Handtasche besaß ich. Wieder sah ich in den Spiegel. Es wurde nur noch schlimmer. Die schlaflosen Nächte hatten sich in mein Gesicht gegraben.

«Du siehst zum Fürchten aus», stellte ich über mich selbst fest. «So kannst du nicht gehen.»

Alle Versuche, mich irgendwie aufzuhübschen, machten die Sache nur noch schlimmer. Ich war am Verzweifeln. Es half nichts: Ich musste los! Wahrscheinlich würde ich schon zu spät kommen. Ich setzte mich in meinen kleinen Yaris und fuhr los.

Meinen Kindern Lukas und Marlena hatte ich zuvor erzählt, dass ich jemanden treffen würde.

Lukas war ein gebranntes Kind: «Mama, nein, bitte nicht wieder jemand aus dem Computer», bat er mich.

Ich zeigte ihm das Bild von Franz, da entspannte sich die Lage. «Oh, der ist aber sympathisch, Mama. Mit dem darfst du dich treffen.» Lukas hatte Angst um mich. Er hatte schon viel mitmachen müssen. Jetzt war er arg sensibel und stets in Sorge.

Auch meiner Mutter hatte ich von dem bevorstehenden Treffen berichtet. Sie schlug die Hände über dem Kopf zusammen: «Andrea, bitte nicht!»

«Du, Mama, der ist gläubig und kommt aus Siegsdorf», mühte ich mich um Stimmungsaufhellung.

Mama blieb strikt dagegen: «Andrea, mach doch nicht wieder so einen Scheiß.» Das war deutlich.

«Pass auf, ich zeig dir mal sein Bild», sagte ich.

«Oh, der ist aber sympathisch. Ich glaube, ich kenne den irgendwoher. Kann es sein, dass er ein Sprecher auf einem Frauenfrühstück war?», reagierte sie erfreut.

«Mama, ich glaube nicht, dass du den kennst.»

Aber Mama beharrte darauf, Franz schon mal gesehen zu haben.

«Den treffe ich jetzt», beendete ich ihre Mutmaßungen.

«Ja, dann mach mal. Vielleicht ist der ja was», sagte sie.

Für mich fühlte sich ihre Zustimmung an wie ein Sechser im Lotto.

Draußen war es dunkel. Der Hofer-Parkplatz wurde durch Straßenlaternen erleuchtet. Die Geschäfte in Salzburg hatten bereits geschlossen. Kurz nach 20.00 Uhr standen nur noch wenige Autos auf dem Parkplatz. Schon von der Straße sah ich einen VW Touareg dort stehen. Nirgendwo erblickte ich einen anderen VW. «Das wird doch nicht der Franz sein?»

Ich duckte mich hinter meinem Lenkrad, setzte den Blinker und bog auf den Parkplatz ein. Das Licht meiner Scheinwerfer huschte über die abgestellten Autos. Der Touareg war tatsächlich der einzige VW auf diesem Gelände.

«Ausgerechnet ein Touareg», dachte ich. Das war mein absolutes Traumauto. Traumauto auch deshalb, weil ein derart teurer Wagen eben ein Traum bleiben musste.

Ich parkte meinen Kleinwagen neben dem mächtigen SUV und hielt an. Die Scheiben des Touareg waren beschlagen, ich konnte nicht hineinsehen. So sehr ich es auch versuchte. In diesem Moment öffnete Franz die Autotür und sprang heraus.

Jetzt stand er vor mir.

«Oh mein Gott, ein Businessman», das sah ich sofort. Ich dachte, mich trifft der Schlag. Mit so einem Mann hätte ich mich nie verabredet. Das war klar. Ich fand ihn toll, war mir aber sicher: «So einer sucht eine Schickimicki-Freundin und keine wie mich.» Das verunsicherte mich nur noch mehr.

Franz stand da und musterte mich.

Franz: «Die ist zu Hause vom Plätzchenbacken aufgesprungen, hat sich schnell den Mantel übergezogen und ist hierher gefahren», dachte ich, als ich Andrea in ihrem wirren Outfit vor mir sah.

Da standen wir uns nun gegenüber, auf der einen Seite: «Hugo Boss» und «GANT» – und auf der anderen Seite dann die «Aldi»- und «KIK»-Collection.

«Wo ist die sportliche, braungebrannte Frau mit der Sonnenbrille, die ich von meinem Foto kenne?», fragte ich mich. Vor mir stand eine unsichere «graue Maus» in Orange-Braun. Die Haare sahen im fahlen Licht der Straßenlaternen noch zerzauster aus, als sie es in Wirklichkeit waren. Tiefliegende Augen, blasser Teint. Das sollte meine Andrea sein, mit der ich so viel gemeinsam hatte? Ich konnte es nicht fassen.

«Wie komme ich aus der Nummer wieder raus?», war mein erster Gedanke, nachdem ich mich halbwegs gefangen hatte.

Andrea: Wir waren uns so nahe gekommen. Alles hatte gepasst. Jetzt standen wir uns erstmals gegenüber, aber uns trennten Welten.

Vorsichtig rangen wir uns zu einem schüchternen «Hallo» durch. Wenigstens freundlich bleiben, darin waren wir uns unausgesprochen einig. Nur die Benimmregeln des Freiherrn von Knigge retteten unsere erste Begegnung. Ohne Knigge wäre Franz sofort in sein Auto gesprungen und hätte das Gaspedal durchgetreten: «Nichts wie weg hier.» Wahrscheinlich hätte ich das sogar verstanden und hätte dagestanden wie schockgefroren.

Während unsere Gedanken zwischen «Was machen wir jetzt?» und «Nur schnell verschwinden!» hin- und herschossen, waren wir äußerlich um Formwahrung bemüht.

«Gehen wir essen?», fragte Franz.

Ich stieg zu ihm in den Touareg, und wir fuhren nach Salzburg. War es draußen so kalt, oder fror ich von innen? Ich hatte keine Ahnung. Mir war übel, und ich kam mir völlig verloren vor. Gegenüber vom «Haus der Natur» gingen wir in eine Pizzeria. Wir nahmen Platz, studierten die Karte, spähten heimlich über den Kartenrand auf unser Gegenüber und schwiegen uns an. Die Höflichkeit ließ uns krampfhaft nach Gesprächsthemen suchen.

Nächte hatten wir durchgequatscht, uns tagelang im Chat ausgetauscht. Jetzt, wo wir uns gegenübersaßen, herrschte Eiszeit und Schweigen.

Unsere schöne virtuelle Welt und die Realität, das passte hinten und vorne nicht zusammen. Der Realitätsschock, der uns beide erschütterte, hätte größer nicht sein können. Die inneren Bilder, die wir voneinander hatten, wollten nicht zu dem Menschen passen, der uns gerade gegenübersaß.

Franz bestellte sich eine Pizza. Ich konnte überhaupt nichts essen. Keinen Bissen hätte ich heruntergebracht. Ich spürte genau: «Der will nur weg. Der ist einfach nur freundlich.»

Zu allem Überfluss schloss die Pizzeria bereits um 21.00 Uhr.

«Wo gehen wir jetzt hin?», fragte Franz – weiter um Höflichkeit bemüht.

Wir liefen eine Weile. Die meisten Lokale hatten geschlossen. «Wenn der Wurm drin ist, dann richtig», dachte ich und schlug den Kragen meines dünnen «Aldi»-Mantels nach oben. Wir spazierten durch die Kälte, quälten uns durch die Unterhaltung und landeten schließlich bei «McDonald's». Die hatten noch offen, und es war warm.

Franz fiel noch die «Würstelkönigin» ein. Eine Imbissbude an der Salzach, die er noch aus seiner Jugend kannte. «Die ist legendär», sagte er. «Das muss man mal gesehen haben. Da schauen wir noch vorbei.»

«Wenn es sein muss», dachte ich. Etwas anderes vorzuschlagen, hätte ich mich ohnehin nicht getraut. Franz verspeiste zwei «Käsekrainer». «Wurst mit Käse», erklärte er mir. Ich stand da und sah zu, wie die warme Wurst, die Franz in Händen hielt, kleine Wärmewolken in den Nachthimmel entließ.

Danach fuhren wir zurück zum «Hofer» und verabschiedeten uns. Ein neues Treffen vereinbarten wir nicht. Wir wollten später darüber sprechen. Franz umarmte mich nicht. Er sagte nur «Gute Nacht», setzte sich in sein Auto und verschwand im Dunkeln. Mir war kalt, eiskalt.

«Den sehe ich nie wieder», war ich mir sicher.

Franz: Wieder bei meinen Eltern angekommen, ließ ich mich in einen Sessel fallen. Ich verstand die Welt nicht mehr. Wie konnte das sein? Wir waren uns zuvor so nah und heute doch so fern. So vertraut und doch so fremd. So ähnlich und doch so anders. Von meinen Gefühlen völlig überfordert, griff ich zum Handy und schrieb Andrea eine SMS.

Sie antwortete prompt. Mit einem Mal waren all die Emotionen und positiven Gefühle wieder da. Wir waren wieder in unserer virtuellen Welt. Sofort konnten wir an alles anknüpfen, worüber wir in den Tagen zuvor geschrieben und gesprochen hatten. So kam es, dass wir uns für den nächsten Tag verabredeten.

«Ich komme noch mal vorbei. Gehen wir einfach mal bei Tag spazieren», simste ich.

Ob das etwas ändern würde?

Kapitel 33

Man sieht nur mit dem Herzen gut

Andrea: Bei mir klingelte das Handy. Meine Mutter war dran.

«Na, wie war dein Treffen gestern?», wollte sie wissen.

«Mama, ich glaube, den sehe ich nie wieder. Das ist nicht der Typ, der sich eine Frau wie mich aussucht. Wenn der sich noch mal meldet, weiß ich überhaupt nicht, was ich tun soll. Ich kann mich nicht verstellen. Ich bin so, wie ich bin.»

Meine Mutter überlegte einen Moment: «Sag ihm doch einfach, er soll zu dir kommen. Wenn ihm das alles nicht gefällt, was er da sieht, hat sich die Angelegenheit erledigt. Mach jetzt nur nichts, was du nicht wirklich bist oder dir nicht entspricht. Sag ihm, er soll kommen. Dann wirst du schon sehen, ob das was werden kann oder nicht.»

Ich nahm mir den Vorschlag meiner Mutter zu Herzen und versuchte mir einzureden, im Grund sei es egal, was passieren würde.

Egal? Franz war mir überhaupt nicht egal. Aber der Abend war maximal schiefgelaufen. Das ließ sich nicht mehr ändern. Wahrscheinlich war alles zu spät, und Franz hatte mich bereits abgehakt.

Aber er rief an. Wie mit meiner Mutter besprochen, lud ich ihn ein, zu mir zu kommen.

Der Bauernhof, auf dem ich lebte, war alt und einfach. Franz war in meinen Augen eher der Typ für eine moderne Villa mit Designermöbeln und Pool. Der «Villa-Man» auf meinem alten Bauernhof: Das konnte nur schiefgehen.

Franz: Ich setzte mich ins Auto und fuhr bei meinem Bruder über das Betriebsgelände. Eine Schneewehe drückte meinen schweren Wagen gegen einen dort abgestellten LKW. Ratsch. Die ganze Seite meines Autos war eingedrückt.

«Ist eh schon alles wurscht. Jetzt ist halt auch noch das Auto hin», seufzte ich.

Andrea begrüßte ich mit dem Satz: «So, ich habe mein Auto geschrottet, aber ich bin da.»

Andrea konnte nicht wissen, dass ich Bauernhöfe von klein auf liebte. Sie hatte mich gedanklich in eine Designer-Villa gesteckt. Aus der Nummer kam ich so schnell nicht raus – trotz meiner Begeisterung für Bauernhöfe.

Wir entschieden uns für einen Spaziergang im Berchtesgadener Nationalpark. Der Weg führte zu einer Wildfütterung. Um uns herum eine vom Schnee verzauberte Landschaft. Es hätte so romantisch sein können, war es aber nicht. Uns beiden steckte der Schock des Vorabends noch in den Knochen.

Ich hatte ein kleines Plüschtier gekauft, ein Schaf mit einem Herzen. «Ich mag dich», stand darauf. Schon in Salzburg hatte ich das Schäfchen dabeigehabt, aber schnell in der Jackentasche vergraben, als sich der Abend so frostig anließ. Auch jetzt blieb das Schaf versteckt.

Unsere Begegnung lief zwar besser, aber die emotionale Eiszeit war keineswegs vorbei.

Ich war völlig blockiert. Andrea entsprach überhaupt nicht dem, was ich mir vorgestellt hatte. Die Realität und mein Kopfbild, das passte einfach nicht zusammen. Ich versuchte, Zeit zu gewinnen. Aber gerade der Zeitfaktor war Teil unseres Problems. Wir hatten uns im Chat überholt. Wie will man da in der realen Welt Zeit gewinnen? Virtuelle Welt und Wirklichkeit ließen sich nicht rückwirkend synchronisieren. Wir waren uns virtuell vorausgeeilt und kamen im wahren Leben nicht mehr hinterher.

Andrea: Franz schlug vor: «Lass uns auf Freundschaft umstellen.» Er erklärte mir, wir könnten uns weiter unterhalten und ab und zu schreiben. Mein Empfinden sagte etwas anderes, aber zur Liebe gehören nun mal zwei. Und Franz drängte auf Freundschaftsmodus.

«Wenigstens umarmen könntest du mich mal», meinte ich zu ihm. Er tat es – pflichtschuldig und emotionslos. Seit dieser Tiefkühlumarmung weiß ich, es gibt Frostgefahren, vor denen einen kein Thermometer der Welt warnt. Wenn eine Beziehung so wärmt und guttut wie unsere virtuelle, schmerzt es brutal, wenn man sich im wahren Leben um Frostschutz kümmern muss. Franz fuhr einen Tag eher als geplant zurück nach Hainichen.

Franz: Ich merkte, das bringt nichts mehr. Wir kommen so nicht weiter. Ich wollte nur noch weg.

Doch kaum war ich daheim, schrieben wir uns. Zack! Innerhalb von fünf Minuten war alles wieder da, die ganzen Gefühle, diese Vertrautheit. Virtuell war alles perfekt, die *Wirklichkeit* war unser Problem. Wir schrieben und telefonierten. Stundenlang. Intensiv tauschten wir uns darüber aus, was passiert war und warum es so gekommen war. Schon bald stand für mich fest: Ich fahre nächstes Wochenende wieder runter.

Das lag nicht allein am intensiven Austausch mit Andrea. Ich hatte den Eindruck, Gott spricht zu mir: «Schau genau hin», sagte eine innere Stimmte. «Du musst mit deinem Herzen sehen.»

Am Wochenende setzte ich mich in mein verbeultes Auto und fuhr erneut zu Andrea. Diesmal mit dem Vorsatz, mit dem Herzen zu schauen. Ich wollte wissen, was Gott mir damit sagen wollte.

Vor Andreas Bauernhof hielt ich an. Sie kam heraus. Ich traute meinen Augen nicht. Auf einmal konnte ich hinter die Maske blicken, hinter der diese tolle Frau versteckt war.

Andrea war ungeschminkt, natürlich und einfach nur schön. Aschenputtel war hinter dem Ofen hervorgekommen. Und ich kam mir vor wie der Prinz, der ihr die Asche von den Wangen streicht und so die Schönheit erkennt, die die Aschenspuren des Lebens bislang verdeckt hatten.

Wir saßen im Wohnzimmer von Andreas Bauernhof und redeten miteinander, als würden wir telefonieren. Etwas Besseres konnte in unserem Fall nicht passieren. Das ganze Drumherum war in sich zusammengebrochen. Ich nahm es nicht mehr wahr.

Ich sah nur noch Andrea. Sie war kein Aschenputtel mehr, sie war eine Prinzessin. Eine verletzte Prinzessin, die ihr verletztes Selbst versteckt hatte. Ich konnte das deutlich sehen – mit dem Herzen. Virtuelle Welt und Wirklichkeit wurden eins. Jetzt fanden wir auch in der Realität emotional zusammen.

Andrea sagte mir offen, wie sie mich erlebt und wahrgenommen hatte: «Ich dachte, da kommt so ein Erfolgs-Schnösel daher. Du warst nicht der sympathische Typ, mit dem ich gerechnet hatte. Dein Auftreten, das Auto, die Kleidung, das alles verstärkte meine großen Minderwertigkeitsgefühle noch mehr.»

Andrea: Franz erklärte mir, warum er mit seinen Gefühlen nicht zurechtgekommen war. Er sagte: «Die Ungleichzeitigkeit zwischen virtuellem Beziehungsgefühl und der Wirklichkeit, in der wir uns so fremd waren, haben mich völlig durcheinandergebracht.»

Das war nun vorbei. Jetzt war nicht mehr von Freundschaft die Rede. Auf einmal wussten wir beide, was wir wollten. «Komm, wir geben uns noch eine Chance», sagten wir. «Jetzt beginnen wir einfach noch mal neu.»

Ich war einverstanden und glücklich. Diesmal hatte ich ihn ganz anders wahrgenommen: Er war der Franz, den ich vom Telefon kannte, und nicht irgendein Business-Heini, der mit seinem schnieken SUV vorfuhr. Es war kein Fremder gekommen, sondern mein Franz. Und all die Vertrautheit, die uns verband, war da.

Auf einmal funktionierte, was uns zuvor nicht gelungen war. Wir kamen bestens miteinander aus. Stundenlang saßen wir beisammen und redeten und redeten. Niemandem wurde kalt, keinem war es langweilig. Der Funke war übergesprungen, und er sprang zwischen uns weiter hin und her.

Franz hatte Outdoorklamotten und Bergschuhe an. Wir wollten wandern gehen. Sein anderes Outfit half mir, ihn anders wahrzunehmen.

Franz: Aber das Entscheidende war: Wir haben uns mit dem Herzen angeschaut. Das war die Wahrnehmung, die wir bisher nur in unseren virtuellen Begegnungen hatten.

Wir vergaßen Raum und Zeit. Tagsüber gingen wir spazieren und redeten miteinander. Abends saßen wir beisammen und unterhielten uns weiter.

Ich übernachtete in Berchtesgaden in einer Pension. Am nächsten Morgen trafen wir uns wieder. Wir wollten einfach nur Zeit miteinander verbringen. Endlich holten wir in der Realität nach, was wir im Virtuellen schon hinter uns gelassen hatten.

Kapitel 34

Die Gefühle fahren Achterbahn

Franz: Von nun an trafen wir uns, so oft es ging. Das war wunderbar, aber auch sehr anstrengend. Uns trennten rund 600 Kilometer. Aber was sind schon ein paar hundert Kilometer, wenn man verliebt ist. Da setzt man sich schon mal nachmittags ins Auto und drückt aufs Gas, um einen gemeinsamen Abend zu verbringen. Danach ging's dann gleich wieder zurück.

Manchmal trafen wir uns auf halber Strecke, in Ingolstadt oder in München. Einmal saßen wir acht Stunden in einem «McDonald's» und merkten nicht, wie die Zeit verging. Bis eine Frau um uns herum putzte und uns damit sagen wollte: «Wir schließen.»

Je häufiger wir uns trafen, desto klarer wurde mir, was es hieß, genauer hinzuschauen und mit dem Herzen zu sehen. Ich erinnerte mich an die Liste, in der ich meine «Traumfrau» Punkt für Punkt beschrieben hatte. Diese Liste kramte ich wieder heraus und ging sie in einem stillen Moment durch. Mit jedem Punkt, den ich nachlas, wurde ich stutziger. Am Ende brachte ich den Mund vor Staunen nicht mehr zu.

Alles, was da stand, traf bis ins kleinste Detail auf Andrea zu. Es stimmte einfach alles: Größe, Gewicht, Haarfarbe. In keinem einzigen meiner zahlreichen Punkte gab es eine Abweichung. Gott hatte die Liste des Unmöglichen Wirklichkeit werden lassen und mir Andrea über den Weg geschickt. Sogar seine Extra-Punkte hatten sich erfüllt: Pferde und Bauernhof.

Ich hatte beim ersten Mal nur nicht richtig hingesehen. Selbst da musste er bei mir nachhelfen. Um ein Haar wäre ich an meinem Glück vorbeigerannt, weil mein Herz mit Blindheit geschlagen gewesen war.

Die Sache mit der Liste ließ mich nicht mehr ruhen. Das war unglaublich. Ich musste sie unbedingt Andrea zeigen. Das nächste Mal trafen wir uns in München.

Andrea: Franz erzählte mir von einer Liste, die er vor unserem Kennenlernen geschrieben habe. Alle Punkte träfen genau auf mich zu. Franz hatte seinen Laptop mit im Auto und zeigte mir die Liste, von der er so begeistert sprach.

Ich las sie durch und dachte: «Tolle Masche. Glaubst du wirklich, da falle ich darauf herein?» Ich war misstrauisch. «Lass mich mal sehen!» Ich nahm ihm den Laptop weg und schaute nach, wann er die Datei abgespeichert hatte. Jetzt war ich wirklich von den Socken. Das Word-Dokument war abgespeichert worden, bevor wir uns im Chat begegnet waren. Wie war das möglich? Tatsächlich entsprach ich Punkt für Punkt dem, was auf dieser Liste zu lesen war. Das war nicht zu übersehen. Es sah ganz danach aus, als habe Gott hier seine Hand im Spiel.

Andrea & Franz: Das galt auch für unsere Kinder. Sie lernten einander kennen und kamen sofort prima miteinander aus. Franz' Sohn Max und Andreas Sohn Lukas waren schnell unzertrennlich. Lukas fand Franz großartig, und Vianne ging offen auf Andrea zu.

Marlena, die ältere Tochter von Andrea, sah die Familienzusammenführung bereits durch die pubertäre Brille: «Franz? Okay, passt.» Das genügte.

Andrea: Einmal fuhren wir Marlena zu einer Kinder- und Jugenddisco. Drei Stunden später sollten wir sie wieder abholen.

Wir entschieden uns, nicht heimzufahren, sondern gingen spazieren. Abends. Nur wir beide. Am Königssee. Die Luft war klar. Der Mond spiegelte sich im Wasser. In Ufernähe war der See vereist. Unter unseren Schuhen knirschte der Schnee.

In diesem Moment fielen auch die letzten Vorurteile von uns ab. Virtuelle Welt und Wirklichkeit verschmolzen endgültig miteinander. Unsere Gefühle tanzten vor Glück wie der Mondschein auf der Wasseroberfläche. Jetzt wussten wir, wo wir hingehörten: zueinander! Franz nahm mich zärtlich in die Arme. Wir küssten uns zum ersten Mal. Frieren musste niemand mehr – obwohl es kalt war.

Das einzige Problem, das wir in diesem Moment hatten, war: Wir hatten Marlena vergessen und mussten uns von einem Teenager zurechtweisen lassen, wo wir denn so lange gesteckt hätten.

Kaum hatten wir zueinander gefunden, mussten wir uns wieder trennen. Franz hatte bereits vor längerer Zeit eine Kreuzfahrt mit seinen Kindern gebucht. Nach den schweren Ereignissen wollte er den Kindern etwas bieten. Nun war die Reise für uns völlig fehl am Platz, aber nicht mehr zu stornieren. Zwölf Tage Karibik: Da gab es kein Zurück mehr.

Während Franz mit seinen Kindern durch das sonnige Paradies schipperte, brachen über Berchtesgaden Schneemengen herein, wie wir sie seit Jahren nicht mehr gehabt hatten. Bis zu zwei Meter hoch lag der Schnee. Dächer brachen unter der weißen Last zusammen, der Verkehr versank im Chaos, und ich schaufelte wie verrückt. Um 5.00 Uhr stand ich auf, schippte eine Stunde Schnee, damit ich um 6.00 Uhr zur Arbeit fahren konnte. War ich fertig mit dem Schaufeln, fuhr der Schneepflug vorbei, und meine Einfahrt war wieder zugeschoben.

Ich war fix und fertig. Mit meinem kaputten Rücken hätte ich das gar nicht machen dürfen. Aber es war niemand anderes da. Und Franz planschte zur gleichen Zeit unter der Sonne der Karibik. Er versuchte jeden Tag Kontakt mit mir zu halten und handelte sich die größte Handy-Rechnung aller Zeiten ein. Es war noch viel zu tun, um unsere Lebenswelten aufeinander abzustimmen.

Andrea & Franz: Wenn diese Kreuzfahrt ein Gutes hatte, dann dies: Wir wussten, dass wir eine solche Trennung nicht mehr wollten. Wir wollten zusammenbleiben und zusammen sein. Und dann ging alles Schlag auf Schlag. Die Kennenlernphase hatten wir ja vorgezogen. Wir kannten uns schon, bevor wir uns zum ersten Mal begegnet waren. Wir waren füreinander ein offenes Buch.

In nächtelangen Gesprächen hatten wir uns gegenseitig unser Leben und unser Schicksal erzählt. Alles, ohne Ausnahme. Auch, wo meine Platzwunde herstammte, verriet ich Franz. Die Berührung mit der Vergangenheit war eine Achterbahnfahrt der Gefühle, die zum Teil schwer zu ertragen war.

Franz: Nie zuvor war ich einem Menschen begegnet, der so schutzbedürftig war wie Andrea. Das Leben hatte sie missbraucht. Ich wünschte mir, sie von nun an beschützen zu dürfen.

Die Gelegenheit sollte bald kommen. Wir mussten unsere Beziehung gegen Vorstellungen und Forderungen aus unserem Umfeld verteidigen. Ob es die frommen Betschwestern waren oder deren hochverehrter Pastor, dem nie jemand widersprach, bis ich das tat, oder andere, die uns ihre Vorstellung von Glauben und Leben überstülpen wollten: Wir mussten lernen, unseren Weg zu gehen. Dabei war es eine Hilfe, dass unsere Eltern mitzogen und geradezu begeistert waren. Dass sich die Kinder so sensationell verstanden, war schon fast wie ein Wink des Himmels.

Andrea: Einmal hatte Franz seine Tochter Vianne mit nach Berchtesgaden gebracht. Wir unternahmen viel miteinander.

«Möchtest du nicht mal auf dem Haflinger Delpho reiten?», fragte ich Vianne.

«Ja, gerne, Andrea», antwortete sie.

Wir sattelten Delpho, gingen spazieren und ließen Vianne neben uns herreiten. Sie strahlte.

Später nahm mich Franz zur Seite und sagte zu mir: «Seit ihre Mutter tot ist, habe ich Vianne heute zum ersten Mal wieder lachen gesehen.»

Wir begannen, Pläne zu schmieden, wo unser künftiger Lebensmittelpunkt sein sollte. Im Grunde war klar, dass Franz wieder nach Bayern kommen würde: zurück in die Heimat. Wir baten unsere Eltern, sich umzuhören, ob irgendwo ein passendes Haus für uns frei wäre. Immerhin waren wir ja künftig zu sechst. Da musste schon ausreichend Platz sein.

Unterdessen ging der Alltag weiter. Wir fraßen Kilometer auf der Autobahn, um uns zu treffen. An den Wochenenden unternahmen wir etwas mit den Kindern. So wuchsen wir als Familie zusammen. Reibungsloser, als man sich das je hätte erträumen können. Fast schien es, als griffen Zahnräder ineinander, die perfekt aufeinander abgestimmt waren.

Der Frühling brach an. Für Franz begann die Bausaison. Ich arbeitete weiter bei «Aldi». Die Woche verbrachte Franz mit seinen Kindern in Hainichen, ich mit meinen in Berchtesgaden. An den Wochenenden trafen wir uns.

Franz: Im März begann für mich in Hainichen nicht nur die Bausaison, sondern auch eine neue Phase in meinem Glaubensleben. Ich war oft alleine und verbrachte viel Zeit mit Gott. Ich empfand dies als Bereicherung. Bis zu einem bestimmten Punkt. Da kippte meine Stimmung. Und zwar gewaltig.

«Franz, ich möchte, dass du hierbleibst.» Der Ruf, den ich in meinem Inneren vernahm, war unmissverständlich. Alles in mir sträubte sich dagegen, in Sachsen zu bleiben. Aber die Stimme war eindeutig: «Franz, ich möchte, dass du hierbleibst.»

Das konnte doch nicht wahr sein. Eben noch hatte sich alles so gut angelassen. Ein neues Leben in Bayern mit einer großartigen Frau und erweiterter Familie schien zum Greifen nahe. Gedanklich saß ich längst auf gepackten Koffern. Und jetzt das.

«Herr, warum machst du das mit mir? Was soll das? Das geht schief. Das bedeutet, dass alles vorbei ist», betete ich. So sehr ich den Himmel mit Fragen und Bitten bestürmte, ich spürte deutlich: Ich muss hierbleiben.

Ich fühlte mich zerrissen und stürzte in eine schwere Krise. Bayern und Andrea im Herzen, den Ruf Gottes im Ohr: Die Katastrophe war vorgezeichnet. Sollte alles wieder kaputtgehen, was sich eben erst entwickelt hatte?

Ich ahnte, dass es so kommen würde. Völlig aufgewühlt fuhr ich zu unserem nächsten Treffen nach Berchtesgaden. Mir war himmelangst.

Gleich würden wir vor einem weiteren Scherbenhaufen stehen. Dabei lag bei uns doch schon genug in Trümmern.

Klar war: Das ewige Hin und Her zwischen Bayern und Sachsen konnte so nicht weitergehen. Die Kinder mussten in die Schule, und wir wollten sie nicht immer wieder an Wochenenden bei Freunden unterbringen, wenn wir uns mal alleine sehen wollten.

Ebenso klar war: Andrea würde nie in den Osten ziehen. Sie hatte mir mehrfach deutlich zu verstehen gegeben: «Von Berchtesgaden gehe ich nicht weg.»

Hainichen kam für sie überhaupt nicht in Frage. Andrea litt an fürchterlichem Heimweh. Sie war noch nie in Sachsen gewesen. Keine zehn Pferde hätten sie hierhergebracht. Für mich war das nie ein Problem. Meine Pläne gingen ohnehin Richtung Süden. Das passte schon so.

Jetzt passte nichts mehr. Das wusste ich genau. Ich sah die Katastrophe kommen, verhindern konnte ich sie nicht.

In Berchtesgaden angekommen, stieg ich aus meinem Auto und setzte ein gequältes Lächeln auf. Andrea fiel mir freudestrahlend um den Hals.

«Du, Schatz, ich muss mit dir sprechen», begann ich. Es hatte keinen Sinn, lange um den heißen Brei herumzureden. Ich wäre ohnehin nicht in der Lage gewesen, das Thema vor mir herzuschieben.

Noch bevor ich Luft holen konnte, fiel mir Andrea ins Wort. «Warte mal, Franz, ich muss vorher mit dir reden.»

Ich war irritiert. «Was ist los?», fragte ich und setzte hinzu: «Na gut, dann fang halt du an.»

Andrea schaute mir in die Augen und sagte: «Du, Franz, ich glaube, ich soll zu dir hochziehen.» Ich traute meinen Ohren nicht. Hatte Andrea das gerade tatsächlich gesagt, oder hatte ich halluziniert?

Sicherheitshalber fragte ich nach: «Wie bitte?»

Andreas Antwort war eindeutig: «Ja, ich habe den Eindruck, ich soll zu dir ziehen.»

Ehe ich nachfragen konnte, wie es zu diesem wundersamen Sinneswandel gekommen war, brach es aus mir heraus: «Das trifft sich gut.» Ich erzählte ihr meine Geschichte und bat Andrea, mir zu erklären, was sich bei ihr ereignet hatte.

Kapitel 35
Als käme ich nach Hause

Andrea: Franz staunte noch immer. Mit allem hatte er gerechnet. Nur damit nicht. Inzwischen kannte ich ihn gut genug, um das sehr genau einschätzen zu können. Um ehrlich zu sein, auch ich hätte niemals damit gerechnet, dass ich jemals in der Lage sein könnte, meine Heimat zu verlassen. Als Kind schon hatte mich der Gedanke an den Rand des Wahnsinns getrieben.

Im Internat hatte ich Heimweh gehabt, das kaum auszuhalten war. Später war mein Verhältnis zu meiner Mutter so eng gewesen, dass ich mir sicher war, immer in ihrer Nähe zu bleiben. Berchtesgaden zu verlassen, war für mich völlig undenkbar. Na ja, vielleicht ein paar Kilometer ums Eck. Das wäre gerade noch vorstellbar gewesen. Aber das war es dann schon. Ich gehörte hierher. Woanders hielt ich es gar nicht aus.

Ausgerechnet meine Mutter war es dann, die den Stein ins Rollen brachte. Eines Tages rief sie mich an: «Andrea, ich habe gebetet», sagte sie. Bis dahin war das für mich noch nichts Besonderes. Aber dann fuhr sie fort: «Ich hatte noch nie das Gefühl, dass Gott mit mir spricht. Ich kenne das auch gar nicht. Aber jetzt hatte ich den ganz starken Eindruck, du sollst zum Franz hochgehen.»

Ich dachte: «Was hat die denn gefrühstückt? Das gibt es doch gar nicht.»

Wir waren jeden Tag zusammen. Wir gehörten zusammen. Wir waren uns Stütze und Hilfe. Nie hatte ich darüber nachgedacht, dass sich daran mal etwas ändern könnte. Und jetzt kam ausgerechnet meine Mutter daher und sagte mir, ich solle zum Franz ziehen.

«Mama, ist das dein Ernst?», fragte ich sie.

«Ja, ich weiß auch nicht genau, warum ich das jetzt so sehe, aber ich möchte dir das einfach sagen.»

Ich stand da wie vom Donner gerührt. Völlig irritiert fuhr ich zur Arbeit. Ich kam ins Büro.

Da sagte meine Chefin: «Na ja, dann wird's wohl nicht mehr lange dauern. Wann gehen Sie denn jetzt nach Sachsen?»

Ich stutzte: «Wie kommen Sie denn jetzt auf die Idee?»

«Ich dachte nur so. Wollen Sie nicht nach Sachsen gehen?»

Was war denn hier los? «Das gibt es doch nicht», dachte ich nur. Den Rest des Tages versuchte ich mich auf meine Arbeit zu konzentrieren. Das war schwierig, aber es lenkte mich wenigstens ab.

Nach der Arbeit fuhr ich heim und betete. Als Franz dann ankam, war es für mich eindeutig: Ja, ich soll wirklich zu ihm in den Osten ziehen. Ich lief nach draußen, um ihn zu begrüßen, und wollte ihm meine Entscheidung gleich mitteilen. Dass ich zu ihm ziehen könnte, darüber hatten wir zuvor nie gesprochen.

Franz: Mit Andreas Sinneswandel änderte sich plötzlich alles. Der Wind wehte nun Richtung Osten, nicht mehr nach Süden. Ich verstand die Welt nicht mehr. Aber ich war heilfroh, dass die befürchtete Katastrophe ausgeblieben war. Das war ein Wunder. Anders kann ich mir das überhaupt nicht erklären! Ich lud Andrea ein, mich in Hainichen zu besuchen.

Andrea: Ostern stand vor der Tür. Die Kinder von Franz hatten frei, und er bat mich, zu ihm nach Hainichen zu kommen. Ich war gespannt, was mich dort erwarten würde.

«Das wäre doch eine gute Gelegenheit, Zeit mit Vianne und Max zu verbringen und sie noch besser kennen zu lernen», meinte Franz. Er selbst musste arbeiten, ich konnte ihm so auch bei der Kinderbetreuung helfen.

«Gut», sagte ich, «ich komme. Aber nicht mit dem Auto, sondern mit dem Zug, und ihr holt mich in Chemnitz ab.»

Franz: Jetzt, wo wir das aufschreiben, klingt das so nüchtern: Andrea fährt nach Hainichen. So war es in Wirklichkeit nicht. Das waren pure Emotionen. Das war, als verließe die Erde ihre Umlaufbahn. Etwas vollkommen Unmögliches geschah. Andrea kam nicht nur zu Besuch nach Sachsen. Ohne zu wissen, worauf sie sich da einlässt, hatte sie sich entschieden, hierherzuziehen. Für einen Menschen mit ihrer Prägung und ihrem Heimweh war das unvorstellbar. Dennoch tat sie es.

Andrea: Ich kaufte mir eine Fahrkarte und stieg in den Zug. Ich setzte mich in ein Abteil, sah aus dem Fenster und war über mich selbst überrascht. Außen zogen die Berge vorbei. Allmählich wurde die Landschaft flacher. Ich kam mir vor wie Heidi auf dem Weg nach Frankfurt.

Die ältere Dame, die mir gegenüber saß, sprach mich an: «Wir haben unseren Urlaub in Berchtesgaden verbracht. Meine Güte, war das schön dort. Wo fahren Sie denn hin?»

«Nach Chemnitz», antwortete ich. «Ich werde wahrscheinlich dort hinziehen und schaue mir das jetzt mal an», fügte ich hinzu.

«Sind Sie verrückt?», blaffte die alte Frau zurück. «Sie wollen nach Chemnitz ziehen? Von Berchtesgaden nach Chemnitz? Waren Sie schon mal in Chemnitz?», setzte sie nach.

«Nein, da war ich noch nicht», antwortete ich wahrheitsgemäß.

«Na, da bin ich ja gespannt, ob Sie da immer noch hinziehen wollen, wenn Sie mal dort waren», gab sie zurück.

«Das fängt ja gut an», dachte ich. «Was für eine Ermutigung. Das kann ja heiter werden!»

In Chemnitz holte mich Franz vom Bahnhof ab. Wenigstens *ein* bekanntes Gesicht in einer völlig unbekannten Umgebung. Während wir im Auto nach Hainichen fuhren, sah ich mich um und begann zu ahnen, was die Dame im Zug gemeint hatte.

Aus der Entfernung war bereits das gelbe Ortsschild zu erkennen. Die Spannung stieg. Gleich würde ich sehen, wie Franz lebte. Erzählt hatte er schon so viel, jetzt würde ich es selber sehen.

«Hainichen» stand in schwarzen Lettern auf gelbem Grund. Ein Ortsschild wie jedes andere auch. Wir fuhren daran vorbei, und ich begann zu weinen.

«Was hast du? Was ist los mit dir?», fragte Franz besorgt.

Ich rang um Fassung. Dann sagte ich: «Ich habe das Schild ‹Hainichen› gelesen und hatte das Gefühl, ich komme nach Hause. Ich weiß auch nicht, warum.»

Es fühlte sich an, als wäre ich nach langer Abwesenheit wieder zurück nach Berchtesgaden gekommen. Wenn ich da das Ortsschild «Berchtesgaden» las, wurde mir sofort warm ums Herz. Da wusste ich: Ich bin wieder daheim. Das gleiche Gefühl hatte ich jetzt auch. Dabei war ich noch nie zuvor in Hainichen gewesen.

Wir bogen von der Straße ab, fuhren durch einen parkähnlichen Garten und hielten vor einer großen historischen Villa. Wow, so groß hatte ich mir das nicht vorgestellt.

Franz hatte Spaghetti gekocht. Das war das nächste Highlight für mich. Denn außer meinen Eltern hatte noch nie jemand für mich gekocht. Max und Vianne waren da.

Abends saßen wir an einem großen Tisch im Wohnzimmer. Die hohen Räume fühlten sich bedrohlich an. Sie erinnerten mich an meine Internatszeit. Damals hatten mir diese hohen Räume Angst gemacht. Hier in Hainichen war das genauso.

«Franz», sagte ich, bevor wir zu Bett gingen, «ich glaube nicht, dass ich hier leben kann.»

Am nächsten Morgen waren all die negativen Gefühle weg. Ich fühlte mich pudelwohl und konnte mir gar nicht erklären, was mich am Tag zuvor noch so bedrückt hatte.

Vier Tage verbrachte ich mit Franz und seinen Kindern in Hainichen. Es war einfach nur schön. Mit Vianne machte ich einen Osterstrauß. Sie war überaus herzlich zu mir. Bei Max war es nicht anders.

Franz: Nach Andreas Osterbesuch pendelten wir wieder wie zuvor. Bald zeigte sich, dass unsere Zeit in Bayern vorbei war. Gemeinsam suchten wir nach einer Lösung, die auch den Kindern gerecht wurde. Die Kinder wollten unbedingt zusammen sein.

Marlena hatte zu diesem Zeitpunkt bereits einen Freund in Berchtesgaden und wollte nicht mitkommen. Sie hatte das Gymnasium abgebrochen und sich selbständig bei einer Schule in Salzburg angemeldet.

Im Mai wurde unser Plan immer konkreter. Andrea wollte mit Lukas nach Hainichen ziehen. Mit Pferden hatte ich bis dahin keine großen Berührungen gehabt. Was ich bei Andrea erlebt hatte, fand ich eher lästig. Dauernd musste man sich um die Tiere kümmern. Die Zeit hätte man auch anders nutzen können.

Aber da war diese Erfahrung mit Vianne. Als sie auf Delpho geritten war, hatte ich sie zum ersten Mal seit dem Tod ihrer Mutter wieder lachen gesehen.

Ich erinnerte mich daran und schlug im Rahmen unserer Familien-Fusion vor, Delpho zu behalten. In Hainichen fand ich einen Platz für ihn. Er konnte also mit umziehen. Andrea und Vianne sollten ein Pferd haben, auf dem sie reiten konnten. Jonny, das zweite Pferd von Andrea, wollten wir verkaufen. Das war beschlossene Sache.

Nach und nach lösten wir Andreas Bauernhof auf, und Andrea ging den nächsten großen Schritt. Sie kündigte ihren Job bei «Aldi», der sie in den vergangenen Jahren finanziell getragen hatte. Dies war eine enorme Entscheidung für Andrea. Sie gab für unsere Zukunft ihre Existenz auf.

Wir beteten viel in dieser Zeit und hatten dabei den Eindruck: Ja, was wir taten, war richtig. Wir sollten die «Zelte» in Bayern abbrechen und gemeinsam in den Osten gehen. «Go East» statt «Go West», sozusagen.

Endlich konnten wir auch die Schulfrage klären. Max und Lukas durften in eine Klasse gehen. Sie waren happy.

Im Mai war Muttertag. Vianne hatte in der Schule ein Herzchen zum Muttertag gebastelt und kam damit nach Hause. Wir dachten, sie möchte das bestimmt zum Grab bringen.

«Was machen wir jetzt damit?», fragte ich sie vorsichtig. «Das ist für Mama», sagte sie mit strahlenden Augen und gab es Andrea.

Wir waren sprachlos. Andrea weinte vor Freude.

Der Umzug konnte kommen. Emotional war alles bestens vorbereitet. Wir freuten uns und waren gespannt auf das Neue, das uns erwartete.

Wir standen in Berchtesgaden mit dem Pferdeanhänger für Delpho. Die Käuferin von Jonny kam und hatte eine Tierärztin dabei. Eigentlich war alles geklärt. Der Preis war auch abgesprochen.

Doch die Käuferin begann Zicken zu machen. Sie wollte, dass Andrea noch mal vorreitet, und dies und das wollte sie noch sehen.

Andrea standen die Tränen in den Augen. Ich hatte keine Ahnung von Pferden. Aber mit inakzeptablen Geschäftsgebaren kannte ich mich aus. Andrea mit feuchten Augen bei ihrem Pferd stehen zu sehen, tat sein Übriges. Jonnys potenzielle Käuferin wurde immer unverschämter.

Mir platzte der Kragen: «Sie können nach Hause fahren. Das Pferd bleibt da», fuhr ich sie an.

«Wie bitte? Das ist nicht Ihr Ernst!», meinte die impertinente Frau.

«Sie können nach Hause gehen. Das Pferd bleibt da!»

Erst schaute sie verdattert, dann machte sie kehrt und lief zu ihrem Auto zurück.

«Und tschüss!», rief ich ihr nach.

Ich war stinksauer. Andrea streichelte ihrem Jonny über seine weichen Nüstern und sagte zu mir: «Jetzt hatte ich mich innerlich schon von ihm verabschiedet! Weißt du, was? Ich schenke ihn dir.»

«Mir?» Ich erschrak. «Was soll ich mit einem Pferd?» Ich hatte bis zu diesem Zeitpunkt mit Pferden absolut nichts am Hut.

«Ja, du hast jetzt ein Pferd», erwiderte Andrea. Jonny stand gesattelt vor mir. Ich schaute ihn an und konnte gar nicht wirklich begreifen, was gerade passiert war.

Nach einiger Zeit fragte ich Andrea: «Denkst du, ich könnte mich da mal draufsetzen?»

Andrea sagte: «Na klar.»

So stieg ich mit größtem Respekt das erste Mal auf ein, nein, auf *mein* Pferd.

Andrea führte Jonny im Kreis.

«Wahnsinn, das ist cool. Das fühlt sich gut an!», dachte ich. Nachdem ich abgestiegen war, luden wir Jonny zu Delpho in den Wagen und fuhren mit zwei Pferden in den Osten.

Kapitel 36
Scherben werden zu Puzzleteilen

Endlich: Andrea und Lukas zogen nach Hainichen. Der Alltag spielte sich schneller ein als gedacht. Gott hatte aus zwei halben Familien etwas völlig Neues gemacht. Das war nicht Patchwork, auch wenn es von außen so ausgesehen haben mag. Da wurden nicht Flicken aneinandergenäht. Es entstand etwas komplett Neues.

Eines Tages im Mai kam Max auf Andrea zu. Da war Max schon so langsam im Teenageralter. «Andrea, so ist mir das irgendwie zu blöd. Darf ich ‹Mama› zu dir sagen?», fragte er.

Andrea: Ich war völlig überwältigt.

«Na klar, Maxi! Du darfst Mama zu mir sagen», antwortete ich ihm. Ich dachte: «Das gibt's doch nicht. Der kleine Kerl hat seine Mama verloren und fragt mich, ob er jetzt zu mir Mama sagen darf.» Ich war total gerührt. Ich wollte, ja, ich konnte ihm diesen Wunsch nicht abschlagen. Für mich war Maxis Frage ein erneutes Indiz, dass wir gemeinsam auf dem richtigen Weg waren.

Franz: Auch ich hatte Erlebnisse, die mir genau das bestätigten. Als Kind und Jugendlicher hatten mich alle Franzi genannt. Mit der Karriere im Osten war ich zum Franz geworden. Durch die Gespräche mit Andrea wurde der Ur-Franzi wieder freigelegt.

Eines Tages sagte meine Mutter zu mir: «Jetzt bist du wieder

der Franzi.» Das hätte mich fast umgehauen. Mütter haben einen untrüglichen Sinn für Veränderungen. Vor allem, wenn es ihre Söhne betrifft.

Im Juni war wieder Max am Zug. Diesmal kam er auf uns beide zu. Er müsse jetzt doch mal etwas fragen, meinte er altklug. Schließlich bräuchte ja auch er Sicherheiten im Leben.

«Was hat er denn jetzt?», dachten wir und warfen uns fragende Blicke zu.

Maxi schaute uns ernst an, dann sagte er: «Wollt ihr nicht heiraten?»

Wumms, das ging tief. Kindermund tut Wahrheit kund! Wir überlegten eine Weile. Aber es brauchte nicht lange. Wir wussten ja längst, dass wir zusammenbleiben wollten. Aber Maxis Frage beschleunigte den Entscheidungsprozess. Der Entschluss stand fest: «Ja, wir werden heiraten.» Wir hatten eine konkrete Vorstellung, wie das laufen sollte: «Nur wir beide und die Kinder.»

Am 16. Juli 2009 haben wir standesamtlich geheiratet. Unsere Kinder waren dabei, sonst niemand. Zuvor hatten wir intensiv mit den Kindern «gearbeitet». Es war uns wichtig, dass ihre Trauer nicht verdrängt wird, sondern Raum bekommt. Für Andreas Kinder, Lukas und Marlena, war der Suizid von Richie eine traumatische Erfahrung gewesen, aber Richie war nicht ihr Vater. Vianne und Max hatten ihre leibliche Mutter verloren.

Trauma und Trauer: Beides brauchte Platz. Nichts sollte verdrängt werden, weil Mutter beziehungsweise Vater eine neue Partnerschaft eingingen.

Die ältere Tochter von Andrea ging zu diesem Zeitpunkt ihre ersten eigenen Wege. Einfach war das nicht – besonders nicht für Andrea. Aber anders als angenommen hatte auch Marlena Sehnsucht nach ihrer Mutter und Familie.

Sie besuchte uns immer wieder mal, bis sie irgendwann sagte: «Ich möchte auch hierher zu euch kommen.» Auch Marlena zog zu uns nach Hainichen.

Von da an war für uns alle das Glück perfekt. Marlena integrierte sich sofort. Inzwischen hat sie einen Sachsen geheiratet. Die beiden leben zurzeit in Australien. Aber auch sie fühlt sich in Hainichen daheim.

Andrea: Am Tag nach unserer Trauung fuhren wir mit dem Wohnmobil nach Italien. Cinque Terre an der Riviera war unser Ziel.

Wir verbrachten traumhafte Tage in Italien. Unser Wohnmobil stand auf einem wildromantischen Campingplatz. Franz kochte jeden Tag ein anderes italienisches Menü. Drei Gänge waren Pflicht. Die übrigen Camper, die von Dosenravioli und Eintöpfen lebten, staunten nicht schlecht, was man im Wohnmobil kulinarisch alles zaubern kann. Kein Problem, wenn Liebe durch den Magen geht.

Wieder daheim, ging für uns die Zeit des Genießens weiter. Jahre des Leidens lagen hinter uns. Nun hatte sich das Blatt endlich gewendet. Wir genossen uns, unsere Kinder und das Leben. Wir hatten Geld, wir hatten uns, und die neue Familie funktionierte hervorragend. Probleme waren gestern. Heute wurde gelebt – in vollen Zügen.

Es war, als hätte Gott eine Käseglocke über uns gestülpt. Darunter durften wir eine sorgenfreie Zeit verbringen. Nach Jahren der Plage und der Schmerzen tat diese Auszeit unfassbar gut. Wir machten gemeinsam Sport, Franz entdeckte, wie sehr ihm die Reiterei entsprach. Er erwies sich als Naturtalent und trainierte ungeheuer viel. Aus freien Stücken entwickelte er sich zu jenem Cowboy, den ich mir immer gewünscht hatte.

Franz: Und ich sorgte dafür, dass aus meinem Aschenputtel endlich die Frau werden konnte, die sie eigentlich war. Ich hatte Andrea immer als großzügig erlebt. Sie hat buchstäblich ihr letztes Hemd gegeben. Jetzt war es an der Zeit, dass sie verwöhnt und beschenkt wurde. Darum kümmerte ich mich.

Im Sommer brausten wir mit unserem weißen Mercedes-Cabrio durch die sächsische Landschaft, gingen schön essen und wussten einen guten Tropfen Rotwein sehr zu schätzen. Mit allen vier Kindern verbrachten wir drei Wochen in Florida, wo wir uns in einer Villa einmieteten. Auch New York gehörte zu unserem vielfältigen Reiseprogramm. Die Kreuzfahrt, die ich allein mit meinen Kindern gemacht hatte, wiederholten wir mit der ganzen Familie. Kreuzfahrt in der Karibik, Skifahren in Südtirol: Es ging uns fantastisch. Rund zwei Jahre lang war das so.

Dann hatte Gott offenbar entschieden, die Käseglocke über uns langsam wieder wegzunehmen. Das war spürbar. Zwischen paradiesischen Stränden, Tiefschnee-Abfahrten, Gourmetküche, edlem Roten aus dem Piemont und flotten Cabrio-Touren war Gott etwas in den Hintergrund geraten.

Jetzt rief er uns zurück. «Hey, ihr beiden, es wird Zeit, dass ihr wieder über mich nachdenkt», «klopfte» er an.

Ich merkte zunehmend, dass ich meine alten Visionen nicht einfach ad acta legen konnte. Das wollte ich auch nicht. Die Glut brannte noch. Ich hatte mich nur einige Zeit nicht um das Feuer gekümmert, das ich in mir spürte.

Wir begannen, Gott wieder stärker zu thematisieren. Das hatte Folgen: Gott fing an, unser Leben zu verändern. Er verschaffte sich wieder mehr Platz in unseren Herzen. Im gleichen Maße, in dem Gott wieder Raum bekam, wurde es uns wichtig, ihn in die Mitte unserer Ehe zu holen.

Wir begannen gemeinsam zu beten: «Herr, was hast du mit uns vor?» Je mehr wir über die vergangenen Jahre nachdachten und diskutierten, umso deutlicher erkannten wir seine Handschrift hinter all dem, was sich ereignet hatte. Waren wir beide nicht völlig am Ende gewesen und hatten Stoßgebete zum Himmel geschickt, ehe uns die Eingebung kam, ins Internet zu gehen, wo wir uns schließlich begegneten?

Je genauer man hinsah, desto deutlicher konnte man Gottes gerade Schrift auf den krummen und kaputten Zeilen unseres Lebens entdecken. Das konnte doch alles kein Zufall sein.

Mehr und mehr rief uns Gott ins Gedächtnis, was bei uns zuletzt in den Hintergrund getreten war. Bei mir, Franz, wurden meine Visionen wieder lebendig. Viel war in unseren Leben zerbrochen. Scherben gab es bei jedem von uns mehr als genug. Jetzt erwiesen sich diese Scherben als Puzzleteile, die sich zu einem großen Gesamtbild zusammenfügten.

Ich spürte: «Hoppla, da entfaltet sich ein Plan.» Es war, als ob Gott uns an der Hand nahm und in einen neuen Lebensstil einführte. Gemeinsam durften wir in die Schule Gottes gehen. Sein «Lehrplan» ließ uns staunen.

Gott braucht keine Klassenzimmer und keine Tafel. Er unterrichtet durch das Leben.

Jahr für Jahr wurden wir mit einer je anderen Thematik konfrontiert. Völlig unerwartet standen Themen ins Haus, die wir zuvor überhaupt nicht auf dem Schirm hatten. Niemals hätten wir uns in dieses Thema derart hineinvertieft, wie es dann die jeweilige Situation von uns erforderte. Für uns begann eine kostbare Zeit des geistlichen Wachsens und Reifens. Sie sollte uns auf das vorbereiten, was wir heute tun.

Diese «Schule Gottes» war für uns von derart grundlegender Bedeutung, dass wir ihr in diesem Buch einen eigenen Teil gewidmet haben. Unter «Sehnsucht nach mehr» kannst du, liebe Leserin, lieber Leser, nachschauen, welche Erfahrungen wir in diesen Jahren machen durften und wie sie unser Leben und unseren Glauben auf faszinierende Art und Weise verändert haben.

Du hast richtig gelesen, wir sprechen von Jahren. Gott hat uns keinen spirituellen «Crashkurs» verpasst, sondern uns auf die lange Tour geschickt; sozusagen «on the long run». Insgesamt waren es rund sieben Jahre. Gott hat eben Zeit und Geduld. Und das ist gut so.

Gemeinsam machten wir uns auf die Suche nach Gott. Welchen Platz hatte er in unserem Leben? Welchen Weg hatte er für uns vorgesehen? Wohin wollte er uns führen? Worin bestand unsere Berufung?

Eines war für uns zu diesem Zeitpunkt bereits ganz sicher: Es war kein Zufall und auch nicht das Schicksal, das uns und unsere Kinder zusammengeführt hatte. Gott hatte uns in tiefer Not erhört und aus den Trümmern unseres Lebens gerettet. Jetzt begann etwas Neues. Wir konnten und wollten nicht mehr so weiterleben wie bisher. Wir hatten Gott zurück in unser Leben geholt. Jetzt war er drauf und dran, unser Leben nochmals umzukrempeln.

«Herr, was möchtest du in unserem Leben verändern?» Das war unsere Kernfrage. Und Gott hat sie uns beantwortet. Gott spricht wirklich zu uns – zu jedem von uns. Meist haben wir nur verlernt, auf seine Stimme zu hören oder sie überhaupt als Stimme Gottes wahrzunehmen.

Auch dazu haben wir im Buchteil «Sehnsucht nach mehr» unsere Erfahrungen zusammengetragen. An dieser Stelle nur so viel: Im Grunde ist es ganz einfach. Gott ist nicht tot, er lebt. Jesus ist heute genauso lebendig wie vor mehr als 2000 Jahren. Und er wartet darauf, mit uns in Berührung kommen zu dürfen.

Es gibt verschiedene Möglichkeiten, wie Gott spricht. Durch die Bibel, durch Begegnungen mit Menschen, aber auch direkt.

Ihn akustisch zu hören, ist eher eine Ausnahme. Aber auch das gibt es. Die Bibel belegt dies.

Häufiger ist es so, dass Bilder oder Gedanken in einem hochsteigen, von denen man spürt: Die kommen nicht von mir. Besonders deutlich ist das, wenn es sich um Gedanken handelt, die einen korrigieren, die einem vielleicht sogar widersprechen oder ins Gewissen reden.

Das kann jeder ausprobieren. Man muss Gott einfach ansprechen und mit ihm reden wie mit einem guten und vertrauten Freund. Respektvoll, aber ganz persönlich. Fromme Gebetstexte in Ehren: Das kann gerade am Anfang helfen. Aber Gott möchte ins persönliche Gespräch mit uns kommen. Er will, dass wir ihm unser Herz ausschütten. Er weiß ja ohnehin alles. Aber er kann uns nur da berühren, verändern und heilen, wo wir uns ihm gegenüber ganz und gar öffnen, ihm unsere Wünsche, Ängste und Sorgen mitteilen und ihm unsere Wunden hinhalten und sie nicht vor ihm verstecken.

Franz: Gott erinnerte mich an meine Visionen wie an eine erste Liebe, die bei mir in Vergessenheit geraten war. Je mehr ich mit ihm darüber sprach, desto klarer wurde mir: «Das ist eigentlich mein Lebensziel. Da möchte und da muss ich hin.»

Andrea: Als Franz mit mir darüber sprach, erschrak ich zunächst. Ich hatte Vorstellungen von meinen mir bisher bekannten Glaubenslehren im Kopf. Da machte mir manches Angst, wenn es um «radikale Nachfolge» ging.

Mit Franz entwickelten sich tiefe Gespräch über unser Gottesbild, über Beten, Vertrauen und den Umgang mit der Bibel. Für mich war es ein besonderes Geschenk, dass ich für all das, was wir besprachen, eine Bestätigung in der Bibel fand. Und zwar, ohne danach zu suchen.

Wenn wir ein Thema beredet hatten, schlug ich am nächsten Tag die Bibel auf. Einfach so. Ich begann an der Stelle zu lesen, auf die mein Blick als Erstes fiel. Wieder und wieder fand sich genau dort eine passende Bibelstelle, die uns Bestätigung gab. Ich war platt. Da stand genau dazu etwas, worüber wir gesprochen hatten. Gott teilte sich uns mit. So deutlich, dass es mich manchmal fast umgehauen hätte.

Franz: Wir vertieften uns in die Bibel und ins Gebet. Ich wollte es wirklich wissen: Kann man diesem Gott ganz nah begegnen? Und zwar persönlich und konkret? Er selbst versprach das in der Bibel. Die Bibel ist sein Wort. Also musste es doch möglich sein. Nicht theoretisch und abstrakt, sondern real und lebendig. Ich wollte nicht ruhen, bis ich das selbst genau so erfahren hatte, wie es in der Bibel steht.

Gott schickte uns durch die verschiedenen «Jahrgangsstufen» seiner Schule des Lebens. Wir sammelten reichlich Erfahrungen, reiften geistlich und ließen uns von Jesus berühren. Wir lernten auch: Die Nachfolge Jesu hat einen «Preis». Auch wir mussten ihn «bezahlen».

Dieser «Preis» besteht darin, die Wahrheit über sich selbst zu erfahren. Die Wahrheit über einen selbst kann durchaus erschreckend, manchmal auch schmerzhaft sein. Aber dieser Prozess der Selbsterkenntnis ist die Voraussetzung, um Gott letztlich begegnen zu können. Sich in seiner ganzen Schwäche und Erbärmlichkeit selbst anzunehmen und sich genau so vor den Herrn zu stellen, sich so zu zeigen, wie man ist – ohne die Maskeraden, mit denen wir unseren Alltag bestreiten –, das ist der entscheidende Schritt. Solange wir dazu nicht bereit sind, stehen wir uns selbst im Wege.

Wir haben uns darauf eingelassen, auch wenn es nicht leicht war, die Wahrheit über uns selbst zu ertragen.

Die Wahrheit über sich selbst zu erfahren, setzt die Bereitschaft voraus, sich von Gott verändern zu lassen. Man muss die Dinge in seinem Leben ändern oder auch verlassen, die so nicht bleiben können, weil sie ein Leben in der Fülle Gottes verhindern.

Das kann bei jedem etwas anderes sein. Alkohol, Süchte aller Art, stundenlanges Surfen im Internet oder tagelanges, sinnloses Rumhängen vor der Glotze: Das sind nur einige Beispiele. Wer in sich hineingehört hat und ehrlich zu sich selbst ist, spürt meist ganz schnell, welche Dinge sich ändern müssten. Oft ist es schon ein Anfang, sich zu überlegen, in welchen Zusammenhängen man sich mit «Eigentlich müsste ich mal wieder» gegen den inneren Schweinehund auflehnt.

Inmitten des geistlichen Prozesses, in dem wir uns befanden, spürte ich plötzlich, dass sich meine Firma verändern würde. Zuerst deutete nichts darauf hin. Der Sportplatzbau lief erstklassig. Die Firma konnte «über Schlangen und Skorpione gehen». Sie war unkaputtbar, und wir verdienten eine Menge Geld.

Eines Tages war es, als kündige Gott an, dass eine neue Zeit anbrechen würde. Ich erinnerte mich an eine Prophetie von früher, in der es hieß, dass diese Firma erfolgreich sein werde, der Fokus jedoch mehr und mehr in Richtung Reich Gottes gehen werde. Gleichzeitig entwickelte sich in Andrea und mir eine immer stärkere Sehnsucht, ein «neues Leben» zu beginnen.

Wir intensivierten unser Gebetsleben, machten uns mit Heilungsgebet vertraut und nahmen unser gesamtes Leben ins Gebet. Wir wollten wissen, was Gott mit uns vorhat, wohin er uns führen möchte, was sein Plan für unser Leben war. Wir waren bereit, alles dafür zu tun.

Andrea: Wir wussten nicht, wie es weitergehen sollte und wohin uns Gott führen wollte. Der Gedanke an eine Ranch mit Landwirtschaft kam allerdings immer wieder an die Oberfläche. Diese Idee ließ uns nicht los.

Im Gebet suchten wir nach Klarheit: «Herr, hol uns auf den Weg.» Aber die Antwort ließ auf sich warten. Die Situation war verwirrend.

Also entschieden wir uns für ein geistliches Brainstorming. Wir schlossen die Augen und schrieben alles auf Kärtchen, was uns in diesem Moment durch den Kopf ging. Wir machten eine Kiste mit drei Fächern. Ein Fach hieß: «Ist schon da.» Das zweite Fach bedeutete: «Das können wir uns vorstellen.» Das letzte Fach war für die Dinge, die wir zwar auf Kärtchen geschrieben hatten, aber als «totalen Quatsch», als undenkbar empfanden.

Wir haben dann die Kärtchen auf die Fächer verteilt. Das meiste landete im letzten Fach, weil wir uns das beim besten Willen nicht vorstellen konnten, wie daraus etwas hätte werden sollen.

Heute sind weite Teile davon Realität: «Brot backen» stand auf einem Kärtchen. Heute bauen wir Weizen und Roggen an, um Brot zu backen. «Bewirten und beherbergen» war auf ein anderes Kärtchen geschrieben. Heute bieten wir unseren Gästen Ferienwohnungen an.

«Selbstversorgung», «Hauskreis», «Sabbatjahr», «Ranch», «Saloon», «Pferde», «Gottesdienste», «Land», «Eheworkshops», «junge Menschen», «Gemeinde», «Lehrdienst»: All das hat sich bis heute erfüllt. Wer uns besucht, kann sich selbst davon überzeugen.

Zu den wenigen bislang offenen Punkten auf unseren Kärtchen zählt eine Reithalle. Aber wir sind zuversichtlich, dass sich da auch noch etwas tut. Gott hat keine Eile und eine andere Zeitrechnung. Er weiß am besten, was wann dran ist und was nicht.

Franz: In der Firma ging ich Tag für Tag meiner Arbeit nach und habe überlegt, wie ich aus der Nummer herauskomme. Das waren für mich unfassbar aufreibende Monate. Die Firma kam mir in dieser Zeit vor wie ein Stein um den Hals. Ich versuchte alles, um sie loszuwerden oder rauszukommen, aber es war «wie verhext». Nirgends öffnete sich eine Tür.

Man konnte auch auf einer anderen Ebene spüren, dass sich etwas verändert hatte. Wir fanden kein Personal mehr, Kunden orientierten sich neu, Lieferanten wurden verkauft und hörten auf. Ich wollte diesen Veränderungen nicht mehr folgen. Aus

Geborgenheit, Versorgung und Anspruchsdenken wurden Unzufriedenheit, Ungewissheit und Existenzangst.

Heute weiß ich, dass sich damals eine entscheidende geistliche Weichenstellung vollzog. Gott wollte das Fundament sein, auf dem wir unsere Zukunft bauen. Er ist der Fels, auf dem wir jetzt stehen. Damals war es meine Firma, auch wenn ich mir das so nicht eingestanden habe. Solange man genug Geld hat, organisiert man sich sein Leben nach eigenem Gutdünken. Die Gefahr dabei: Glaube ist dann nur noch religiöser Zuckerguss, den man zur Verschönerung obendrauf gibt.

Gott will aber kein Zuckerguss sein, sondern das Fundament, auf dem wir das Haus unseres Lebens errichten. Er ist auch das einzige Fundament, das wirklich trägt. Heute weiß ich das. Damals war ich diesbezüglich schwer von Begriff. Bis mir Gott zu verstehen gab: Wir machen hier keine architektonischen Umbau- und Verschönerungsmaßnahmen. Wir reißen ab und bauen neu. Das war hart und schmerzhaft.

Für mich fühlte es sich an wie eine Operation am offenen Herzen. Aber diese Operation war notwendig. Auf diese Weise zeigte mir Gott, dass ich ihm nicht vertraue und nicht bis ins Letzte an ihn glaube, weil ich an anderen Fundamenten hänge und darauf stehen bleiben will.

Wirtschaftlich hatte ich versucht, mich von Gott unabhängig zu machen. Ich hatte eine schöne Firma und viel Geld. Gott durfte dann gerne obendrauf den Sinnstifter spielen, aber die Fundamente meines Lebens legte ich lieber selber. Es dauerte, bis ich begriff, dass ich das grundsätzlich ändern musste.

Aber dann habe ich es kapiert: Wir entschieden uns für einen neuen, anderen Lebensstil, dessen Fundament allein Gott sein sollte. Gott gab uns klar zu verstehen, dass er unser Versorger sein möchte. Allein auf ihn sollten wir uns verlassen und auf seine Versorgung bauen.

Ich versuchte, die Firma zu verkaufen. Aber niemand wollte sie haben. Es war eigenartig. Normalerweise hätte man sie mit

Gewinn verkaufen müssen. Mit der Zeit nahmen die Turbulenzen zu. Ich spare mir die Details. Ich merkte, wie diese Veränderungen alte Ängste in mir weckten. Als wir nicht mehr wussten, wie es weitergehen soll, bekamen wir im Oktober 2015 erneut eine Prophetie.

Die Person wusste nichts von unserer Situation. Sie hatte ein eindrückliches Bild für uns, das die Lage gut beschrieb. Sie sagte, wir säßen in einem Flugzeug, das unsere Versorgung sei. Gott würde uns während des Fluges die Tür öffnen und dazu auffordern, abzuspringen. Wir würden ohne Fallschirm und Helm springen, aber bereits während des Fluges würde Gott uns alles geben, was wir brauchen, und wir würden mitten in unserer Berufung landen.

Puh, das war ein hartes Wort. Freier Fall! Da kann einem nur schwindelig werden. Aber genau so kam es. Am 1. Dezember 2016 kam ein Anruf, dass unser größter Kunde seine Firma verkauft hat. Für uns bedeutete dies das Ende. Nun mussten wir eine Entscheidung treffen. Wie wollten wir nach dem Winter weitermachen? Entweder aufhören oder komplett neu starten.

Schnell war klar: Wir würden abspringen. Wir begaben uns in ein Schutzschirmverfahren, das genau solche Fälle, wie wir einer waren, abwickelt. Wir dachten: «Super, der Name ist Programm.» Was wir nicht ahnten, war, dass das zum größten Abenteuer unseres Lebens werden würde. Am Ende wurde die Firma zwar verkauft, aber unser gesamtes Vermögen ging dabei verloren. Und unsere Sicherheiten beziehungsweise unsere geplante Versorgung war geplatzt. Wir hatten das Flugzeug verlassen.

Wieder standen wir vor einem Scherbenhaufen. Aber diese Scherben erwiesen sich als die noch fehlenden Puzzleteile in dem Bild, das unsere Zukunft zeigte. Jetzt konnten wir das Gesamtbild erkennen. Es zeigte ein Leben, das ein hundertprozentiges Glaubensbekenntnis ist, voll und ganz auf Gott ausgerichtet, allein von ihm abhängig, und das in jeder Beziehung – auch wirtschaftlich.

Die Frage, die sich uns stellte, lautete: «Glaube ich wirklich, was in der Bibel steht? Bin ich wirklich bereit, mich ganz von diesem Gott abhängig zu machen? Bin ich wirklich bereit, ein Leben zu führen ohne doppelten Boden, ohne irdische Absicherung?»

Wir haben sie schließlich mit «Ja» beantwortet.

Andrea: Und das hat sich gelohnt. Wir haben dafür hundertfach und tausendfach zurückbekommen. Es fühlt sich wunderbar frei an. Jesus hat uns gelehrt: Gott ist keine Theorie, sondern lebendige Wirklichkeit. Wer sich an materielle Absicherungen klammert, hat Jesus nicht begriffen. Wer sich ganz auf Gott einlässt, wer sich zuerst um Gottes Reich kümmert, den versorgt Gott mit allem, was nötig ist.

Wir müssen uns wirklich darauf einlassen. Jeder muss für sich selbst entscheiden, ob er ganz Gott vertraut und sich allein von ihm abhängig macht. Wir haben es getan und haben das keine Sekunde bereut. «Suchet zuerst das Reich Gottes. Alles andere wird euch hinzugegeben», heißt es in der Bibel. Das ist kein frommer Spruch für religiöse Poesie-Alben. Das ist die Wahrheit. Wir können es bezeugen. Wir erfahren es jeden Tag.

Wer sich allein von Gott abhängig macht, bekommt alles dazu, was man braucht. Gott sorgt sich um einen und verwandelt die Wüsten unseres Lebens in blühende Gärten.

Diese Erfahrung möchten wir weitergeben. Darin sehen wir unsere Berufung. Das haben wir zu unserem «Beruf» gemacht. Wir haben unsere Jobs aufgegeben und unsere Versorgung ganz in die Hände Gottes gelegt. Wir vertrauen seinen Zusagen und sind noch nie, wirklich nie, enttäuscht worden.

Franz: 2012 konnten wir das Haus erwerben, in dem wir heute leben. Inzwischen ist aus der Anlage unsere Ranch geworden.

Wir haben Pferdeställe direkt beim Haus und konnten einen schönen Saloon bauen, in dem wir Seminare, Lobpreis und Gottesdienste abhalten.

All das hat uns Gott durch seine Führung und Fügung möglich gemacht. Es ist nicht unser Verdienst. Er hat die Türen geöffnet. Wir mussten nur hindurchgehen. Gott ist es auch, der uns Leute vor unsere Türen schickt, mit denen wir gemeinsam «arbeiten», beten und um Heilung bitten.

Ja, es stimmt: Jesus ist der Weg. Er heilt. Er verzeiht und schenkt Versöhnung. Wir sagen das nicht nur, weil es so in der Bibel steht. Wir haben das selbst erfahren dürfen. Nicht einmal, nicht hundertmal, sondern immer wieder. Jesus ist der Weg, der ins Leben führt.

Um die Spur zu diesem Weg zu finden, gibt es ein hilfreiches Gebet: «Herr, ich erlaube dir, jeden Bereich meines Lebens zu berühren, und ich bitte dich, mir die Wahrheit über mich selbst zu zeigen. Wo stehe ich nicht im Licht dieser Wahrheit?»

Wir haben das gebetet. Und Gott hat uns beim Wort genommen. Wenn dieses Gebet ehrlich ist und von Herzen kommt, lässt Gott sich nicht lange bitten. Er wartet ja auf jeden Einzelnen, um ihn mit seiner Liebe zu beschenken.

Manchmal dauert es ein bisschen, bis man Gottes Antwort versteht oder richtig einordnen kann. Dann sollte man nicht aufhören zu beten. Gott antwortet, ganz sicher. Wir müssen nur lernen, genau hinzuhören und ihn zu verstehen.

Andrea: Unsere Geschichte ist der lebendige Beweis, dass für Gott alles möglich ist. Es gibt keinen Scherbenhaufen, mit dem Gott nicht doch etwas anzufangen wüsste. Er klebt die Scherben nicht zusammen, nein, Gott schafft etwas Neues. Wir dürfen nicht daran festhalten, dass Gott unseren Wegen, Gedanken und Wünschen folgt. Es kann schon sein, dass man eine Achterbahnfahrt durchlebt, die einen ordentlich durchschüttelt. Aber eines ist sicher: Was Gott auch tut, hinterher ist's besser als vorher. Das garantieren wir dir.

Wir sind ein lebendes Beispiel dafür. Unsere Partner sind gestorben. Aber Gottes Liebe ist stärker als der Tod.

Gott hat uns mit einem neuen Partner beschenkt, uns zu einer neuen Familie zusammengeführt und uns eine gemeinsame Berufung geschenkt: Wir sollen unsere Erfahrungen weitergeben, damit auch andere ihren Weg zu Gott finden und Heilung und Wiederherstellung erfahren.

Franz: Hiob hat mich immer provoziert. Ich dachte: Was soll denn bei ihm besser geworden sein? Hiob hatte alles verloren, aber auf einmal hat er erkannt, wie Gott wirklich ist. Diese Erfahrung hat alles Bisherige weit in den Schatten gestellt und jeden Verlust aufgewogen. Heute verstehe ich Hiob. Gott sei Dank!

Hiob ist uns sehr wichtig geworden. Das letzte Kapitel des Buches Hiob beschreibt die Umkehr des Denkens, die geistliche Wende, die auch wir vollziehen mussten. In Kapitel 42 spricht Hiob zum Herrn: «Herr, ich erkenne, dass du alles zu tun vermagst; nichts und niemand kann deinen Plan vereiteln. Du hast gefragt: ‹Wer bist du, dass du meine Weisheit anzweifelst mit Worten ohne Verstand?› Ja, es ist wahr: Ich habe von Dingen geredet, die ich nicht begreife, sie sind zu hoch für mich und übersteigen meinen Verstand. Du hast gesagt: ‹Höre mir zu, jetzt rede ich, ich will dich fragen, und du solltest mir antworten!› Herr, ich kannte dich nur vom Hörensagen, jetzt aber habe ich dich mit eigenen Augen gesehen! Darum widerrufe ich meine Worte, ich bereue in Staub und Asche!» (Hiob 42,1–6; Hfa).

In diesen Bibelversen steckt so viel drin. Das ist genau das, was wir tun müssen. Wir müssen die Vorstellungen und Gedanken widerrufen, die wir uns von Gott gemacht haben. Wir müssen widerrufen, was wir für wahr und möglich gehalten haben; widerrufen, wie wir Gott durch unser Denken Grenzen gesetzt haben. Genau das hat Hiob getan.

«Wer bist du, dass du meine Weisheit anzweifelst?», hat Gott ihn gefragt. Das fragt er auch jeden von uns: «Franz, wer bist du, dass du meine Worte anzweifelst; dass du meiner Liebe nicht traust; dass du so klein von mir denkst; dass du nicht glauben willst, dass mir alles möglich ist?» Gott hat das auch mich gefragt. Auch wir kannten Gott nur vom Hörensagen, bis wir erfahren durften, wie er wirklich ist. Diese Erfahrung verändert alles – wie bei Hiob.

Diese Erfahrung veränderte auch unsere Spiritualität. Alles wurde viel lebendiger, direkter und konkreter. Gott schenkte uns Bilder und Visionen. Manches war so stark und eindringlich, dass wir Hilfe brauchten, um es richtig zu verstehen. Dann schickte Gott uns Menschen über den Weg, die uns dabei helfen konnten.

Wir besuchten zum Beispiel ein Seminar und trauten unseren Ohren nicht. Da saßen hunderte Menschen, aber es war, als würde über uns gesprochen. Das waren unsere Themen, unsere Fragen, und wir bekamen Antworten darauf.

Gott sorgt für die richtigen Begegnungen. So wie er uns mit Menschen zusammenbringt, schickt er uns auch immer wieder die richtigen Leute über den Weg. Sei es, weil wir ihn um seine Hilfe bitten. Sei es, weil er jemand vor unsere Tür schickt, dem wir helfen dürfen.

Wir wissen oft gar nicht, wo die Leute herkommen, die bei uns anklopfen. Manchmal wissen es die Leute selbst nicht so genau, warum sie gerade bei uns gelandet sind. Da greifen «Zufälle» ineinander, das kann man sich nicht vorstellen.

Wir sitzen dann zusammen, reden mit unseren Gästen, beten gemeinsam und erleben wirklich großartige Dinge: Paare, deren Ehe völlig zerrüttet war, finden wieder zusammen. Seelische und körperliche Leiden werden geheilt. Menschen, die das Leben geschlagen hat, erfahren Wiederherstellung.

Damit kein Missverständnis entsteht: Nicht wir tun das. Gott handelt! Wir beten und bitten im Namen Christi um Hilfe und Heilung. Aber Gott ist es, der heilt, der verbindet, versöhnt und wiederherstellt. Nur er!

Gott hat uns mitsamt unserer Ranch in Hainichen an einen besonderen Ort gestellt. Das spüren wir täglich. Bei uns finden Seminare und Schulungen statt. Aber das eigentliche Abenteuer hier sind die Begegnungen, die Gott ermöglicht, und was sich daraus entwickelt. Gottes Einfallsreichtum ist grenzenlos, wenn es darum geht, Menschen mit Jesus in Berührung zu bringen.

Bei uns setzt er offensichtlich auf Westernpferde, Lagerfeuer, Gastfreundschaft, Musik und Gebete im Saloon über dem Stall. Das klingt für klassische Kirchgänger vielleicht abenteuerlich. Aber so ist es.

Und eines ist sicher: Wenn Gott handelt, setzt er nie auf das falsche Pferd. Vielleicht hat Jesus ja auch von klein auf eine besondere Affinität zum Stall und will deshalb gerade hier Menschen begegnen? Wir wissen es nicht und wollen es mit Mutmaßungen auch nicht übertreiben.

Aber wir erleben, dass hier Dinge passieren, für die wir nichts können und die wir nicht machen. Wir stellen uns und unsere Ranch zur Verfügung und sehen unsere Aufgabe darin, mitzuhelfen, Menschen mit Jesus Christus in Berührung zu bringen. Alles andere macht Gott.

Seit wir uns darauf verlassen, kommen wir aus dem Staunen nicht mehr heraus. Wir könnten zahllose Beispiele nennen. Einige wenige sollen an dieser Stelle genügen.

Andrea und ich sind beide musikalisch. Um eine Lobpreisveranstaltung aufzuziehen, reicht es aber doch nicht ganz. Wir wollten in unserem Saloon aber einen Lobpreisgottesdienst veranstalten. Dafür brauchten wir einen Lobpreisleiter.

Also haben wir gebetet: «Herr, wir wollen hier Gottesdienste anbieten. Wir bräuchten jemand, der uns mit Musik unterstützt.»

Kaum hatten wir die Bitte zum Himmel geschickt, klingelte das Telefon. Der Anrufer sagte: «Ich habe von eurer Ranch und euren Veranstaltungen gehört und würde gerne bei euch mitmachen. Kann ich mal vorbeikommen und mich vorstellen?»

«Kennen wir uns von irgendwoher?», fragten wir zurück.

«Ja», entgegnete er. Er sei mal bei einer Veranstaltung auf unserer Ranch gewesen. Er würde gerne hier die Anbetung gestalten.

«Wieso Anbetung?», fragte Franz.

Dann stellte sich heraus, dass er musikalischer Vollprofi war, der auch Lobpreismusik machte. Der hat eine Stimme, die einen umhaut. Jede Gemeinde riss sich um ihn, und bei uns fragte er an, ob er mitmachen dürfe. Wow. Großartig. Wieder hatte Gott uns jemand vorbeigeschickt.

Andrea: Für viele Menschen, die aus allen Himmelsrichtungen zu uns kommen, waren die Pferde wie ein Türöffner. Die Leute wollen kommen, weil wir Pferde haben.

Kaum waren sie hier, zeigte sich: Es ging gar nicht in erster Linie um die Pferde. Sicher, sie sind schon ein paar Runden geritten. Aber das war nicht das Eigentliche. Durch die Atmosphäre hier haben sich unsere Gäste geöffnet. Sie fingen an, uns ihre Lebensgeschichte zu erzählen. Und wir boten ihnen an, für sie zu beten.

So nahm unser Dienst immer mehr Gestalt an.

Franz: Für unsere Pferde und die Vision von einer eigenen Landwirtschaft brauchten wir Land. Land gab es aber nicht. Und wer Land besaß, verkaufte es nicht. Das musste ich schnell lernen. Wir waren frustriert. So würde aus unserer Vision nie etwas werden.

«Herr», beteten wir, «du hast dich geirrt. Du hast gesagt, du gibst uns Land. Wie soll das gehen? Niemand ist bereit, uns Land zu verkaufen.»

Schon am nächsten Tag kam ein Mann auf mich zu und sagte: «Ich habe da oberhalb von eurem Grundstück Land. Willst du das kaufen?»

Ich konnte es kaum glauben und schlug sofort ein. Wir kauften es. Aber es ging noch weiter.

Ein anderer Nachbar, dem die rote Ziegelhalle gehörte, die an unser Grundstück grenzt, fing an, an der Halle herumzuhauen.

«Was machst du da?», fragte ich ihn.

«Ich reiße diesen Teil der Halle weg», sagte er.

Ich erzählte das Andrea.

«Nein, die alte Ziegelhalle soll er nicht abreißen», sagte sie sofort. «Da könnten wir doch unsere Pferde einstellen.»

Die Halle grenzt direkt an unseren Garten. Ich fragte unseren Nachbarn, ob wir diesen Teil mieten könnten, um unsere Pferde einzustellen. Er willigte ein. Kurze Zeit später bot er uns die Hälfte der Halle zum Kauf. Wir kauften die rote Ziegelhalle zu einem super-fairen Preis. Heute stehen da unsere Pferde.

Zusätzlich haben wir einen Stall und einen Saloon gebaut. Geld hatten wir eigentlich nicht dafür. Wir hatten unsere Sicherheit aufgegeben und wussten nicht, ob wir die Ersparnisse nicht schon am nächsten Tag brauchen würden. Wir bauten dennoch – wie Noah seine Arche.

Heute wissen wir, das hat alles seinen tiefen Sinn gehabt und ist Teil der Vision, die wir leben dürfen. Gott hat Wort gehalten. Er versorgt uns mit allem, was nötig ist. Sogar die Einrichtung und die Bestuhlung für unseren Saloon haben wir mit Gottes Hilfe supergünstig bekommen.

Andrea: Und dann haben wir einen Gottesdienst in unserem Saloon angesetzt. Wir luden drei, vier Leute ein, die wir kannten.

Die Musiker warnten wir vor: «Nicht erschrecken, das wird nur eine ziemlich überschaubare Veranstaltung.»

Die blieben entspannt: «Wir sind sechs Mann auf der Bühne. Solange einer mehr im Publikum sitzt, ist das okay.»

Wir begannen den Raum für den Abend herzurichten. Hundert Stühle hatten wir. Sie waren verschmutzt und mussten neu bezogen werden. Nach siebzig Stühlen hörten wir auf.

«Das ist mehr als genug. Es wirkt nur peinlich, wenn am Ende viele Stühle leer bleiben», waren wir uns einig. Wir wussten ohnehin nicht, wer da kommen sollte. Wir hatten keine Werbung gemacht, wir hatten den Gottesdienst nur auf unsere Homepage gesetzt und auf Facebook gepostet. Im Osten online einen Gottesdienst anzukündigen, ist alles andere als eine Erfolgsgarantie.

Franz: Auf einmal hatte ich den Eindruck, Gott fragt mich: «Warum stellst du nicht alle Stühle auf?»

«Weil siebzig Stühle schon irre sind», antwortete ich.

«Alle Stühle möchte ich haben», kam zurück.

Ich sagte zu Andrea: «Du, ich habe das Gefühl, wir sollen alle Stühle aufstellen.»

«Bist du verrückt, wer soll denn da sitzen?», warf sie mir an den Kopf.

Aber dann gingen wir los, holten die restlichen Stühle aus dem Lager, machten sie sauber und stellten sie auf.

Als der Gottesdienst begann, war der Raum knallvoll. Die Leute kamen teilweise aus über fünfhundert Kilometer Entfernung angereist.

«Wo kommt ihr denn her?», fragten wir immer wieder.

«Wir hatten einfach das Gefühl, wir sollten hierherkommen», kam mehrfach als Antwort zurück.

Andrea: Wir hatten einen großartigen Lobpreis. Franz gab Zeugnis, und Gott wirkte Wunder. Ein tief zerstrittenes Ehepaar versöhnte sich wieder, andere wurden geheilt. Einige bekehrten sich. Das war unglaublich. So etwas hatten wir bis dahin nicht erlebt.

Der Gottesdienst war offiziell um 21.00 Uhr beendet, doch die Besucher blieben alle da. So ging es weiter mit Gebet und Gesprächen, bis wir um 1.00 Uhr alle ins Bett schickten. Die Leute, die von weiter angereist waren, kamen am nächsten Tag noch mal. Sie bedankten sich für ein grandioses Wochenende, das sie nie mehr vergessen würden.

Franz: Ab dem Moment wussten wir: «Okay, Herr, du hast uns hier wirklich ein Mandat gegeben. Hier läuft was Besonderes.» Wir hatten das Kapitel «Firma» beendet. Genau einen Tag später fand dieser Gottesdienst statt. Sozusagen eine Punktlandung in unserer Berufung.

Kapitel 37
Wunder geschehen

Unsere Pferde sind die Türöffner, die wachsende Landwirtschaft ist unsere Aufgabe, und Menschen in Berührung mit Jesus zu bringen, das ist unsere Berufung.

All das hat sich so gefügt. Nichts davon war abzusehen oder zu erwarten. Gott hat aus den Scherben unseres Lebens etwas Neues gemacht. Er hat uns zugesagt, dass die Landwirtschaft weiter wachsen wird. Eigentlich ist das unmöglich. Aber für Gott ist nichts unmöglich. Immerhin hat er uns dreißig Hektar aus dem Nichts gegeben. Wir glauben, da kommt noch mehr.

Deshalb warten wir einfach ab, was er sich noch so alles einfallen lässt. Gott macht das schon. Auf ihn ist immer Verlass. Mittlerweile sagen wir nur noch: «Herr, wir glauben dir alles, und wir beten für alles.» – *«Think big, pray hard.»*

Wir haben auf unserem Weg mit Gott viele Wunder erleben dürfen. Als das größte Wunder empfinden wir unser Kennenlernen, unsere Familie und unseren gemeinsamen Weg. Wir durften selbst Heilung erfahren und Zeugen vieler Heilungen sein.

Wenn wir hier auf das Thema Heilung zu sprechen kommen, ist uns eine kurze Vorbemerkung sehr wichtig: Wir haben es vorhin ja bereits betont, wir beten und bitten um Heilung. Aber Gott ist es, der heilt! Als Jesus vor mehr als 2000 Jahren lebte, hat er Menschen die Hände aufgelegt, sie berührt und geheilt. Von ihm ging eine Kraft aus, die Kranke gesund gemacht hat. Das ist heute nicht anders.

Jesu Heilungen waren kein Selbstzweck, keine Spektakel oder bloß «Mirakel», sie alle waren Hinweise auf die in Christus angebrochene Herrschaft Gottes. Die Wunder, die Jesus tat, bezeugen, dass uns in diesem Jesus von Nazareth tatsächlich der Sohn Gottes begegnet, dem alle Macht gegeben ist – im Himmel und auf Erden.

Wo dieser Gott der Liebe herrscht, offenbart sich seine Herrlichkeit, da werden zerbrochene Menschen wieder ganz, werden heil und gesund.

Heilungen dienen heute wie damals der Verherrlichung Gottes. Sie sind kein Fall für Boulevard- oder Klatsch-Magazine. Und in deren Stil sollte man auch nicht mit diesem Thema umgehen. Das wäre völlig unangemessen.

Wenn wir von Heilungen berichten, geht es uns nicht darum, Sensationsbedürfnisse zu befriedigen oder gar zu befeuern. Wir möchten Zeugnis geben. Wir werden für dieses Buch nur einige wenige Beispiele herausgreifen. Auch für uns ist es jedes Mal ein besonderes Ereignis, wenn Gott seine Macht in der Heilung eines Menschen zeigt.

Andrea: Eines Tages kreuzte ein Geschäftsmann hier bei uns auf. Total «busy». Flotter Mercedes, dunkler Anzug, Krawatte. Er hatte hier ein Zimmer gebucht, nur weil er unseren Namen «H4C»-Ranch so witzig fand. Blass schaute er aus, irgendwie krank. Er verbrachte hier eine Nacht. Dann kam er zum Frühstück.

«Was ist denn hier los?», wollte er wissen.

Ich brachte ihm sein Rührei. «Was soll hier los sein?», fragte ich zurück.

«Ich habe hier heute Nacht zum ersten Mal seit vielen Jahren wieder richtig schlafen können. Ich spüre hier irgendwas. Ist hier ein Kraftfeld?», erwiderte er.

«Also, Kraftfeld würde ich das nicht nennen», antwortete ich. «Wir sind gläubig, und wir führen das Ganze hier im christlichen Sinne.»

Der blasse Businessman stutzte. «Wieso denn das? Wie kommen Sie darauf? Und was heißt überhaupt H4C? Warum nennt man sein Haus so?»

Ich erklärte ihm: «H4C heißt ‹Horse for Christ›.» Und wir hätten eben einen Hintergrund, und das Ganze sei aus unserer Geschichte heraus entstanden.

Neugierig fragte er nach unserer Story.

Das würde ein bisschen länger dauern, warnte ich ihn. «Aber ich setze mich gerne zu Ihnen zum Frühstück und erzähle sie Ihnen.»

Er nickte.

Ich erzählte.

«Das ist ja irre», sagte er, nachdem ich geendet hatte. «Ich habe heute einen Termin in Leipzig und dort auch schon ein Zimmer gebucht, aber mich interessiert sehr, was Sie da erzählen. Ich bin Geschäftsmann und völlig überarbeitet. Außerdem verlässt mich gerade meine Frau.»

Ich hatte viel von mir erzählt. Jetzt war ich froh, dass auch er von sich berichtete.

«Wissen Sie», sagte er, «ich bin totaler Workaholic. Ich bin einfach umgefallen. Man hat mich reanimiert. Jetzt bin ich wieder da. Ich habe nachgedacht, was ich machen soll. Eigentlich möchte ich mein ganzes Leben ändern. Aber ich stecke schon wieder im Hamsterrad des Jobs fest. Was Sie erzählen, interessiert mich sehr. Eventuell komme ich heute noch mal.» Er verließ Hainichen und fuhr nach Leipzig.

Bereits um 11.00 Uhr rief er wieder an. «Ich würde gerne noch eine Nacht bei Ihnen verbringen.»

«Kein Problem. Das Zimmer ist frei», sagte ich ihm zu.

Er kam und stellte Fragen über Fragen. Wir unterhielten uns lange. Als er bezahlte, sagte ich zu ihm: «Sie haben meine Geschichte gehört und mir Ihre erzählt. Wenn Sie möchten, kann ich für Sie beten.»

«Ja, machen Sie das», antwortete er.

Ich legte ihm meine Hand auf die Schulter und betete für ihn. Dann begleitete ich ihn nach draußen.

Er gab mir die Hand und schaute mich an. «Wissen Sie, was? Sie haben mein ganzes Leben verändert. Ich weiß noch nicht, ob ich in einer Suppenküche arbeiten werde, aber irgendetwas Soziales werde ich machen. Ich werde meinen Job an den Nagel hängen. Ganz sicher!»

Er setzte sich in sein Auto, schloss die Tür, winkte und fuhr in eine andere Richtung als die, aus der er gekommen war.

Einmal kam eine Frau mit ihrer dreizehnjährigen Tochter zu uns. Die Tochter war wochenweise in psychiatrischer Behandlung. Sie ritzte sich massiv und galt als schwerer Fall.

«Ich weiß nicht, warum ich hier bin», sagte die Mutter zu mir. «Ich hatte einfach das Gefühl, ich soll hierherkommen. Ich bin im Internet auf Sie gestoßen. Können Sie mir helfen?»

Franz und ich unterhielten uns lange mit der Frau. Dann beteten wir für sie.

Sie war tief bewegt. «Was ist denn hier los?», rief sie und übergab spontan ihr Leben Jesus.

Ihre Tochter blieb eine Weile bei uns. Sie half bei den Pferden mit.

Wir machten gar nichts, Gott schon: Er berührte sie. Sie wurde gesund und bekehrte sich. Heute gibt sie auf christlichen Jugendfreizeiten Zeugnis davon.

Wir beteten auch für ihre Mutter. Sie war alleinstehend und wünschte sich einen Mann. Jemanden zu finden, schien ihr völlig aussichtslos. Sie hatte bereits aufgegeben. Dann haben wir gebetet, dass Gott ihr jemanden schicken möge.

Einige Tage später rief sie an: «Stell dir vor, ich habe einen

Mann kennen gelernt. Er ist auch Christ.» Die beiden sind total glücklich zusammen.

Andrea & Franz: Einmal besuchte uns eine Familie, die hochgradig okkult belastet war. Wir erlebten völlig zerstörte Persönlichkeiten. Wir durften für sie beten. Sie wurden frei und haben sich bekehrt. Die komplette Familie wurde wiederhergestellt. Sie haben sich auf der Ranch taufen lassen.

Wirklich krass war diese Geschichte: Einer unserer Helfer, die sich um die Pferde kümmern und mit uns den Saloon mitgebaut haben, hustete immer stärker. Ich schickte ihn zum Arzt. Er solle sich mal untersuchen lassen. Nicht dass er eine Lungenentzündung habe. Er ging zu seinem Hausarzt. Der schickte ihn zu Fachärzten. Nach einem größeren Untersuchungsmarathon stand er weinend im Garten.

«Was ist denn mit dir los?», fragte ich ihn.

«Ich will mich nur verabschieden», sagte er schluchzend, «die Ärzte haben Lungenkrebs entdeckt.» In der kommenden Woche müsse er ins Krankenhaus. Dann käme er in eine Spezialklinik, wo Teile der Lunge entfernt würden.

«Das kann doch nicht wahr sein!», rief ich entsetzt. Ich überlegte, dann sagte ich zu ihm: «Ich weiß, dass du nicht an Gott glaubst. Darf ich dennoch für dich beten?»

«Ja», meinte er. Jetzt sei eh schon alles egal.

Ich legte ihm die Hand auf die Schulter und flehte zu Gott. Er fuhr ins Krankenhaus. Ich sah ihm nach und dachte nur: «Der arme Kerl. Mein Gott, heile ihn!»

Nach drei Tagen stand er wieder vor mir.

«Was ist los?», wollte ich wissen.

«Die haben mich wieder nach Hause geschickt», strahlte er.

«Warum das denn?», bohrte ich nach.

«Es ist nichts mehr da. Alles ist gut», meinte er.

«Was?», rief ich.

«Ja, ich muss nächste Woche wieder hin: Die wollen alle Untersuchungen noch mal machen. Die können nicht glauben, dass der Krebs weg ist», lächelte er.

Eine Woche später war er wieder da: «Der Krebs ist weg. Die haben nichts mehr gefunden. Die sind ganz schön sauer, weil die Untersuchungen so teuer waren.»

Sie haben ihn dann erneut untersucht und ein bisschen Wasser in der Lunge festgestellt. Dann haben sie ihn endgültig heimgeschickt. Die Ärzte im Krankenhaus gaben ihm die gesammelten Untersuchungsunterlagen mit. Er solle sich freuen, sagten sie zu ihm. Auf dem einen Röntgenbild sei noch deutlich der Krebs zu erkennen. Das zeigten sie ihm. Davon sei inzwischen nichts mehr zu sehen. Wie so etwas sein könne, konnte sich keiner der Ärzte erklären.

Andrea: Im Sommer 2017 veranstalteten wir ein Heilungsseminar. Auch bei dieser Gelegenheit durften wir vielfach Heilung, Versöhnung und Bekehrung erleben.

Ein Ereignis von diesem Wochenende möchten wir herausgreifen, weil es in besonders eindrucksvoller Weise Zeugnis von der Macht und Herrlichkeit Gottes gibt:

Eine Frau kam liegend im Rollstuhl. Nach Gebeten konnte sie wieder aufstehen. Als sie uns verließ, schob sie ihren Rollstuhl selbst zum Auto.

Franz: Gott hat uns wissen lassen, dass er uns Menschen schicken würde. Wir konnten uns das nicht vorstellen. Wir saßen in Hainichen auf unserer Ranch wie auf einer einsamen Insel und haben das genossen. Unseretwegen hätte sich das nicht groß zu ändern brauchen.

Aber Gott war ziemlich deutlich: «Ich werde euch Leute schicken, macht die Türen auf und lasst sie reinkommen.»

Im ersten Moment bin ich echt erschrocken und habe Angst bekommen. Wie soll das werden? Was wird sich ändern?

Andrea & Franz: Inzwischen haben wir keine Angst mehr. Wir freuen uns über jeden Gast, der zu uns kommt. Wir sind dankbar, wenn wir helfen dürfen, Gott zu entdecken und Jesus zu erleben. Wir werden umfangreiche Angebote haben, damit wir Menschen begegnen können. Wir möchten da sein für unsere Gäste, mit ihnen beten und ihnen mit unserer Geschichte Mut machen. Das ist auch das Anliegen dieses Buches.

Mach den Schritt, versuch es, lass dich darauf ein, habe keine Angst! Gott will dir begegnen. Er kommt dir entgegen. Lauf ihm in die Arme!

Teil V:

Wegmarken

Sehnsucht nach mehr:

Wie ein ganzheitlicher Lebensstil gelingt

Du kennst uns jetzt besser als viele unserer Nachbarn. Du weißt mehr über uns als manche unserer Bekannten. Wir haben unser Leben mit dir geteilt wie gebrochenes Brot. Ohne Übertreibungen, ohne Beschönigungen. So wie wir es zu Beginn dieses Buches versprochen haben.

Wir wüssten jetzt gerne, wie es dir damit geht. Auf unserer Ranch bieten wir Veranstaltungen und Seminare an. Unter www.horse4c.de kannst du dich darüber informieren. Vielleicht möchtest du uns besuchen.

Du hast ja miterlebt, wie Gott aus den Scherben unseres Lebens wieder etwas Neues geschaffen hat. Wir haben dir erzählt, wie sich unsere Wege gekreuzt haben und wie wir uns gemeinsam aufgemacht haben, Gottes Spuren im Alltag zu entdecken, seine Wege zu erkennen und sie gemeinsam zu gehen.

Schritt für Schritt sind wir ihm gefolgt. Mal zitternden Fußes, mal zögernd, dann wieder mit großen Sprüngen. Zwischendurch waren immer wieder auch Freudenhüpfer dabei. Meistens dann, wenn wir am wenigsten damit gerechnet haben.

Im Rückblick schreibt sich das einigermaßen leicht und klingt so souverän, beinahe selbstverständlich. Genau das war und ist es natürlich überhaupt nicht.

Rückblickend versteht man immer besser, man sieht klarer, weil sich die Nebel der Ungewissheit gelichtet haben. Die

Bruchstücke des Lebens wirken dann wie kleine Mosaiksteine, die auf einmal ein Bild erkennen oder zumindest schon erahnen lassen.

Hinterher ist man immer schlauer. Das Leben wird vorwärts gelebt und rückwärts verstanden, sagt ein Sprichwort von Søren Kierkegaard. Stimmt, hilft aber leider nur bedingt. Schließlich kann man nicht rückwärts leben. Und wer hätte anfangs zu hoffen gewagt, dass all die vielen kleinen Steine, die zerbrochenen Teile und gesplitterten Fragmente am Ende so zusammenpassen, ja vielleicht sogar nur auf *diese* Art und Weise dieses Gesamtbild ergeben können, das wir heute dankbar «unsere Lebensgeschichte» nennen?

Um ehrlich zu sein, wir hätten das nicht für möglich gehalten. Niemals. Hätte uns das jemand vorhergesagt, wir hätten ihn wahrscheinlich für verrückt erklärt.

Was wir in den vergangenen Jahren erleben und erfahren durften, sprengt um ein Vielfaches unsere kühnsten Erwartungen und Hoffnungen. Oder anders ausgedrückt: Da hat jemand unsere Tränen getrocknet, unsere Träume und Hoffnungen beim Wort genommen, verborgene Wünsche und tief in uns versteckte Sehnsüchte ans Licht geholt und uns gezeigt, wie daraus ein ganz reales Leben wird. Dieser Jemand ist Gott.

Broken Bread ist die Geschichte dieser unserer Gottesbegegnung. Alles, was wir dir in diesem Buch mitteilen, sind unsere eigenen, ganz persönlichen Erfahrungen mit Gott. Was du gelesen hast, war und ist unser Weg. Jeder Mensch muss seinen eigenen Weg finden. Jeder ist einzigartig, niemand läuft als Kopie durch die Welt. Insofern sind unsere Wege unterschiedlich.

Es gibt nicht den einen Weg zu Gott. Lass dir das bloß von niemandem weismachen. Ein kluger Mann hat auf die Frage, wie viele Wege zu Gott es gebe, geantwortet: «So viele, wie es Menschen gibt.» So ist es. Du musst nicht den Weg eines anderen gehen. Nicht den deiner Großeltern, deines Vaters, deiner Mutter, den deiner Geschwister oder von sonst irgendwem.

Dein Weg Gottes mit dir ist einzigartig. So einzigartig wie du selbst. Du darfst, ja, du *sollst* deinen ganz persönlichen Weg gehen. Einen Weg, der dir gehört und der dich an das Ziel deines Lebens bringt. Deine Aufgabe ist es, Gott in deiner Lebensspur zu entdecken – wie kaputt und verworren sie auch immer scheinen mag –, und dann seinem Weg zu folgen.

So sehr sich unsere Wege zu Gott auch unterscheiden, so gibt es doch Erfahrungen, von denen jeder auf seinem Weg profitieren kann. Man muss nicht jeden Fehler selber machen, um zu wissen, was falsch ist. Und man kommt immer besser voran, wenn man weiß, woran man sich orientieren kann, was gut, was richtig und erfolgversprechend ist. Das gilt für die berufliche Laufbahn ebenso wie für zwischenmenschliche Beziehungen und genauso auch für das geistliche Leben, für den Weg mit und zu Gott.

Deshalb möchten wir dir im letzten Abschnitt unseres Buches einige ganz praktische Erfahrungen mit auf deinen Weg geben. Nichts davon ist ein Muss! Nichts davon ist notwendig, um sich die Liebe und Gnade Gottes zu verdienen. Gottes Liebe, seine Gnade, seine Barmherzigkeit sind Geschenke! Die kann man sich gar nicht verdienen.

Auf unserem Weg mit Gott haben wir die Erfahrung machen dürfen, dass Gott mit jedem von uns mehr und Größeres vorhat, als wir ahnen. Daher möchten wir auch dich ermutigen, die Begegnung mit Gott zu suchen, dich auf ihn einzulassen, ein geistliches Leben zu beginnen und zu entdecken, was Gott für dich an Ungeahntem bereithält und mit dir vorhat.

Die Punkte, die wir dir ans Herz legen möchten, haben uns auf unserem Weg mit Gott sehr geholfen. Sie haben uns im geistlichen Leben wachsen und die Herrlichkeit Gottes entdecken lassen.

Wir haben uns diese Punkte nicht selbst ausgedacht, auch nicht angelesen oder bei irgendwelchen Seminaren abgeschaut. Sie sind – wenn man so will – die Zusammenfassung unserer persönlichen Erfahrungen der letzten Jahre, in denen wir in die Schule Gottes gehen durften. Diese Erfahrungen möchten wir mit dir genauso teilen wie unsere Lebensgeschichte.

Das ist uns sogar besonders wichtig. Warum? Nun, es gibt intensive religiöse Momente oder Begegnungen, die den Hunger nach Leben wecken – und dann aber wieder verblassen.

Da kommen die Zwänge des Alltags mit ihren beruflichen, traditionellen und familiären Herausforderungen und legen sich wie ein grauer Schleier über die lichten, hoffnungsvollen Momente, von denen man eben noch meinte, sie könnten einen Weg aus der unerträglichen Raserei im Hamsterrad des Alltags weisen.

Eben noch wollte man den Aufbruch wagen, Neues versuchen, vielleicht es tatsächlich mit Gott probieren. Doch dann fordert der Alltag seinen Tribut, die Zeit reicht kaum zum Atemholen.

Vielleicht lässt sich die Hoffnung auf Veränderung ein paar Tage hochhalten, aber dann ist es schnell vorbei. Statt den Lebenshunger zu sättigen, fühlt man sich wieder wie der Versager, der man ehedem war. Immer auf der Flucht vor den Hunden der Hoffnungslosigkeit, die mit Vorliebe nach den Schwachen schnappen.

Kennst du das? Kommt dir das bekannt vor? Genau das möchten wir nicht. Zumindest wollen wir unser Möglichstes tun, um dir zu helfen, das zu vermeiden. Es geht uns eben gerade nicht darum, unsere Geschichte in den Mittelpunkt zu rücken. Wir möchten vielmehr zeigen: So wie Gott an uns gehandelt hat, so liebevoll und konkret will er auch *dir* begegnen und an dir handeln.

Ein Buch zu schreiben, das Zeugnis gibt von der Begegnung mit Gott und seine Leser auch zu so einer Begegnung einlädt, sie aber am Ende damit alleine lässt, das ist absolut nicht unser Ding. Ein Buch schreiben, das Menschen Mut macht, sich auf die Begegnung mit Christus einzulassen und Gott eine Chance zu geben, ihnen dann aber keine Hilfen mit auf den Weg gibt, das kann und soll es nicht sein. Darum ist uns dieser letzte Teil von *Broken Bread* besonders wichtig.

Vielleicht können diese Seiten für dich wie ein kleines Handbuch sein, das dich durch den Alltag begleitet oder dich auf deinem Weg immer mal wieder inspiriert.

Natürlich können wir nur ein paar Impulse geben. Zu jedem der folgenden Themen ließe sich leicht ein eigenes Buch schreiben. Aber diese Impulse genügen, um damit zu beginnen, sich nach Gott auszustrecken, ihm die Tür zu öffnen und sich auf sein Wirken einzulassen. Dabei möchten wir dich gerne ein Stück begleiten.

Bevor es gleich praktisch und konkret wird, sind ein paar Vorbemerkungen nötig. Nicht um ins Theoretisieren oder Theologisieren zu kommen, sondern um Verstehen zu ermöglichen und Missverständnisse zu vermeiden.

Richtig ist: Glaube ist einfach! Wo der christliche Glaube kompliziert wird, stimmt etwas nicht.

Leider trifft aber auch zu: Glaube ist heute oft kompliziert, weil Menschen ihn kompliziert gemacht haben. Mit anderen Worten: Beim Thema Glaube hängt manches schief – in der gesellschaftlichen Wahrnehmung, oft genug aber auch in unserer eigenen. Irgendetwas stimmt da nicht. Vor allem dann nicht, wenn Glaube etwas Abstraktes, Theoretisches, nicht Nachvollziehbares bleibt. Denn Gott ist nicht abstrakt und theoretisch, sondern ganz real.

Gott ist in Jesus Mensch geworden. Mit dem Geburtsschrei Jesu sind alle anderen Gottesbilder zerstört und als Götzenbilder entlarvt worden. In diesem Kind Gottes wird der Glaube im wahrsten Sinne des Wortes einfach. Gott wird begreifbar und berührbar, ja auch angreifbar. Die Größe und

Allmacht Gottes wird menschlich, wird Mensch in einem Kind.

Auf so was kann nur Gott kommen. Das ist eine Nummer zu groß für unsere Vorstellungen. Das entspricht so gar nicht unserem Denken.

Der große Gott wird ganz klein, um uns Menschen auf Augenhöhe zu begegnen. Er legt sich in den Dreck des Stalls von Bethlehem, um uns zu sagen: «Ich bin auch da, wo du im Schmutz und im Dreck liegst. Es gibt keinen verborgenen Winkel mehr, in dem du mich nicht finden könntest.» Nichts ist zu klein, zu unscheinbar, zu wertlos, um nicht Gott beherbergen zu können und ihm dort zu begegnen.

Was für eine radikale Veränderung aller Gottesvorstellungen. Gott beugt sich zu uns herunter, um uns aufzurichten, uns wiederherzustellen. Nicht um uns zu sagen: «Du musst jetzt erst mal dies und dann jenes tun.» Sondern: «Ich handele an euch, ich handele an dir, ich erniedrige mich, um dich zu erhöhen.»

«Ich bin gekommen, damit du Leben im Überfluss hast», steht sinngemäß im Johannes-Evangelium (vgl. Johannes 10,10).

Wenn wir uns darauf einlassen, wenn wir uns klarmachen, was das wirklich bedeutet, dann ist das der absolute Hammer. Dann ist das der Punkt, von dem aus alles eine andere Bedeutung und eine neue Perspektive bekommt. Der große Gott ganz klein. Im Schmutz von Bethlehem, auf den staubigen Straßen von Judäa, durchbohrt am Kreuz auf Golgatha, auferstanden am dritten Tag: Mit dem Herzen können wir dieses Geheimnis des Glaubens annehmen und begreifen wie Kinder, aber der Verstand der Erwachsenen tut sich oft schwer und stellt sich quer. Dazu ist später mehr zu sagen.

Jetzt ist wichtig, festzuhalten: Wenn wir von Gott und vom Glauben an Gott sprechen, dann meinen wir den lebendigen Gott, den Gott Abrahams, Isaaks und Jakobs, der uns in der Bibel und im Neuen Testament begegnet. Wir sprechen vom lebendigen Gott, vom Gott Jesu Christi, der auch heute lebt und wirkt.

Wir sprechen nicht vom Gott der Philosophen, der theologischen Theoretiker, der religiösen Spekulation, der bigotten Eiferer oder der fanatischen Extremisten. Wir sprechen vom Gott der Bibel, der uns in Jesus seine Liebe, sein Heil und seine Erlösung schenkt – heute wie vor 2000 Jahren.

Diesem Gott zu begegnen, dazu sollen die folgenden Kapitel ermutigen und helfen. Um es gleich zu sagen: Es gibt keine Gebrauchsanweisung und kein Patentrezept für die Begegnung mit Gott. Es existiert auch kein Beipackzettel und kein Kleingedrucktes, mit dem man hinterher über den Tisch gezogen wird.

Gott ist anders. Auf ihn ist immer Verlass. Er sucht die Begegnung mit uns Menschen, ja er sehnt sich danach. Auch wenn es keine einheitliche Roadmap für die Begegnung mit ihm gibt, so gibt es doch Erfahrungen, aus denen man lernen kann. Unsere Erfahrungen möchten wir dir gerne weitergeben.

Nicht weil wir uns für große Missionare halten, sondern weil wir selbst Gott begegnen durften und im Leben mit ihm so viel Gutes erfahren haben, dass wir das nicht für uns behalten können, sondern möglichst viele mit Jesus in Berührung bringen möchten.

Dass wir das heute so klar sehen und aufschreiben können, dafür sind wir dankbar. Aber diese Sichtweise ist nicht vom Himmel gefallen, sie ist das Ergebnis eines Prozesses, der Jahre gedauert hat. Gott hat uns bei der Hand genommen und auf seinen Weg geführt. Jahr für Jahr. Tag für Tag. Ja, Stunde um Stunde.

Eigentlich ist «Prozess» nicht das ideale Wort, um diese innere Entwicklung zu beschreiben. «Prozess» klingt kühl, nüchtern, fast betriebswirtschaftlich, aber es stellt doch eine Bewegung dar. Und genau das waren die vergangenen Jahre: eine

Einübung in die Begegnung mit Gott – voller Lebendigkeit und mit einer unglaublichen Dynamik. Nicht unseretwegen, sondern weil der, der uns begegnet ist, selbst Leben und Begegnung in Fülle ist.

Nicht wir haben Besonderes geleistet. Gott hat an uns gehandelt. Wir sind lediglich Zeugen für seine Größe und Herrlichkeit.

Wenn wir von unserer Seite etwas zum Gelingen der Begegnung mit Gott beigetragen haben, dann am ehesten dies: Auch in schwierigsten, ja scheinbar ausweglosen Momenten haben wir die Hoffnung nie ganz aufgegeben. Auch wenn wir oft kurz davor standen. Die Tür zu Gott blieb immer zumindest einen winzigen Spalt offen, auch wenn der nur dazu da war, unsere Trauer, unsere Wut und Verzweiflung in den Himmel zu schreien.

Gott war es dann, der diesen winzigen Türspalt genutzt hat. Durch diesen Spalt ist er in unser Leben getreten. So sanft wie ein Windhauch. Heute wissen wir: Genau das ist seine Art. Gott ist kein Brutalo, der Türen eintritt und sich gewaltsam Zutritt verschafft. Gott ist sanft, zärtlich und überaus liebevoll. Er respektiert die Freiheit, den freien Willen des Menschen, voll und ganz. So sehr und so grundsätzlich wie niemand sonst.

Dass Freiheit tatsächlich respektiert wird, erlebt man heute immer weniger. Eben weil die Freiheit zum Kostbarsten und Zerbrechlichsten des Menschen gehört, ist sie bedroht wie sonst nichts.

Sie wird bedroht durch politische und pädagogische Ideologien, durch religiösen Fanatismus wie durch kämpferischen Atheismus. Als Deutsche, die von West nach Ost gezogen sind, wissen wir nur zu gut: Kapitalismus und Konsumismus nehmen dem Menschen genauso die Freiheit wie Kommunismus und der «real existierende Sozialismus», dessen Hinterlassenschaften auch so viele Jahre nach der Wende noch zu besichtigen sind.

Die Verwüstungen und Ruinen im Inneren der Menschen sieht man dagegen oft nicht, aber sie sind – in Ost wie West – gleichermaßen da. Und meist ist die innere Zerstörung noch fürchterlicher als zerfallene «volkseigene» Produktionsstätten und die schmerzhafte Leere hinter den glänzenden Fassaden unserer Konsumtempel.

Nicht nur einmal haben wir uns gefragt, warum Gott angesichts der Zustände in der Welt so dezent auftritt, dass man ihn derart leicht übersehen kann. Warum flüstert Gott – angesichts der Not, des Elends, ja des Wahnsinns, den uns die Nachrichten täglich ins Haus liefern?

Inzwischen ist uns klar geworden: Gott flüstert nicht. Wenn wir seine Stimme nicht hören, hat das andere Gründe. Wir leben zu laut. Wir haben verlernt, seine Stimme zu hören, sie von den tausend anderen Stimmen und all dem Lärm zu unterscheiden, mit dem wir uns täglich zuballern.

Wir haben verlernt, geistlich zu leben, haben das Bewusstsein dafür verloren, dass es eine übernatürliche Welt gibt. Wir sind taub geworden für diese übernatürliche, geistliche Dimension des Lebens.

Mehr noch: Im gelebten Materialismus wissen die meisten heute nicht mehr, dass es diese übernatürliche Welt, dieses geistliche Leben überhaupt gibt.

Eigentümlicherweise gilt das nicht nur für Menschen, die sich Atheisten nennen und mit Gott nichts am Hut haben. Wer Gott aus seinem Leben wegretuschiert, sucht meist andere Wege, um sich vom Diesseitsdruck zu entlasten. Wellness, Esoterik, Erfüllung in Konsum, Pornografie, Prostitution, Drogen oder sonst was.

Die vielen Süchte, die es heute gibt, sind nicht nur Anzeichen für tiefe Verletzungen, die Menschen mit sich herumtragen und denen gegenüber man sich gefühllos machen möchte. Sie sind auch ein Indiz für die unerfüllte Sehnsucht nach

Ganzheit und Absolutheit, die in der Sucht nie befriedigt wird. Denn am Ende bleiben immer nur Leere und Depression.

Atheisten suchen die Erfüllung im Hier und Jetzt. Das geht so nicht auf und macht anfällig für die merkwürdigsten Heilsversprechen, aber es ist – zumindest aus Sicht des Atheisten – «normal». Viel merkwürdiger, ja geradezu alarmierend ist es, dass geistliches Leben und das Bewusstsein für das Übernatürliche auch dort immer weniger wird, wo es eigentlich zu Hause sein müsste: unter Christen, in den christlichen Kirchen – gleich welcher Konfession.

Dort trifft man heute auf eine besondere Form des «Atheismus». Genau genommen ist der sogenannte «fromme Atheismus» ein noch größeres Problem als der «normale Atheismus».

«Fromme Atheisten» sind diejenigen, die sonntags brav in die Kirche gehen, durchaus auch christliches Brauchtum hochhalten, ja sogar den Herrgottswinkel über der Eckbank mit Palmzweigen schmücken, aber den lieben Gott ansonsten «einen guten Mann sein lassen» und ein Leben führen, das mit Gott, Glaube und Gewissen ansonsten rein gar nichts tun hat. So mutiert Christentum zum Zierrat, zum Dekor, zum Brauchtumsrelikt, das man ausziehen kann wie die Lederhose oder abnehmen kann wie den Hut mit dem stolzem Gamsbart beim Betreten der Kirche.

Eine andere Spielart des «frommen Atheismus» sind Gewohnheits-Christen, die äußerlich mitvollziehen, was die Gemeinde anbietet, von Gottesdiensten über Seniorenkaffee bis zum Pfarrfest, die aber nie innerlich in Berührung gekommen sind mit dem, was sie äußerlich als Glauben praktizieren.

Der «fromme Atheismus» begegnet einem mitunter sogar beim «geistlichen Personal» der Kirchen. Dort hat man Gott organisatorisch bisweilen derart im Griff, dass Verwaltung die Verkündigung ersetzt und der Heilige Geist nur noch wenig kreativen Spielraum hat.

Teile der wissenschaftlichen Theologie sind stolz darauf,

ohne Glauben auszukommen, und wundern sich dann, dass sie überflüssig werden, wenn keiner mehr glaubt. Und in der Pastoral hat die Psychologie, die zweifellos wichtige Erkenntnisse liefert, den Glauben an das Heilswirken Gottes beinahe komplett ersetzt.

Wer auf diesen Wegen dem Glauben das Bekenntnis entzieht, ihn seines Wesens beraubt, dem bleiben am Ende nur noch soziologische und psychologische Diskussionen, verwaltungstechnische Akte, institutionelle Kraftmeierei und ein paar mehr oder weniger fromme Floskeln, mit denen man keinen mehr hinter dem Ofen hervorlockt.

Wer dem Christentum die lebendige Begegnung mit Christus nimmt, wer anderen diese einzigartige Beziehung vorenthält, wer gar nicht mehr daran glaubt, dass diese Beziehung heute konkret möglich ist, der verdunkelt das Zeugnis des Evangeliums und raubt dem Glauben seine Kraft.

Der ist nicht nur taub für die Stimme Gottes. Er wird auch stumm, weil er nicht mehr weiß, was er eigentlich verkündigen soll. Diese geistliche «Taubstummheit» ist eine der schlimmsten Krankheiten unserer Zeit, weil sie vom wahren Leben abschneidet, den Menschen von sich selbst wegführt und anfällig macht für Manipulationen, Ideologien und zerstörerische Kräfte aller Art.

Wir sehen unsere Aufgabe nicht darin, Kirchenkritik oder Kirchenbashing zu betreiben. Das ist nicht unser Anliegen. Ganz und gar nicht. Wir möchten Menschen zu einer lebendigen Begegnung mit Gott einladen, sie mit Christus in Berührung bringen und zu einem gelingenden Leben beitragen.

Die Kirchen tragen den kostbarsten Schatz der Menschheit durch die Zeit, die Botschaft von der Erlösung des Menschen durch Gott. Leider hat dieser Schatz gerade in unserer Zeit viel von seinem Glanz verloren. Und daran sind Theologie und Kirchen nicht ganz unbeteiligt.

Unsere Erfahrung ist die: Wenn Menschen wirklich in Berührung mit Christus kommen, wenn die Begegnung mit dem lebendigen Gott erfahrbar wird, dann verändert sich das Leben. Dann geschehen auch heute Wunder. Wir haben es erlebt. Wir sehen unseren Dienst darin, auch anderen diese Erfahrungen zugänglich zu machen, anderen zu helfen, mit Christus in Berührung zu kommen, um wieder heil zu werden und zu einem ganzheitlichen Leben zu finden. Ein wirklich ganzheitliches Leben gibt es ganz sicher nicht ohne Gott.

Um nicht missverstanden zu werden: Glaube ist kein Placebo. Das Christentum ist kein Trostpflaster für Leute, die mit der Realität dieser Welt nicht zurechtkommen. Der Glaube ersetzt weder einen notwendigen Arztbesuch noch einen guten Psychiater. Gott ist eine denkbar schlechte Ausrede, um sich erst vor dem Zahnarzt zu drücken und sich dann hinterher zu beschweren, dass man Zahnschmerzen hat. Aber wir haben auch erlebt, dass durch Gebet selbst schlimmste Krankheiten geheilt wurden.

Gott ist keine Wunscherfüllungs-Maschine, und Beten ist keine Ersatzhandlung für den Verzicht des Gebrauchs der uns von Gott gegebenen Vernunft. Für Christen gehören Glaube und Vernunft untrennbar zusammen.

Ein Glaube, der sich der Vernunft verweigert, gerät zur Ideologie. Die Vernunft ihrerseits braucht den Glauben als Korrektiv. Was Glaube ohne Vernunft bedeutet, sieht man im radikalen Islam. Auf welche Abwege die Vernunft geraten kann, wenn sie sich anmaßt, sich des Glaubens zu entledigen, zeigen die Millionen Toten der gottlosen Systeme des 20. Jahrhunderts.

Wenn für Christen Glaube und Vernunft zusammengehören, bedeutet das freilich nicht, dass unser Denken dem Glauben Grenzen setzt. Gott lässt sich nicht begrenzen. Gott ist größer als alles, was wir mit den Mitteln der Vernunft, sei es philosophisch oder auch theologisch, über ihn aussagen können. Gott sprengt – in jeder Hinsicht – den Rahmen unserer menschlichen Denk- und Vorstellungskategorien.

Aber Gott ist Mensch geworden und hat sich selbst offenbart. Der Satz: «Worum ihr dann in meinem Namen bitten werdet, das werde ich tun, damit durch den Sohn die Herrlichkeit des Vaters sichtbar wird» (Johannes 14,13; Hfa), stammt nicht von irgendwem, sondern von Christus selbst.

Entweder das stimmt, oder man muss grundsätzliche Zweifel am Wort der Heiligen Schrift anmelden. Warum also nicht Gott herausfordern? «Zeig mir, dass du das ernst meinst!» Um diesen konkreten Umgang mit Gott geht es in den folgenden Punkten.

Keine Sorge: Du musst nichts machen. Es geht nicht um religiöse Verrenkungen oder moralischen Leistungssport. Gott handelt. Er will in Kontakt mit dir treten, er will dich berühren. Er möchte dich heil und ganz machen. Er will dein Leben von Grund auf erneuern und dir seine Freundschaft ans Herz legen.

Alles, was du dafür tun musst, ist, Gott eine faire Chance zu geben. Halte die Tür wenigstens einen Spaltbreit offen, und rechne mit ihm.

Gott ist nicht tot, er schläft nicht, er existiert, er lebt, er wartet auf dich. Gott hat Sehnsucht danach, dir zu begegnen. Ganz egal, wie es gerade in deinem Leben aussieht. Er will dir begegnen. Nicht irgendwann, wenn du ein anderer, besserer, moralischerer, gesünderer Mensch geworden bist. Und nicht erst, wenn du Drogen, Pornos und die anderen Heimlichkeiten hinter dir gelassen hast.

Er will dir *jetzt* begegnen. Nicht erst, wenn du den Verhau deines Lebens in Ordnung gebracht hast, den Schmutz beseitigt und deine Schmerzen durchtherapiert hast. Gott stellt keine Vorbedingungen. Du musst ihn nur machen lassen. Denn er liebt uns so, wie wir sind: «Gott aber beweist uns seine große Liebe gerade dadurch, dass Christus für uns starb, als wir noch Sünder waren» (Römer 5,8).

Gott machen lassen, darin besteht die eigentliche Schwierigkeit. Dieser Satz stellt nämlich alles auf den Kopf. Wir sind es gewohnt, zu ackern, zu rackern, zu tun. Wir leben in einer Leistungsgesellschaft. Das gilt nicht nur für die Wirtschafts- und Arbeitswelt. Das färbt auch ab ins Religiöse und betrifft Katholiken genauso wie Protestanten oder Freikirchler.

Wahrscheinlich meinen wir, Gott mit religiösen Leistungen zu erreichen oder beeindrucken zu können. Und doch verstecken wir uns dabei vor ihm, weil wir intuitiv spüren, dass wir hinter uns selbst und unseren Möglichkeiten zurückbleiben, weil wir um unsere Unzulänglichkeiten wissen und unsere dunklen Stellen nur allzu gerne verstecken möchten.

Gott weiß das alles, und unsere dunklen Seiten kennt er ohnehin. Sie kümmern ihn sogar besonders. Aber nicht im Sinne von: «Dich krieg ich, und dann ab ins Höllenfeuer.»

Gott denkt anders: «Ich laufe dir hinterher, weil ich dich über alles liebe. Im welchem Dreck du auch steckst, wo auch immer du gerade unterwegs bist, dreh dich einfach um und komm in meine Arme. Dann feiern wir gemeinsam ein Fest, und für dich beginnt ein neues Leben. Ein Leben, das diesen Namen wirklich verdient.»

Klingt gut, aber kann man das glauben? Ist Gott wirklich so? Ist das kompatibel mit den von uns gespeicherten Informationen über Glaube und Religion? Geht das zusammen mit den Kirchen-Erfahrungen, die wir alle – der eine mehr, der andere weniger – gemacht haben? Passt das zum Verhalten von Vertretern der Kirche, von Pfarrern, Lehrern, Gläubigen, die wir aus der Nähe erlebt haben?

Die Antwort wird wahrscheinlich oft «Nein» lauten. Nein, das passt nicht zu unseren Erfahrungen. Erstens, weil wir alle Sünder sind – auch Pfarrer, Lehrer, Gläubige. Und zweitens, weil es eben auch mitten in den Kirchen «fromme Atheisten» gibt, deren merkwürdige Doppelmoral den Blick auf Christus verstellt.

Aber all das heißt längst nicht, dass das Gottesbild Jesu falsch ist. Es spricht viel eher dafür, dass Gottes Bodenpersonal immer weiter an sich arbeiten und sich immer wieder neu Christus zuwenden muss.

Wo nicht Jesus Christus der alleinige Maßstab ist, da verkommt der Glaube. Wo nicht der Geist Gottes das Handeln der Gläubigen bestimmt, sondern der Geist der jeweiligen Zeit, da verblasst das Zeugnis des Evangeliums. Wo Gott so weit entrückt wird, dass er einen nicht mehr berührt, dass er nicht mehr begreifbar ist, da erstarrt die Begegnung mit Christus zur leeren Form, zu religiöser Routine, zu kaltem Ritus, intellektueller Selbstbeschäftigung oder frommer Phrasendrescherei. Verweltlichung nennt man das.

Am Ende bleibt für die christlichen Kirchen die Rolle einer Werte-Agentur, bei der man sich nach Belieben bedient. Oder eben auch nicht. Mit der Wucht der Verkündigung Jesu, mit seinem radikal anderen Bild von Gott als liebendem Vater, der sich nach der Begegnung mit seinen Kindern sehnt, der nichts unversucht lässt, um die Verlorenen, die Unwürdigen, die in Schuld und Sünde Verstrickten, die Armen und Kranken, die Betrüger und die Verlierer zu suchen und zu retten, hat das nur noch wenig zu tun.

Gott ist anders. Der christliche Glaube ist keine Moral. Gott hasst die Sünde, aber liebt den Sünder, den, der sich verirrt hat, der im Dreck, im Schmutz, in den Scherben und Trümmern seines Lebens liegt! Gott liebt den Sünder, viel mehr, als wir uns das vorstellen können.

Kann man das wirklich glauben? Gott liebt mich, so wie ich bin. Kann ich das wirklich glauben?

Als Christ darfst du genau das glauben. Es gibt nicht den geringsten Zweifel daran. Denn genau das ist das Gottesbild, das Jesus verkündet hat. Nachzulesen im Neuen Testament. Besonders eindrucksvoll in der Geschichte vom «verlorenen Sohn», die eigentlich besser das Gleichnis vom «barmherzigen Vater» heißen sollte.

Weiter oben haben wir geschrieben, es gehe nicht um religiöse Verrenkungen, sondern darum, Gott handeln zu lassen. Das heißt auch: Gott Gott sein lassen, ihn ernst nehmen, wirklich mit ihm rechnen.

Auch das haben wir uns oft gründlich abgewöhnt. Wo rechnen wir denn mit Gott? Nicht irgendwie, nicht theoretisch, nicht im Sinne von «Gott sei Dank» oder «um Gottes willen», sondern ganz realistisch. Wann und wo rechnen wir in unserem Leben mit Gott? Vielleicht in der Kirche. Ja, da gehört er irgendwie hin. Da wird zumindest von Gott geredet. Das ist deren Job.

Bisweilen wird da allerdings so routiniert über Gott gesprochen, dass für die Überraschungen Gottes kaum noch Platz ist. Religiöse Routiniers können die Begegnung mit dem lebendigen Gott verhindern. Auch das gibt es. Leider nicht mal so selten.

Warum schreiben wir das jetzt alles? Sollte es in diesem Kapitel nicht um einen ganzheitlichen Lebensstil gehen? Sollte es nicht praktisch zugehen? Genau das wird es gleich. Aber wir wollten deutlich machen, was wir meinen, wenn wir von einem ganzheitlichen Lebensstil sprechen, und wodurch wir uns von anderen unterscheiden, die auch den Begriff «ganzheitlich» verwenden. Gott ist der Dreh- und Angelpunkt des Lebensstils, den wir meinen.

Wir haben eben geschrieben, es gebe kein Patentrezept und keine Gebrauchsanweisung für die Begegnung mit Gott. Das ist richtig, aber es gibt die Heilige Schrift, und es gibt – wie gesagt – geistliche Erfahrungen, von denen man lernen kann. Wenn wir zu einem Lebensstil raten, der für Körper, Seele und

Geist gesund ist, dann wollen wir uns nicht in die Schar der Ratgeber einreihen, die längst auf dem Markt sind. Davon gibt es schon viel zu viele.

Die Ratgeber-Industrie brummt: Glücksbücher, so weit das Auge reicht, Motivationskünste, Erfolgscoaching, Gewinnerregeln, Benimmführer, Yoga-Weisheiten, Burnout-Prophylaxe, Body-Optimierung, Stressmanagement, Ernährungskunde, kleine Erziehungstipps für große Hunde, große Erziehungstipps für kleine Katzen, Fitness für alle und Sex für jede Lebenslage.

Alles soll möglichst kalorienreduziert, irgendwie bio, am besten sogar vegan sein, darf aber doch vielleicht ein bisschen nach Fleisch schmecken oder zumindest nach Wurst aussehen. Ganzheitlich, gechillt, global gestylt – und ein unverbindlich spiritueller Touch wäre ratgebertechnisch auch noch ganz erfolgversprechend. Aber das alles ist natürlich ohne Gewähr.

Von diesen Ratgebern für ein glückliches und erfolgreiches Leben gibt es mehr als genug. Nachdenklich stimmt allerdings, dass man nicht längst umgeben ist von lauter glücklichen, erfolgreichen, topfitten, hochmotivierten und tiefenentspannten Mitmenschen.

Wie auch immer. Diesen Ratgebern möchten wir jedenfalls keinen weiteren hinzufügen. Auch wenn in einigen durchaus Sinnvolles zu finden ist.

Wenn dieses Kapitel mit «Einführung in einen ganzheitlichen Lebensstil» überschrieben ist, dann meinen wir damit etwas grundsätzlich anderes als die übliche Ratgeberliteratur und die meisten Wie-finde-ich-den-Weg-zum-Glück-Büchlein.

Das Lebensglück, das wir gefunden haben, ist von einer ganz anderen Art und Qualität. Für uns schließt «ganzheitlich» in besonderer Weise die geistliche Dimension und die übernatürliche Welt mit ein. Ohne Gott gibt es kein wirklich ganzheitliches Leben, auch kein Leben im Überfluss. Dieses «überfließende Leben» ist weit mehr, als die zahlreichen Glücksversprechen in den Buchhandlungen uns suggerieren. Davon sind wir zutiefst überzeugt. Denn wir haben es selbst erlebt.

Wege der Gottesbegegnung

Die sieben Säulen des Tempels

Der Apostel Paulus war ein Gigant des Glaubens. Von ihm sind zahlreiche bedeutende Schriften überliefert. Einer seiner gewaltigen Sätze steht im ersten Brief an die Korinther. «Wisst ihr nicht, dass ihr Gottes Tempel seid und dass Gottes Geist in eurer Mitte wohnt?» (1. Korinther 3,16; Hfa). Das ist eine starke Aussage.

Ein echter Hammer. Allerdings ist der Satz heute erklärungsbedürftig. Tempel sind aus der Mode gekommen. Beim Wort «Tempel» erinnert man sich vielleicht noch an den letzten Griechenland- oder Türkei-Urlaub. Da liegen noch ein paar antike Gesteinsbrocken herum. Als die vor knapp 2000 Jahren noch standen, verkündete Paulus dort Jesus Christus als den wahren Gott. Die Zeit der heidnischen Götzen kam an ihr Ende.

Für gläubige Juden, wie Paulus einer war, war der Tempel in Jerusalem das Heiligtum schlechthin. Im Tempel wurde Gott, der Allmächtige, der sein Volk Israel aus der Knechtschaft Ägyptens befreit und ins Gelobte Land geführt hatte, der durch die Propheten gesprochen und das Kommen des Messias angekündigt hatte, angebetet und verehrt. Im Jerusalemer Tempel wurde aus der Thora, der heiligen Schrift des Alten Bundes, gelesen. Hier wurde Gott angebetet und wurden nach den damaligen Sitten und Gebräuchen Israels Opfergaben dargebracht. Auch Jesus ging in den Tempel, um dort zu beten. Wie gesagt, der Tempel war für Juden das Heiligtum schlechthin.

Wenn man das weiß und dann ernst nimmt, was Paulus schreibt: «Ihr seid Gottes Tempel», dann bedeutet das: Es gibt einen direkten Zusammenhang, ja eine untrennbare Einheit zwischen Leib und Geist, zwischen materieller und geistlicher Welt. Damit hat auch alles Leibliche Auswirkungen auf das Geistliche und umgekehrt. Leib und Geist sind kein Gegensatz, sondern eine Einheit. Der Leib wird also nicht abgewertet, sondern erfährt maximale Aufwertung. Er ist nicht wertlos, nicht sündhaft, nicht bloße Hülle, sondern ein Heiligtum, ein Ort der Gottesverehrung.

Paulus predigt den Menschen seiner Zeit, dass ihr Leib ein Tempel Gottes ist.

Hast du deinen Körper schon mal so angeschaut? Hast du dir schon mal Gedanken darüber gemacht, was das heißt, wie das deine Sicht auf deine Leiblichkeit, auf deinen Körper verändern kann? Dein Leib ist ein Heiligtum Gottes. So sagt es die Bibel.

Und die Bibel ist das Wort Gottes. Durch sie spricht Gott auch heute zu uns. Wenn der Leib für Gott aber ein Heiligtum ist, dann ist es nicht egal, wie wir mit unserem Körper umgehen.

Wenn der Leib ein Tempel des Heiligen Geistes ist, dann muss das Konsequenzen für den Umgang mit unserer Leiblichkeit haben. Dann müssen wir einen Lebensstil finden, der dem entspricht. Und zwar nicht ab und zu, sondern dauerhaft. Tag und Nacht.

Es muss ein ganzheitlicher Lebensstil sein. Ganzheitlich, weil er die ganze Wirklichkeit des Menschen umfasst, weil er die Einheit von Leib, Geist und Seele wahrt und weil er den Zusammenhang von natürlicher und übernatürlicher Welt berücksichtigt.

Wir haben uns auf die Suche nach genau diesem Lebensstil gemacht. Na ja, eigentlich war es anders: Wir sind auf diesen ganzheitlichen Lebensstil gestoßen. Und das war keineswegs zufällig. In den vergangenen acht Jahren hatten wir das große Glück, in die Schule Gottes gehen zu dürfen. Das klingt vielleicht ein wenig merkwürdig, aber genau so kam es uns vor.

Gott hat Dinge thematisiert, und zwar völlig aus dem Nichts, und wir standen im ersten Moment oft da und dachten: «Nanu, was soll das jetzt?» Gott hat uns Leute über den Weg geschickt, die uns mit Themen konfrontiert haben, oder wir haben – wie durch Zufall – Bücher in die Hände bekommen, die uns weitergebracht haben.

Oft war es so, dass ich, Franz, einen Eindruck, eine Idee oder eine Erkenntnis hatte und Andrea dann am nächsten Tag eine passende Bibelstelle dazu gefunden hat. Einfach so, beim spontanen Lesen – ohne zu suchen. Mehr als einmal saßen wir mit offenem Mund da und waren völlig geplättet, wie Gott ganz aktuell aus der Bibel zu uns sprach. Aus dem Staunen über den Einfallsreichtum Gottes sind wir bis heute nicht herausgekommen.

Wir haben uns die Themen, über die wir hier schreiben, nicht ausgesucht. Wir haben auch keine Predigt dazu gehört, die uns in diese Richtung hätte denken lassen können. Die Themen, in denen wir heute die Bestandteile eines ganzheitlichen Lebensstils sehen, sind einfach aufgetaucht. Es war, als wären sie uns vor die Füße gelegt worden, und wir haben uns nur noch bücken und sie aufheben müssen.

Und wir mussten lernen, damit umzugehen. Manchmal ist ein konkretes Problem vorausgegangen. Zum Beispiel beim Thema «Ernährung und Körper». Da haben uns gesundheitliche Probleme herausgefordert, in dieses Thema einzusteigen.

Heute sind wir überzeugt, dass Gott uns diese Themen in den Weg gelegt hat, damit wir spirituell daran wachsen und menschlich reifen. Wir haben angefangen zu suchen, was denn die Bibel zu diesem und jenem Thema sagt, und haben dabei interessante Entdeckungen gemacht. Meist haben wir uns rund ein Jahr mit einem Thema befasst. Aber jedes Mal, wenn wir dachten: «Okay, das war es jetzt. Wir haben verstanden!», kam bereits das nächste Thema um die Ecke.

Um unsere Erfahrungen und Erkenntnisse anschaulich darzustellen, haben wir uns für das Bild des Apostels Paulus vom Tempel entschieden. Die sieben Säulen symbolisieren die sieben Bereiche, in denen wir besondere Erfahrungen gemacht haben. Gemeinsam tragen sie das Dach des Tempels.

An die Jahre des Erfahrungen-Sammelns schloss sich für uns ein Sabbatjahr an. In dieser Zeit wurde uns klar, wie sehr die einzelnen Bereiche zusammenhängen und aufeinander verwiesen sind.

Im Bild des Tempels mit seinen sieben Säulen drückt sich ein ganzheitlicher Lebensstil aus, den wir uns inzwischen zu eigen gemacht haben. Dieser Lebensstil ist kein Gebot Gottes, kein Gesetz, keine Regel. Hinter diesem Lebensstil steht kein «Du musst», nicht einmal ein «Du solltest». Wir verstehen diesen Lebensstil als Empfehlung, die wir zu leben versuchen, und wir empfinden ihn als große Bereicherung und echten Segen.

Die einzelnen Bereiche, auf die wir jetzt zu sprechen kommen, stehen ohne jede damit verbundene Wertung in einer bestimmten Reihenfolge. Auch hier gilt, was wir schon an anderer Stelle gesagt haben: Es geht nicht darum, unseren *way of life* und unsere Erfahrungen zu kopieren oder als Maßstab zu verstehen. Im Sinne von: «Die Lermers machen das so, dann muss ich das auch so machen.» Das wäre weder gut noch sinnvoll.

Nachdem wir unser Leben mit dir geteilt haben, möchten wir nun auch diese Erfahrungen mit dir teilen. Du musst dann selbst sehen, was davon für dich passt, was für dich hilfreich und förderlich ist. Das können die gleichen Punkte sein, die uns beschäftigt haben. Vielleicht sind es aber auch ähnliche oder andere. Jeder muss seinen Weg finden.

Wir beide – noch immer dankbar und staunend über die Überraschungen und Wendungen, die Gott sich hat einfallen lassen.

«Nicht ohne unsere Hüte!» – Vor dem «Saloon»

Unsere Pferde sind die «Türöffner»
zu den Herzen …

… die wachsende Landwirtschaft
ist unsere Aufgabe …

… und Menschen in Berührung mit Jesus zu bringen,
das ist unsere Berufung.

Das sind die allerersten Fotos,
die wir uns damals gegenseitig geschickt haben.

Das Kinderprogramm mit Pferden ist äußerst beliebt –
auch bei Andrea selbst!

«Unser Buch riecht wohl eher nach Stall und Lagerfeuer
als nach Hörsaal oder Weihrauch.»

Das war unsere Hochzeit:
Ein großer Tag!

Als das größte Wunder erleben wir unser Kennenlernen,
unsere Familie und unseren gemeinsamen Weg.

Gott hat aus zwei halben Familien
etwas völlig Neues gemacht.

Jahre des Leidens lagen hinter uns.
Jetzt hatte das Blatt hatte sich wunderbar gewendet.

Das Logo der «Horse4C-Ranch».

Der «Saloon» unserer Ranch von außen.

Eine Veranstaltung im «Saloon»: Ein Ort voller Leben!

Unser «Saloon» von innen: Wir lieben es, gute Gastgeber zu sein!

Der «Saloon»: Halb rustikal, halb im Western-Look.

Eines unserer Gästezimmer auf der Ranch.

Andrea mit Pferd beim Kinderprogramm.

Unsere komplette Familie: Scherben wurden zu Puzzleteilen.

Zwei «Helden» in unserer Geschichte: Die Pferde Delpho und Jonny.

Unser Haus neben der Ranch.

Franz beim Pferdetraining.

Ein Teil der Ranch: Der Reitplatz mit Tipis.

Pflügen, Säen, Malochen, Ernten, Heupressen – gehört alles dazu!

Glückliche Pferde mit viel Auslauf auf der «Horse4C-Ranch».

Ein Schnappschuss vor unserem neuen Traktor.

Zwergzebus (Buckelrinder) unseres Landwirtschaftsbetriebs.

Es gehört zum großen Geheimnis Gottes, dass er eine besondere Schwäche für die Schwachen hat, für die Zerbrochenen und Gescheiterten, für die, die verwundet am Wegrand liegen. Für Leute also – wie uns!…

Die sieben Säulen unseres Tempels wollen jedenfalls inspirieren, darüber nachzudenken, wie wir leben, was daran gut und was daran möglicherweise dringend verbesserungswürdig ist. Wer sich ernsthaft darauf einlässt, seinen Lebensstil zu überprüfen, der wird schnell feststellen, wie ihm die eine oder andere Kurskorrektur körperlich und seelisch guttut und wie spürbar dabei die Auswirkungen auf das geistliche Leben sind.

Probier es doch einfach aus.

Säule 1: Ehe und Beziehung

Mit «Bubble-Time» die Partnerschaft retten

Die Ehe ist keine vorübergehende Zweckgemeinschaft und keine Lebensabschnitts-Partnerschaft. Die Ehe ist auf Dauer angelegt. Mann und Frau werden ein Fleisch. Mehr Einheit geht nicht. Die Ehe ist ein von Gott geschenkter Bund, in dem eine besondere Kraft liegt.

Daher ist es wichtig, dass wir diese besondere und wichtigste zwischenmenschliche Beziehung in unserem Leben auf einen gesunden Boden stellen. Wo es Konstruktionsfehler und Schieflagen in der ehelichen Gemeinschaft gibt, blockieren diese auch das geistliche Leben. Das verhindert, dass wir frei werden für die Gegenwart Gottes. Daher ist es sehr wichtig, regelmäßig gemeinsam die eigene Ehe zu checken.

Nicht jeder für sich, sondern gemeinsam. Das ist entscheidend. Man ist gemeinsam verheiratet. Also muss man mit seinem Partner gemeinsam über die Ehe sprechen. Das mag für manche eine Herausforderung sein, aber ohne diese regelmäßige Kommunikation darüber, wie es dem anderen geht, läuft gar nichts. Ohne den regelmäßigen, ehrlichen und tiefgehenden Austausch kann eine Ehe auf Dauer nicht funktionieren.

Fehlt dieses Gespräch, verdorrt die Liebe, und die Ehe stirbt allmählich vor sich hin. Erst erkaltet das Gefühlsleben. Ohne innere Anteilnahme, ohne Wissen, wie es dem anderen innerlich geht und warum, verliert die Partnerschaft dann auf die Dauer ihre Lebendigkeit. Das hat gravierende Folgen, auch für das körperliche Miteinander. Intimität wird erst zur Gewohnheit, dann gewöhnlich. Bevor sie stirbt, ist sie höchstens noch leidige Pflicht.

Wir haben gelernt, dass nur emotionale Liebe allein für eine Ehe nicht ausreicht. Wir müssen in unserer ehelichen Beziehung – wie in allen anderen zwischenmenschlichen Beziehungen auch – Nächstenliebe leben.

Der Unterschied zwischen Nächstenliebe und emotionaler Liebe ist: Für Nächstenliebe muss man sich entscheiden. Nächstenliebe setzt ein echtes Interesse am anderen voraus. Wie geht es ihm eigentlich gerade? Wie sieht es in seinem Inneren aus und warum? Habe ich ein echtes Interesse an meinem Partner? An seinen Gefühlen? An den Sorgen und Gedanken, die ihn umtreiben? Oder interessiert mich das alles im Grunde nicht?

Wir haben eingeführt, unsere Ehe täglich auf den Prüfstand zu stellen. Wenn es um technische Angelegenheiten geht, macht man das ja auch. Wer eine große Reise antritt, prüft, ob sein Auto fahrtüchtig ist und gut funktioniert. Wir haben festgelegt, dass wir jeden Morgen unsere Ehe checken. Wir prüfen, ob wir eine Einheit sind.

Konkret bedeutet unser Ehecheck, dass wir uns gegenseitig fragen: «Wie geht's dir heute?», körperlich, emotional, geistlich und sexuell. Erst wenn wir uns in all diesen Bereichen gegenseitig «alles okay» aussprechen können, gehen wir in den Tag beziehungsweise ins Gebet hinein. So startet man ohne unbereinigte Konflikte. Da fängt der Tag gleich ganz anders an.

Bei der Hochzeit verspricht man sich nicht nur Liebe und Treue, sondern auch, sich gegenseitig zu ehren. Was das bedeutet, darüber denkt wahrscheinlich kaum einer nach. Wir haben festgestellt, dass die «Kultur des Ehrens» zwischen Eheleuten wahnsinnig wichtig ist. Man muss ganz vorsichtig und behutsam damit umgehen, weil sie sehr zerbrechlich ist.

Deswegen nennen wir unseren Ehecheck auch liebevoll «Bubble-Time». Denn die «Kultur des Ehrens», um die es dabei geht, ist wie eine Seifenblase («Bubble»), die uns umgibt und in den schönsten Farben schimmert, aber bei der kleinsten falschen Berührung platzt. Um diese «Kultur des Ehrens», der gegenseitigen Achtung und der Wertschätzung immer wieder zu erneuern, braucht es in jeder Ehe, ja in jeder zwischenmenschlichen Beziehung, ausreichend «Bubble-Time».

Diese besondere Zeit des intensiven gegenseitigen Austauschs und der Beziehungspflege muss man sorgfältig hüten. Ohne regelmäßige und dauernde Pflege platzt die Blase, die uns wie eine schützende Haut umgibt, die Einheit festigt und Beziehung stärkt.

Weil es im Alltag eine echte Herausforderung ist, sich gegenseitig zu ehren – jeder, der in einer Beziehung lebt, kann das bestätigen –, haben wir uns etwas einfallen lassen: Wir legen ganz bewusst Dinge für den Tag fest, um uns gegenseitig zu ehren.

Franz zum Bespiel ist nicht so der «Berührungs-Typ». Ich, Andrea, dagegen schon. Ich wünsche mir Berührung. Sie ist für mich ganz wichtig, weil für mich dadurch seine Liebe und Zuneigung spürbar wird.

Weil wir da also ziemlich unterschiedlich ticken, treffen wir morgens eine Vereinbarung: Ich, Franz, verspreche Andrea, sie dreimal an diesem Tag zu umarmen und ihr zu sagen, dass ich sie liebe. Und ein Küsschen gibt es auch dazu.

Das hört sich jetzt vielleicht seltsam an, als wolle man Zärtlichkeit bürokratisieren, aber es hat unsere Beziehung revolutioniert. Solche gemeinsamen Festlegungen helfen, aus schlechten Gewohnheiten gute zu machen. Wir können alles verändern. Wir müssen uns nur entscheiden. Auch Nächstenliebe ist eine Entscheidung.

Am Buch Hiob fasziniert uns besonders der Schluss. Nicht einmal so sehr der berühmte Satz: «Herr, ich kannte dich nur vom Hörensagen, jetzt aber habe ich dich mit eigenen Augen gesehen!» (Hiob 42,5; Hfa). Noch spannender ist diese Aussage Hiobs: «Darum widerrufe ich meine Worte, ich bereue in Staub und Asche!» (Vers 6).

Hiob entscheidet sich ganz bewusst, seine falschen Gedanken und Festlegungen zu verändern. Das können auch wir. Besonders wichtig ist das da, wo unsere zwischenmenschlichen Beziehungen davon betroffen sind.

Wir haben auch gemerkt, dass die unsichtbare Welt darauf reagiert, wie wir miteinander umgehen. Entscheidend ist die geistliche Einheit, die erst entsteht, wenn Beziehungen nicht durch innere Konflikte und unausgesprochene Probleme blockiert sind.

Diese geistliche Einheit ist wesentlich. Besonders für das Gebet. Wir haben festgestellt, dass das Gebet eines Ehepaares enorme Power hat, wenn beide eine geistliche Einheit sind. Insofern ist die Säule «Ehe und Beziehung» eine ausgesprochen wichtige Säule.

Bewusst haben wir diese Säule «Ehe *und* Beziehung» genannt. Was für eine eheliche Gemeinschaft zutrifft, gilt unter veränderten Vorzeichen für jede Beziehung: für Freundschaften, für Teams, für Geschwister, für das Leben als Single oder auch für die Gemeinschaft in einem Kloster. Überall wird auf unterschiedliche Weise Beziehung gelebt. Auch in diesen Beziehungen gilt es, Nächstenliebe zu üben und ein echtes Interesse am anderen zu leben.

Erst wenn ich mich darum bemühe, zu verstehen, warum der andere ist, wie er ist – und erst wenn ich versuche, seine Gefühle, seine Ängste, seine Wünsche von innen her zu begreifen und die Gründe für sein Verhalten, für seine Selbstzweifel, vielleicht auch für seine Selbstherrlichkeit zu verstehen –, kann Einheit entstehen.

Dieser Austausch untereinander soll nicht in gegenseitiger Selbstzerfleischung enden, wo man sich vor lauter Problemdiskussionen und Gefühlsduselei nur noch um sich selber dreht. Das Bekunden von aufrichtigem Interesse am anderen und die innere Anteilnahme sind Ausdruck gegenseitiger Wertschätzung und zielen auf eine Kultur des Ehrens und des gegenseitigen Respekts.

Diese gilt es einzuüben. Das geht in der Ehe genauso wie unter Freunden oder im Kloster. Auch dort können regelmäßige Beziehungschecks helfen, Gemeinschaft herzustellen, zu erneuern, zu vertiefen und geistlich eins zu werden. Wir zum Beispiel machen die «Bubble Time» auch mit unseren Kindern oder mit anderen Teams. Dann natürlich nur mit den Kriterien: Körper, Geist, Emotionalität.

Im Übrigen gilt für jede Beziehung ganz pragmatisch, dass zwei immer mehr schaffen als einer. Außerdem heißt es in der Heiligen Schrift: «Wo zwei oder drei versammelt sind in meinem Namen, da bin ich mitten unter ihnen» (Matthäus 18,20; LB). Die Einheit im Namen Jesu ist also Voraussetzung für seine Gegenwart und für die Begegnung mit ihm.

Säule 2: Fasten, Beten, Gottes Wort

Beinahe hätte ich auf mein Erbe verzichtet

Beim Thema Fasten und Beten mussten wir eine Menge lernen. Das Wichtigste war, sich zunächst von falschen Vorstellungen zu verabschieden. Fasten hat nichts damit zu tun, Gott weichzuklopfen, ihn gnädig zu stimmen oder in irgendeiner Weise zu beeindrucken. Das ist Quatsch. Anders kann man es nicht sagen.

Wir können nichts tun, was die Liebe Gottes zu uns vergrößert oder verkleinert. Gott liebt absolut – und nicht mal so, mal so. Nichts kann uns scheiden von der Liebe Christi, heißt es bei Paulus im Römerbrief (8,35ff.). Wenn das aber so ist, wozu dann fasten? Ist Fasten dann nicht überholt? Vielleicht sogar ein Missverständnis aufgrund eines veralteten Gottesbildes?

Wir haben gelernt: Wir fasten nicht für Gott, sondern für uns. Fasten hilft uns, und das sehr konkret. Fasten hilft, unsere Gedanken, unseren Körper, unseren Geist besser auf Gott auszurichten. Es hilft, Unwesentliches hinter sich zu lassen und wesentlich zu werden. Es hilft, Ablenkungen und Begierden hinter sich zu lassen. Fasten intensiviert das geistliche Leben und das Gebet.

Sportler sprechen gerne davon, dass sie sich auf einen Wettkampf fokussieren. So ähnlich ist es mit dem Fasten. Fasten hilft, sich innerlich zu fokussieren. Fasten ist keine spezielle christliche Übung. Alle großen Weltreligionen kennen das Fasten. Wir haben gemerkt: Fasten macht uns frei. Wer fastet, richtet seine innere Antenne auf Gott aus.

Jeder, der schon mal gefastet hat, weiß, dass das einen etwas kostet. Es ist nicht einfach, den «inneren Schweinehund» in den Griff zu bekommen. Der meldet sich immer dann besonders laut, wenn man anfängt, ihn zu erziehen. Fasten fordert, aber es lohnt sich. Es bringt uns näher zu Gott. Es ermöglicht uns, sich nicht nur auf das zu konzentrieren, was wir sehen, fühlen und schmecken können, sondern sensibilisiert uns für die übernatürliche Welt.

Wir sind der festen Überzeugung, dass die sichtbare Welt nur ein Bruchteil jener größeren unsichtbaren geistlichen Welt ist. Wir leben in der sichtbaren Welt, aber was wir tun und wie wir leben, hat Auswirkungen in der übernatürlichen Welt. Fasten hilft, den Zusammenhang zwischen sichtbarer und unsichtbarer Welt deutlicher erkennen zu können. Es weitet den inneren Horizont und öffnet den Menschen für Gott.

Es gibt unterschiedliche Weisen zu fasten, keine Frage. Auch da muss jeder selbst herausfinden, was ihm guttut und was ihn spirituell voranbringt. Fasten ist kein geistlicher Leistungssport! Das wäre ein gefährliches Missverständnis. Wie gesagt, es geht nicht darum, Gott zu beeindrucken, sondern sich selbst Gutes zu tun, indem man innerlich frei wird.

Wir haben für uns einen Weg gefunden, den wir als sehr hilfreich erleben. «Wenn fasten, dann fasten», das ist unsere Überzeugung. Manchmal ist es leichter, Dinge grundsätzlich zu entscheiden, als immer wieder neu abwägen zu müssen und dem «inneren Schweinehund» damit dauernd neue Nahrung zu geben. Aber auch solche Entscheidungen sind Typsache. Wir fühlen uns mit unserer Art des Fastens sehr wohl, möchten uns aber in keiner Weise als Ideal verstanden wissen. Jeder prüfe selbst, was ihm guttut.

Für uns zählt Fasten zum festen Bestandteil eines ganzheitlichen Lebensstils. Auch Jesus hat immer wieder gefastet. Die Evangelien sind voll von Berichten, wie Jesus fastet. Einmal fastete er vierzig Tage in der Wüste, um am Ende dem Versucher zu widerstehen (Matthäus 4,1–11). Auch die Jünger Jesu haben gefastet (Apostelgeschichte 14,23).

Als Jesus einmal einen Dämon austrieb, fragten ihn seine Jünger, warum sie dazu nicht in der Lage gewesen seien. Jesus antwortet ihnen, diese Art lasse sich nur durch Gebet und Fasten austreiben (Markus 9,29).

An Tagen, an denen wir fasten, nehmen wir nur Tee und Wasser zu uns. Mittlerweile machen wir das zwei Mal in der Woche. In einer normalen Woche sind Montag und Donnerstag unsere Fastentage. Wenn etwas Besonderes anliegt, verschieben wir die Fastentage dementsprechend.

Noch mal: Das ist unsere Art, unser geistlicher *way of life.* Wir haben uns das so eingerichtet und sind sehr zufrieden damit. Aber es gibt keinen Grund, das auf genau diese Weise kopieren zu wollen. Fasten ist kein Gebot Gottes. Aber es hilft, sich geistlich zu öffnen. Mittlerweile empfinden wir unsere Fastentage als die beiden besten Tage der Woche.

Eng mit dem Fasten verbunden ist das Beten. Die Apostelgeschichte berichtet, dass die Gemeindeleiter vor einer Entscheidung fasteten (13,1–2).

Von Anfang an gibt es da also einen Zusammenhang. Fasten unterstützt das Gebet und stärkt die Gottesbeziehung. Wir spüren, dass wir besser beten können, wenn wir fasten. Wir beten jeden Tag. Ein Tag ohne Gebet, ohne persönliches Gespräch mit Gott ist für uns heute undenkbar.

Im Gebet lauscht man der Stimme Gottes, lädt den inneren Akku wieder auf und bringt alles vor Gott. Alles, ohne Ausnahme! Es gibt nichts, worüber wir nicht mit Gott reden. Beten ist Kommunikation pur. Das Gebet ist die wichtigste Kommunikation des Menschen überhaupt. Das Gute dabei: Beten kann man lernen.

Wer kann und will, sollte seine Gebete frei und laut vor Gott bringen. Aber wir haben auch herausgefunden, dass es Altbewährtes gibt, was einem im Alltag hilft.

Die Apostel haben Jesus auch gefragt, wie man betet. Jesus hat ihnen daraufhin das «Vaterunser» beigebracht (Matthäus 6,9–13; Lukas 11,2–4). In diesem Gebet steckt alles, was man übers Beten wissen muss. Heute wie damals. Das Vaterunser lehrt uns, wie man richtig betet. Schon in der liebevollen, vertrauten Anrede «Vater» zeigt sich das unterscheidend andere Gottesbild, das Jesus verkündet und verkörpert.

An erster Stelle im Vaterunser stehen die Anbetung Gottes und die Bitte um das Kommen seines Reiches: «Geheiligt werde dein Name. Dein Reich komme.»

Dann geht es darum, dass sich der Wille des Vaters erfüllt: «Dein Wille geschehe wie im Himmel so auf Erden.» Diese Aussage fasziniert uns besonders. Gott sagt, sein Wille soll auf Erden genauso geschehen wie Himmel. Was für ein Versprechen: im Himmel wie auf Erden! Man stelle sich vor, wie es im Himmel ist. Was gibt es da – beziehungsweise: Was gibt es dort alles nicht? Krankheit, Mangel, Angst zum Beispiel. Das gilt dann auch für «auf Erden», wenn dort Gottes Wille geschieht.

Erst nach der Bitte, dass sich der Wille Gottes erfüllen möge, folgt im Vaterunser die Bitte um Versorgung und Schuldvergebung: «Unser tägliches Brot gib uns heute. Und vergib uns unsere Schuld …» Die Bitte um Vergebung ist dabei gewissermaßen an eine Bedingung geknüpft: «… wie auch wir vergeben unseren Schuldigern.»

Am Ende lehrt Jesus, darum zu beten, dass man vom Bösen erlöst und nicht in Versuchung geführt werde: «Und führe uns nicht in Versuchung, sondern erlöse uns von dem Bösen.»

Jesus selbst spricht in dem Gebet, das er seine Jünger lehrt, von den Gefahren der Versuchung und vom Bösen. Da wird heute gerne mal leichtfüßig darüber hinweggegangen, weil die Rede vom Versucher, dem Bösen schlechthin, als unaufgeklärt und überholt gilt. Das ist ein katastrophaler Irrtum. Nichts spielt dem Widersacher mehr in die Hände, als seine Existenz zu leugnen.

Der sogenannte «Abschied vom Bösen» ist der vielleicht größte Fehler der Theologie überhaupt. Im Übrigen ist das nur ein weiteres Beispiel dafür, dass man das Wort des Herrn nicht ernst nimmt. Über die Folgen sollte man sich dann nicht wundern.

Aber zurück zu unserem Thema Gebet. Gebet ist mehr als eine bestimmte Zeit, die man im Alltag für das Gespräch mit Gott reserviert. Im Grunde genommen ist Beten eine Lebenshaltung.

Den Alltag mit Gebet zu füllen, gehört für uns zu einem ganzheitlichen Lebensstil. Das bedeutet nicht, dass man permanent betet. Das können kontemplative Orden machen, das schafft aber keiner, der Familie und einen normalen Alltag zu bewältigen hat.

Aber darum geht es auch gar nicht. Den Alltag mit Gebet füllen, heißt, sich feste Gebetszeiten einzurichten. Aber es bedeutet noch viel mehr, nämlich eine Haltung einzuüben, die Gott in allem, was man tut, Raum gibt. Egal ob man gerade den Pferdestall ausmistet, den Esstisch deckt oder mit dem Traktor Felder beackert: Gott ist immer dabei. Es wäre verkehrt, Gott auf die Kirche oder das persönliche Gebet zu reduzieren. Gott begleitet uns auch durch unseren Alltag. Er ist jederzeit ansprechbar.

Gott ist für uns da. Seine Liebe ist real und verlässlich. Gott ist nie unverbindlich. Was er sagt, das gilt. Sein Wort hat Bestand für immer. Weil Gott so ist, darf auch unser Gebet konkret und gezielt sein. Ja, richtig verstanden, von gezieltem Beten ist die Rede. Das ist kein Trick und kein mirakulöser Kniff, sondern zählt zu unseren Erfahrungen.

Vielleicht klingt das jetzt komisch, aber es ist ein bisschen so, als würde man eine Rechnung bezahlen. Da muss alles ganz passend und korrekt sein: Rechnungsnummer, Verwendungszweck, IBAN und so weiter. Da ist nichts überflüssig, alles hat seine Bedeutung und dient einem verlässlichen Zahlungsverkehr. Geld einfach zum Fenster hinauszuwerfen und dann zu sagen: «So, fertig, bezahlt», das funktioniert nicht.

Nun ist Gott alles andere als eine Bank. Gott sei Dank! Insofern passt der Vergleich nicht ganz. Was damit aber deutlich werden soll: Du darfst auch Gott gegenüber so konkret wie nur möglich werden. Schildere ihm, so genau es geht, wo dich der Schuh drückt, für wen oder was du seine Hilfe erbittest und warum.

Du bist ein Kind Gottes. Du darfst mit Gott so offen und frei reden wie mit deinem Papa. Ja, viel offener, freier noch und unbesorgter, als das wohl die meisten mit ihrem Vater tun können oder konnten. Anders als unsere leiblichen Väter erlaubt Gott diese Offenheit nicht nur, er schätzt sie sogar. Und er sieht auch all die Wünsche, die unsere leiblichen Eltern nie wahrgenommen haben.

Gott kennt uns durch und durch. Ihm müssen wir nichts vormachen. Wir müssen mit nichts hinter dem Berg halten, müssen uns nicht verstellen, sondern dürfen ihm voll und ganz vertrauen.

Gott kennt uns. Er weiß um unsere Herzenswünsche und welche Intentionen dahinterstehen, denn er hat uns geschaffen. Ihm können wir alles, was uns beschäftigt, anvertrauen. Auch unsere dunklen Stellen. Er kennt uns ohnehin und weiß, was gut für uns ist.

In diesem Vertrauen mit dem Vater im Himmel zu sprechen, fordert den Glauben heraus. Es erfordert, wirklich zu glauben, dass das, was ich im Gebet formuliere, nicht nur leere Worte sind, die an der Zimmerdecke verhallen, sondern dass sie tatsächlich das Herz Gottes erreichen. Glaube ich das wirklich, bin ich zutiefst davon überzeugt, dass dem so ist, dann kann ich jetzt schon dafür danken, dass ich das, was ich vom Herrn erbeten habe, auch erhalte.

Klingt verrückt? Oh nein, das klingt ganz nach dem Wort Gottes. Im Johannes-Evangelium heißt es ausdrücklich: «Wer an mich glaubt, wird die gleichen Taten vollbringen wie ich – ja sogar noch größere; denn ich gehe zum Vater. Worum ihr dann in meinem Namen bitten werdet, das werde ich tun, damit durch den Sohn die Herrlichkeit des Vaters sichtbar wird» (14,12–13; Hfa).

Jesus hat sich da nicht verplappert oder missverständlich ausgedrückt. Er meint das genau so, wie es da steht. Voraussetzung dafür ist allerdings, dass ich das wirklich glaube. Denn der Glaube versetzt Berge (Matthäus 17,20).

Beim Beten unterscheiden wir zwischen Dank und Anbetung. Nicht dass wir Gott um nichts bitten würden. Aber wir haben damit aufgehört, Gott um Dinge anzubetteln. Wir haben gelernt: Man muss Gott nicht weichklopfen oder umstimmen, wie Kinder beim Einkaufen ihre Eltern vor der Kasse eines Supermarktes anquengeln, damit sie Süßigkeiten bekommen. Gott verteilt keine Quengelware. Er schenkt im überreichen Maß und weiß am besten, was jedem guttut. Der gesamte Himmel ist auf «Schenken» ausgerichtet.

Wir müssen Gott also nicht anbetteln oder anwinseln. Wir sind Kinder Gottes, seine Erben. Wir dürfen seinem Wort vertrauen und einfordern, was er selbst versprochen hat. Was das ist, lässt sich in der Bibel nachlesen. Wohl aus Mangel an Glauben haben wir uns angewöhnt, die festen Zusagen Gottes zu relativieren. Sie nur noch im übertragenen Sinn gelten zu lassen, sie eher symbolisch oder psychologisch zu deuten.

Manche hauptberuflichen Bibelwissenschaftler, in der Theologie nennt man sie Exegeten, haben da ganze Arbeit geleistet. Am Ende bleibt vom Wort Gottes nicht mehr viel übrig. Wenn das aber alles nicht stimmt, was da steht, dann kann man die Bibel auch gleich schreddern. Dann ist jedes Märchenbuch besser, weil es nichts verspricht, was es nicht hält.

Wir haben mit der Bibel ganz andere Erfahrungen gemacht: Auf das Wort Gottes ist hundert Prozent Verlass. Gott meint es genau so, wie es Jesus in der Schrift sagt. Wir haben das wieder und wieder erleben dürfen. Wenn wir dem Wort Jesu nicht trauen und seine Verheißungen, seine Heilung, nicht abrufen, ist das unser Problem. Das Wort Jesu bleibt dennoch wahr. Wo aber der Glaube fehlt, verliert das Wort seine Kraft.

Petrus kann so lange über das Wasser gehen, solange er auf Jesus schaut. Als er beginnt, sich vom heftigen Wind ablenken zu lassen, bekommt er Angst und droht unterzugehen. «Vertraust du mir so wenig, Petrus? Warum hast du gezweifelt?», sagt Jesus zu ihm, reicht ihm seine Hand und rettet ihn (die ganze Story in Matthäus 14,22–33).

Wie in diesem Bericht verhält es sich auch im Umgang mit Gottes Wort. Wenn ich den Blick von Gott abwende, seinem Wort nicht traue, versinke ich im Meer der Ungewissheit und des Zweifels.

Aber ist es wirklich eine angemessene Gebetshaltung, von Gott etwas einzufordern, selbst wenn er es versprochen hat? Ist das nicht allzu kühn, ja geradezu überheblich? Mangelt es da nicht an Demut vor der Größe und Majestät Gottes?

Gott ist in Jesus Mensch geworden und hat uns sich selbst als Vater offenbart. Das ist kein Widerspruch zur Allmacht Gottes, aber es zeigt, dass Gott nicht irgendwo in entrückter Erhabenheit thront. In Jesus hat er uns sein menschliches Gesicht gezeigt und sich ein für alle Mal begreifbar und nahbar gemacht.

Wenn es um die richtige innere Haltung beim Gebet geht, lohnt es, noch einmal das Gleichnis vom verlorenen Sohn anzuschauen. Wir haben vorhin schon darauf hingewiesen, als es um den Sohn ging, der das Vermögen seines Vaters mit Prostituierten durchgebracht hat und nun vom Schweinehüten zurückkehrt in die Arme des Vaters, der ihn voll Freude aufnimmt und ein Fest feiert, weil sein Sohn heimgekommen ist.

Die Perspektive dieses Sohnes ist die gängige Lesart und Interpretationsrichtung dieses Gleichnisses. Das ist kein Wunder. Mit diesem Sohn wird die Geschichte leicht nachvollziehbar.

Aber der zweite Sohn, der wird oft übersehen, zeigt jedoch ein Verhalten, das oft unter uns vorkommt. Es lohnt also genauso, sich den zweiten Sohn genauer anzusehen. Der muss sich mit dem, was er erlebt, übel verschaukelt vorkommen.

Dass sich dieser zweite Sohn brutal ärgert, ist gut nachvollziehbar. Er muss das alles mitansehen. Niemand kann es verwundern, dass er sich den Vater beiseitenimmt: «Also Papa, ganz ehrlich, ich finde das total daneben. Ich mache hier ständig alles für dich. Ich schufte und rackere. Ich hätte auch gern mal den Porsche gefahren und eine fette Party gefeiert und es mir gut gehen lassen.»

Die Klage des Sohnes ist mehr als verständlich. Und jetzt? Wie reagiert der Vater? Der Vater gibt dem Sohn eine phänomenale Antwort: «Alles, was ich habe, gehört auch dir» (Lukas 15,31; Hfa).

Was heißt das? «Alles, was ich habe, gehört auch dir», das bedeutet auf gut Deutsch: «Nimm dir, was du brauchst. Es gehört dir.»

Wir haben uns diesen zweiten Sohn zum Vorbild genommen. Aber in der Art, dass er sich die Worte seines Vaters zu Herzen nimmt und seine Meinung und seine Stimmungslage ändert. Wir möchten nicht irgendwann dastehen und sagen: «Ach, so ist das. Na, hätte ich das mal eher gewusst.» Wir wissen es heute schon, weil Jesus uns beide Söhne im Gleichnis vor Augen stellt.

«Alles, was ich habe, gehört auch dir»: Das gilt auch für uns. Wir sind Kinder Gottes, seine Erben. In diesem Bewusstsein, in dieser Haltung, in diesem Vertrauen zu beten, ist keineswegs anmaßend. Im Gegenteil.

Darum haben wir angefangen, Gott bereits zu danken für Dinge, die wir von ihm erbitten. Das entspricht der Haltung des Vertrauens dem Vater gegenüber und dem Bewusstsein, sein Kind zu sein. Machen wir es mit einem Beispiel konkret:

Wenn wir Gott um die Lösung für ein Problem bitten, dann beten wir nicht: «Ach, Herr, wir brauchen da eine Lösung. Bitte hilf uns.» Wir beten etwa so: «Herr, wir danken dir, dass du die Lösung für unser Problem bereits hast. Wir danken dir dafür, dass diese Lösung bereits auf dem Weg ist.»

Wir finden, diese Art des Gebets entspricht mehr dem Charakter Gottes, so wie er sich in Jesus offenbart hat. Diese Art zu beten nimmt Gottes Versprechen uns gegenüber ernst. Er hat uns zugesagt, dass er für uns sorgt wie ein Vater für seine Kinder. Wir dürfen Gott beim Wort nehmen und sollten uns von niemandem einreden lassen, Gott habe das alles nicht so gemeint.

Vielleicht hilft ein praktischer Vergleich, noch besser zu verstehen, was wir meinen. Natürlich hinken solche Vergleiche immer, wenn es um Gott geht. Anders als wir ist Gott nie genervt.

Als Vater oder Mutter würde es uns auch auf die Dauer nerven, wenn die Kinder immer wieder fragen würden: Darf ich dies und darf ich jenes nehmen? Wo ich ihnen doch gesagt habe: «Nehmt euch. Es gehört euch!» Wie zu dem zweiten Sohn im Gleichnis sagt Gott auch zu uns: «Was mein ist, ist dein.» Nehmen wir ihn beim Wort! In diesem Sinne bedeutet Beten nichts anderes, als Gott beim Wort zu nehmen.

Das Gebet ist die Mitte unseres Lebens. Darum ist der Abschnitt über das Beten deutlich länger als die anderen. Dennoch ist es unmöglich, all die großartigen Erfahrungen, die wir im Gebet und durch das Gebet machen durften, aufzuzählen. Einiges davon haben wir ja in unserer Lebensgeschichte geschildert. Ein paar Aspekte möchten wir aber noch anfügen. So haben wir zum Beispiel gelernt, dass es verschiedene Arten des Gebets gibt.

Neben dem stillen inneren Gebet ist es wichtig, zu proklamieren. Das heißt, bestimmte Bekenntnistexte und Gebete hörbar zu sprechen und nicht nur in Gedanken zu formulieren. Unsere Worte haben Macht in der sichtbaren und in der unsichtbaren Welt. Unser Wort ist ein zweischneidiges Schwert. Es ist sinnvoll, Wahrheiten zu formulieren und auszusprechen.

Wer das frei nicht kann, dem möchten wir das Glaubensbekenntnis ans Herz legen. Auch wir haben in diesem Zusammenhang das Glaubensbekenntnis für uns neu entdeckt. Das Glaubensbekenntnis ist fester Bestandteil unseres gemeinsamen Betens. Es ist die Summe unseres Glaubens, der Boden, auf dem wir stehen. Wir sprechen das Glaubensbekenntnis bewusst und hörbar. Satz für Satz.

Beim Proklamieren geht es darum, Aussagen des Glaubens, Glaubenswahrheiten, auszusprechen. Um sie sich selbst immer wieder zu eigen zu machen, aber auch, um der unsichtbaren Welt deutlich zu machen, wo wir stehen.

Wer sich vernehmbar zu seinem Glauben bekennt, markiert seinen Standpunkt. Er bekennt sich zu Gott und zeigt, dass er um seine Berufung als Christ weiß. Er gibt zu erkennen, dass er sich seiner Identität als Kind Gottes bewusst ist. Und er lässt keinen Zweifel daran, dass er weiß, was er will: sich von Gottes Geist leiten lassen und Christus nachfolgen, niemandem sonst.

Daher ist es wichtig, Gebete des Glaubens laut zu formulieren. Dazu gehört für uns neben dem Glaubensbekenntnis selbstverständlich auch das Vaterunser.

Unserer Erfahrung nach sind feste Rituale für das Gebetsleben hilfreich. Zum Beispiel feste Gebetszeiten am Morgen und am Abend, Tischgebete, feste Zeiten für das Lesen in der Bibel. Die Erfahrung lehrt: Nur was man verbindlich in seinen Tagesablauf einplant, funktioniert. Alles andere läuft Gefahr, unter die Räder von anderen «fürchterlich» wichtigen Dingen zu kommen.

Aber was könnte wichtiger sein als der Kontakt mit Gott? Wer das einmal eingeübt hat, spürt schnell, wie von da aus alles einen anderen Stellenwert bekommt und manches, was vorher mühsam schien, auf einmal ganz anders von der Hand geht.

Rituale sind wichtig. Das waren sie schon im Judentum zu Lebzeiten Jesu. Das Bewusstsein für die Bedeutung von Ritualen haben sich gläubige Juden bis in die heutige Zeit bewahrt. Manche sagen sogar: Seine Rituale hätten das Judentum bewahrt.

Das Bewusstsein für die besondere Bedeutung des Sabbats ist nur ein Beispiel von vielen. Wer das Alte Testament liest, das genauso zur Heiligen Schrift gehört wie das Neue Testament, entdeckt, dass Christen durchaus manches von ihren älteren Brüdern im Glauben lernen können. Zum Beispiel, wie der Glaube mit festen Ritualen und Gebeten zu Hause in der Familie gefeiert wird.

Rituale dürfen nicht erkalten und zur Routine werden. Sonst werden sie kontraproduktiv und verkehren sich in ihr Gegenteil. Jesus konnte wütend werden, wenn jemandem tote Rituale oder kalte Gesetzesvorschriften wichtiger waren als der lebendige Mensch.

Aber Rituale im Gebetsleben können helfen, dranzubleiben. Und «dranbleiben» – und nicht gleich wieder aufzuhören, weil es mühsam oder ungewohnt ist –, das ist gerade am Anfang das Allerwichtigste. Du kannst dir sicher sein, es lohnt sich, auch wenn es sich am Anfang beschwerlich anfühlt.

Nimm dir Zeit, und lass dir Zeit. Bitte Gott, dass er dich beten lehrt. Danke ihm dafür, dass er das tut. Du kannst dich darauf verlassen. Es gibt kaum einen Wunsch, den Gott lieber erfüllt als diesen.

Noch eine andere Erfahrung möchten wir dir weitergeben: unsere Gebetsbücher. Sie sind uns sehr wichtig geworden. Wir haben uns ein paar schön gebundene kleine Bücher mit leeren Seiten besorgt und haben angefangen, für andere Menschen zu beten. Sie und ihre Anliegen haben wir in unseren Gebetsbüchern notiert, um sie fest in unseren Gebeten zu haben und sie immer wieder mit Dank vor Gott zu bringen.

Dieses Gebet für andere ist entscheidend. Wenn Gebete immer nur um einen selbst kreisen, ist etwas faul. Wir glauben, es gefällt Gott, wenn wir uns nicht nur um uns selbst drehen. Auch Hiobs Schicksal hat sich gewendet, als er sein Selbstmitleid aufgegeben und begonnen hat, für seine Freunde zu beten.

Beten heißt, den Herzschlag Gottes erreichen. Wie das geht? Gottes Herz schlägt nicht nur für mich. Es schlägt genauso für andere Menschen, besonders für die, die in Not sind, die leiden, für die Geschundenen und vom Leben Gezeichneten, für die Armen, die Unterdrückten, die Geschlagenen. Für die, die am Boden liegen und seine heilende Zuwendung am dringendsten brauchen. Und es schlägt für die Sünder.

Gott freut sich über uns, aber sein Herz ist immer auch bei denen, die ihm Sorgen machen, denen er nahekommen möchte, deren Wunden er verbinden und heilen möchte. Wenn wir den Herzschlag Gottes erreichen wollen, dann dürfen wir nicht bei uns stehen bleiben. Das Beste, was wir tun können, ist, uns in den Herzschlag Gottes einzufühlen und in diesem Sinne zu beten. Etwa um Versöhnung zwischen zwei Menschen, um Heilung für einen Kranken, um einen Weg heraus aus Abhängigkeiten und Drogen.

Auf diese Weise zu beten, hilft, den Charakter Gottes besser kennen zu lernen. So zu beten, hat unser Leben völlig verändert. Gott liebt es, wenn Menschen begreifen, um was es wirklich geht, und das zu ihrem Lebensstil machen. Wir sollten mit unserem Handeln versuchen, Gott ein Lächeln ins Gesicht zu zaubern. Wenn uns das gelingt, dann sind wir auf dem richtigen Weg.

«Setzt euch zuerst für Gottes Reich ein und dafür, dass sein Wille geschieht. Dann wird er euch mit allem anderen versorgen» (Matthäus 6,33; Hfa). Das ist wieder so eine K.o.-Aussage. Jesus sagt: «Alles andere wird euch dazugegeben.»

Stimmt das? Irrt sich Jesus, oder lügt die Bibel? Glaube ich das, was da steht, oder nicht? Nehme ich Gott beim Wort oder nicht? Vertraue ich den Verheißungen von Jesus oder nicht? Das ist die alles entscheidende Frage. Glaube ich ihm, dann ist alles möglich. Wir glauben ihm, und wir vertrauen fest auf seine Zusagen. Und wir sind noch nie enttäuscht worden.

Um im Gebetsleben zu wachsen, ist es wichtig, Gott besser kennen zu lernen. Wie das geht? Indem man regelmäßig in der Bibel liest. Am besten täglich und laut. Das gesprochene Wort hat eine geistliche Dimension. Das gilt für das Lesen aus der Heiligen Schrift wie für das Gebet.

Wir finden es wichtig, die Texte des Alten und des Neuen Testaments im Zusammenhang zu lesen und nicht einzelne Abschnitte aus dem Kontext zu reißen. Man muss nicht wissen, wo welcher Vers steht. Das kann man getrost den Experten überlassen. Über die Inhalte der Heiligen Schrift sollte man aber Bescheid wissen.

Jesus selbst hat immer wieder aus den Schriften des Alten Bundes zitiert. Als Satan ihn in der Wüste in Versuchung geführt hat, hat er diesen mit Schrift-Zitaten in die Schranken gewiesen und schließlich abblitzen lassen.

Gott hat durch sein Wort die Welt erschaffen. In Jesus ist Gottes Wort Mensch geworden. Das Wort Gottes hat eine unfassbare Macht. Wer das immer besser begreifen will, muss im Wort Gottes, in der Bibel, heimisch werden.

Wenn die Bibel von Gottes Wort redet, ist damit nicht unbedingt die Bibel selbst gemeint, sondern das tatsächlich von Gott gesprochene Wort. Dieses Wort hat Materie geschaffen und Materie verändert. So ist die Erde entstanden. Gott hat gesprochen: «Es sei.» In Jesus ist das Wort Gottes Mensch geworden.

Und wir müssen uns bewusst sein, dass auch *unsere* gesprochenen Worte große Macht haben. Wenn Jesus sagt, wir könnten zu dem Berg sagen: «Erhebe dich und wirf dich ins Meer», und es würde geschehen, wenn wir Glauben hätten, dann meint er das auch so (Matthäus 21,21).

Unsere Worte haben Einfluss. Sie können aufbauen oder niederreißen. Worte wirken! Und zwar immer. Mehr, als dies den meisten bewusst ist. Sie verändern die Wirklichkeit – positiv oder negativ. Das gesprochene Wort lässt sich nicht zurückholen. Wem die Bedeutung von Gottes Wort bewusst ist, der sollte auch achtsam mit seinen eigenen Worten umgehen. Mit denen, die er ausspricht, und mit denen, die er in seinem Herzen trägt. Beides wirkt sich aus.

Säule 3: Ernährung, Körper, Lifestyle

Und ich dachte, alle meinen es gut mit mir

Eines gleich vorweg: Ernährung und Körper, das sind aktuell unsere größten Baustellen. Diese Bereiche sind in dem Moment, in dem wir diese Zeilen schreiben, definitiv noch nicht abgeschlossen. Ernährung, Übergewicht, Gesundheit: Da verspüren wir noch echte Herausforderungen. Dazu wird später noch mehr zu sagen sein.

Gott hat uns in dieses Thema geführt, indem er uns in einer großen Lebenskrise begegnet ist. Essen und Trinken sind definitiv Lebensbereiche, in denen wir Lebensfreude und Lebensgenuss verspüren. Wir kochen beide gut und gerne und zeigen auch entsprechende Symptome. So weit, so gut, so lecker.

Bis mir, Franz, eines Tages ein Arzt sagte, dass sich meine Hüftprobleme, die sich still und heimlich eingeschlichen hatten, nicht mehr therapieren ließen und eine künstliche Hüfte anstehe. Für mich war diese Diagnose ein Schock. Das wollte ich so nicht hinnehmen. Darum habe ich mich auf die Suche gemacht, ob nicht doch Heilung zu erlangen sei. Eines war mir klar: Gott kann alles heilen. Also müsste das auch für meine Hüfte möglich sein.

Was allerdings dann auf mich zukam, damit habe ich nicht gerechnet. Gott hat durch viele kleine, aber sehr klare Impulse unsere Aufmerksamkeit auf unsere Ernährung oder besser gesagt: auf den Umgang mit unserem Körper gelenkt.

Übrigens: Einen wichtigen Impuls haben wir von unserem Tierarzt bekommen. Immer wenn mit unseren Pferden etwas nicht in Ordnung war, fragte er uns danach, was das Tier gefressen hat. Er stellte also grundsätzlich einen unmittelbaren Zusammenhang her zwischen Ernährung und Gesundheit.

Wo erlebt man das heute in der Humanmedizin? Solche Fragen kommen, wenn überhaupt, dann nur sehr selten. Lieber ein paar Medikamente mehr, als den Lebensstil zu verändern. Das ist bequemer, und die Pharma-Industrie hat auch noch was davon.

Für uns waren all diese Erfahrungen wie ein Alarmsignal. Man wacht plötzlich auf und merkt: Da muss sich etwas ändern.

Anstatt mit unserem Körper verantwortlich umzugehen, haben wir ihn mit allem möglichen Mist und Dreck belastet. Letztlich haben wir damit nicht nur uns selbst geschadet, sondern auch Gottes Schöpfung mit Verachtung behandelt.

Für uns war das der Anlass, genauer hinzuschauen und das Thema Ernährung ernst zu nehmen. Wir selbst tragen die Verantwortung dafür, was wir unserem Körper zuführen und zumuten. Relativ schnell hat sich gezeigt, dass Ernährung oder – noch grundsätzlicher ausgedrückt – der Umgang mit unserem Körper auch ein geistliches Thema ist. Es gibt einen spürbaren Zusammenhang zwischen der körperlichen Verfassung und der «geistlichen Fitness».

Ist der Körper schwach, träge, müde und schmerzt, wirkt sich das auf unsere geistliche Verfassung aus. Wir sind dann auch geistlich angeschlagen und schwächeln. Jeder kennt das.

Eine schlechte körperliche Verfassung zieht einen insgesamt herunter.

Bauchweh oder Magenschmerzen drücken insgesamt auf die Stimmung. Rückenverspannungen machen launisch, mürrisch, reizbar. Schmerzen jeglicher Art kosten Kraft und Energie. Auch geistig ist man dann nicht wach, sondern angreifbar. «Mens sana in corpore sano» – «Ein gesunder Geist wohnt in einem gesunden Körper» –, dieser alte lateinische Spruch, der auch heute noch an den Mauern mancher Schulen steht, hat definitiv einen wahren Kern.

Ich, Andrea, hatte übrigens zur gleichen Zeit, als die Hüftgeschichte bei Franz lief, Probleme mit den Bandscheiben bekommen. Ohne die geistliche Dimension zu begreifen, haben wir uns damals zu zwei chirurgischen Eingriffen entschieden, mit nur mäßigem Erfolg.

Wir haben überlegt, wie wir besser mit uns selbst umgehen können. Begonnen haben wir damit, verstärkt auf unseren Körper und auf Gott zu hören. So sind wir tiefer in das Thema Ernährung und Umgang mit unserem Körper hineingewachsen.

Im Nachhinein ist einem dann vieles klar. Aber solange man keine Sensibilität für seinen eigenen Körper und die Zusammenhänge entwickelt, lebt man munter so weiter und isst und trinkt, was einem schmeckt und was die Fleischtheke hergibt. Die Maschine läuft ja.

Der Mensch ist aber keine Maschine. Deshalb ist es wichtig, auf die Signale des Körpers zu achten und sensibel dafür zu werden, was unser Leib von unserem Lebensstil und unseren Lebens- und Essgewohnheiten hält.

Der Körper funktioniert wie ein Seismograph. Er zeigt Erschütterungen an. Allerdings ist er im Normalfall einigermaßen robust. Daher kann er viel ein- und wegstecken und meldet sich erst bei schweren Erschütterungen zu Wort. Man muss daher hellhörig werden für die Sprache des eigenen Körpers und sollte nicht erst reagieren, wenn man vor Schmerzen keine Treppe mehr hochkommt.

Der Mensch ist ein Geschöpf Gottes. Unser Leib ist ein verlässlicher Indikator, wenn etwas nicht stimmt. Wir müssen nur die Zeichen, die er uns gibt, richtig deuten und vernünftig damit umgehen. Eigentlich liegt das meiste ja auf der Hand.

Ernährung ist nur so lange kein sonderliches Thema, bis man anfängt, sich darüber Gedanken zu machen. Beginnt man, sich intensiver damit zu befassen, was man Tag für Tag einigermaßen unbedacht in sich hineinschaufelt, wird einem schnell ganz anders, wenn nicht sogar gleich übel.

Wir konsumieren gedankenlos viele Nahrungs- und Genussmittel, die einfach schlecht sind. Vieles, was die industrielle Lebensmittelherstellung und die heutigen Essgewohnheiten dem Körper zumuten, ist tatsächlich eine Zumutung. Und wenn es nicht gerade giftig oder schädlich ist, dann ist es zumindest nicht gesund. Eigentlich weiß das jeder oder kann es zumindest wissen, aber (fast) keiner wehrt sich dagegen.

Nachdem wir uns mehr und mehr mit der Thematik beschäftigt hatten, waren wir geschockt, welche Entwicklung die moderne Ernährung genommen hat.

Wir gehören bestimmt nicht zu den Verschwörungstheoretikern, aber dass da jemand Interesse daran hat, uns gezielt von einer gesunden Ernährungsweise abzubringen und damit auch geistlich zu schwächen, diesem Gedanken können wir uns nicht entziehen. Die moderne Nahrungsmittelindustrie, weite Teile der Landwirtschaft und auch der Medizin und der Pharmazie verfolgen Konzepte, die sehr kritisch zu hinterfragen sind.

Einer der ersten Impulse, die wir in Sachen Ernährung bekamen, war eine Stelle im alttestamentlichen Buch Daniel, auf die wir aufmerksam wurden (Kapitel 1). Dort ist davon die Rede, dass vier Jünglinge fasten, indem sie nur das essen, was auf dem Feld wächst. Trotzdem sind sie nach nur zehn Tagen an Leib, Geist und Seele fitter als diejenigen, die von der Tafel des Königs essen. Das haben wir ausprobiert und erstaunliche Erfahrungen gemacht.

Es ging uns damit so gut, dass wir dieses Daniel-Fasten von zehn Tagen verlängert und über vierzig Tage bis Ostern durchgezogen haben.

Daniel-Fasten ist übrigens keine christliche Besonderheit mehr. Inzwischen findet man das auch in Fitness-Magazinen, die mit dem Glauben nichts am Hut haben. Für uns war dieses Daniel-Fasten eine erstaunliche Erfahrung.

Als wir uns darauf eingelassen haben, war uns bald bewusst, dass es sich dabei um eine basische Ernährung handelt. Damit haben wir unseren Körper entsäuert und entgiftet. Die Hüftprobleme von Franz sind dadurch fast verschwunden, und Andrea hat auch eine enorme Verbesserung ihres Rückens erfahren. Manchmal müssen wir den Weg frei machen, damit Gottes Geschenke uns erreichen können.

Wir haben dann angefangen, alles wegzulassen, was uns nicht gutgetan hat. Dazu gehörten Alkohol, Koffein, Zucker oder weißes Mehl, um nur ein paar Beispiele zu nennen. Wir haben begonnen, unser Brot selber zu backen und Schritt für Schritt unsere gesamte Ernährung auf «gesund» umzustellen. Es ging uns schnell spürbar besser damit.

Nach einer Phase der Umstellung und des Verzichts wollten wir es an Ostern dann so richtig krachen lassen. Mit Osterlamm, reichlich Speck und Schinken und allem, was zu einer festlichen Ostertafel gehört. Hinterher war uns dermaßen schlecht, dass wir ganz schnell zu unserer bewussteren Ernährung zurückgekehrt sind.

Gott hat uns einen Leib gegeben. Es ist ihm nicht egal, wie wir damit umgehen. Es ist ihm nicht gleichgültig, ob wir uns körperlich ruinieren. Gottes Plan für jeden Einzelnen schließt auch den Körper ein. Er will, dass wir leben. Wenn wir uns aber selber kaputt machen, sind wir es, die das Heilungsgeschenk Gottes abweisen und uns für Krankheit entscheiden.

Die Bibel spricht davon, dass wir im entgegengesetzten Geist handeln und uns nicht am Geist der Welt orientieren sollen. Wir müssen Verantwortung für unser Handeln übernehmen. Unser freier Wille räumt uns dazu viele Möglichkeiten ein.

Wir können nicht von Gott erwarten, dass er uns ein Ersatzteillager einrichtet. Wir tauschen rasch ein paar defekte Teile aus und ruinieren uns dann munter weiter. So funktioniert das nicht. Wir müssen lernen, achtsam und sorgfältig mit uns selbst umzugehen.

Niemand muss auf sein Weißwurstfrühstück, auf seinen «Obazden»[1], auf seinen Dresdner Christstollen oder ein gutes Glas Wein verzichten, wenn ihm danach ist. Ernährung braucht nicht zwingend radikale Kurswechsel. Jesus zum Beispiel war weder Vegetarier, noch hat er sich vegan ernährt.

Was es aber sehr wohl braucht, ist eine neue Sensibilität für die Bedeutung der Ernährung und deren Auswirkung auf unsere körperliche Verfassung und unser geistliches Leben. Essen und Trinken bedeutet Genuss des Lebens und ist von Gott gewollt. Auch Jesus hat gerne gegessen und getrunken. Die Bibel berichtet davon. Viel wichtiger als extreme Ernährungsexperimente ist daher das rechte Maß.

Ich, Franz, kämpfe seit Jahren mit meinem Gewicht. Das ging von 90 auf 145 Kilogramm hoch. Ich hab alles versucht, aber nichts führte zur erhofften Gewichtsreduzierung. Eines Tages

[1] «Obatzter», auch «Obatzda» oder «Obazda» («Angebatzter, Angedrückter, Vermischter», in der Schweiz auch als «Gmanschter» bekannt) ist eine pikante bayerische Käsezubereitung, die als Zwischenmahlzeit (zur Brotzeit) serviert wird. In Franken heißt sie «Gerupfter» oder «Angemachter» (Quelle: de.wikipedia.org).

stand ich auf meiner Waage, und die meinte: «Bitte nur eine Person.»

In diesem Moment konnte ich eine innere Stimme wahrnehmen, die zu mir sagte: «Wenn du 95 Kilogramm wiegst, wirst du daran erkennen, dass du geistliche Reife erlangt hast.»

Ich hab dann alles versucht, um dieses Ziel zu erreichen, über Jahre hinweg. Nichts hat geholfen. Heute habe ich begriffen, warum. Es gibt immer einen tieferen Grund für unser Verhalten. Die Lösung dazu beschreiben wir, wo es um «persönliche Wiederherstellung» geht (Säule 6).

Das rechte Maß braucht es nicht nur beim Essen und Trinken, sondern genauso in puncto Bewegung. Um Körper und Geist fit und gesund zu halten, reicht es nicht, auf die Ernährung zu achten. Man muss sich bewegen. Der menschliche Körper ist weder für den Schreibtischstuhl noch für den Wohnzimmersessel konzipiert.

Du kannst dich so gesund ernähren, wie du willst: Solange du dich nicht ausreichend bewegst, nützt das wenig. Wer nur noch rumhockt, wird träge: erst körperlich und früher oder später auch geistlich. Vom Sofa- oder Schreibtisch-Syndrom sind heute viele betroffen. Aber je mehr man rumsitzt, umso schwerer wird es, sich aufzuraffen und wieder in Bewegung zu kommen. Wir steckten regelrecht fest in diesem Teufelskreislauf aus zu viel und zu schlechter Ernährung und Bewegungsmangel.

Als wir uns endlich wieder in Bewegung gesetzt haben, haben wir gemerkt, dass wir besser früher damit angefangen hätten, so außer Atem waren wir. Der zweite Fehler war dann: Wir haben es sportlich erst mal ganz schön übertrieben. Außerdem haben wir den Sport «missbraucht», um unser falsches Essverhalten damit zu kompensieren. Bewegung macht keinen Spaß, wenn man ein unerreichbares Ziel daran knüpft. Gott hat uns dann gebremst und uns zu verstehen gegeben, dass er in uns keine Olympiasieger sieht. Puh, noch mal Glück gehabt!

Aber im Ernst: Auch bei Sport und Bewegung kommt es vor allem auf das richtige Maß und das richtige Ziel an. Jeder sollte seinem Körper das geben, was er braucht. Nicht mehr und nicht weniger. Wer was und wie viel davon macht, ist ganz individuell. Entscheidend ist, dass man beginnt.

Jeder kennt das: «Eigentlich müsste ich mal wieder laufen.» – «Eigentlich sollte ich mehr Sport machen …» Nur: Was nützt Bewegung in Gedanken? Mach es einfach! Fang an!

Nach anfänglichen Versuchen haben wir aufgehört, uns die Lunge aus dem Leib zu joggen. Stattdessen gehen wir gemeinsam spazieren. Das tut uns gut, an Leib und Seele. Andere joggen lieber. Auch gut. Jeder, wie er mag und was ihm guttut. Hauptsache, man setzt sich in Bewegung.

Wir haben uns Bewegungsmöglichkeiten gesucht, die uns beiden guttun. Zum Beispiel sind wir leidenschaftliche E-Bike-Fahrer. Das ist eine tolle Sache. Wir sind gemeinsam unterwegs, können uns durch die Unterstützung super synchronisieren und erreichen auch entferntere Ziele wieder.

Zur dritten Säule gehören zunächst Essen und Bewegung, aber wir ernähren uns ja nicht nur von Speisen und Getränken, sondern auch davon, womit wir uns befassen. Was wir sehen und hören, womit wir unsere Gefühle füttern. All das hat direkte Auswirkungen auf Körper und Geist. Was bindet unsere Aufmerksamkeit? Womit beschäftigen wir uns? Was «fressen» wir in uns rein? Wie viel Zeit verbringen wir womit?

Alles, was wir beispielsweise über die Medien konsumieren, sollte auf den Prüfstand. Tut mir das wirklich gut? Ist es gut für mich, stundenlang im Internet zu surfen oder vor dem Fernseher rumzuhängen? Mich ununterbrochen von Musik oder Radio berieseln zu lassen? Mein Smartphone nicht mehr aus der Hand zu legen? Was höre ich, was schaue ich an, was lese ich? Und was macht das mit mir?

Was wir auf diesen Wegen an «Nahrung» zu uns nehmen,

hat genauso seine Wirkung wie fettes Essen oder zu viel Alkohol. Es gibt – bildlich gesprochen – so etwas wie einen spirituellen Cholesterinspiegel. Auch unsere geistlichen Lebensadern können Plaque ansetzen und verstopfen. Das beeinflusst spürbar unsere geistliche Performance, unser Gebet, unsere Beziehung zu Gott. Bei falscher geistlicher Ernährung werden wir stumpf und taub für das Übernatürliche.

Wir müssen unser Bewusstsein dafür schärfen, womit wir uns eigentlich umgeben. Mit welchen Mächten wir uns einlassen: materiell und spirituell. Auch hier geht es um das rechte Maß. Medien haben immer auch Gutes. Man muss nur richtig damit umgehen und wissen, was einem zuträglich ist und was nicht. Heute wissen das leider viele nicht mehr und denken auch nicht mehr darüber nach. Unverträglichkeiten spürt man dummerweise meist erst hinterher, selbst toxische Dosierungen wirken oft schleichend.

Für die einen ist es besser, den Fernseher rauszuwerfen. Dafür haben wir uns entschieden. Für andere ist eine vernünftige und gesunde Ernährung die große Herausforderung. Manche verzichten lieber komplett auf Alkohol, statt abends bei einem schönen Chianti nicht mehr zu spüren, wann es genug ist. Andere chillen derart gerne auf dem Sofa, dass sie nicht in die Sportschuhe kommen.

Worin auch immer die jeweilige Challenge besteht: In allem geht es darum, das rechte Maß zu finden, Verantwortung für sich und seinen Körper zu übernehmen und die geistlichen Auswirkungen im Blick zu haben.

Wir sind den Mächten der Lebensmittelindustrie nicht hilflos ausgeliefert. Wir müssen ihren Verführungskünsten nicht hinterherrennen wie die Lemminge. Auch den hipsten News aus dem Silicon Valley nicht. Stattdessen brauchen wir ein neues Bewusstsein für die Fragen: Was tut mir gut? Was nehme ich zu mir und wie viel davon? Und: Wovon lass ich besser ganz die Finger? Nicht weil ich muss, sondern weil ich es mir und meinen Kindern nicht zumuten will.

Auch hier ist man nicht auf sich allein gestellt. Gott ist auch bei diesen Dingen mit im Boot. Such dir einen der genannten Punkte heraus und fang damit an. Nimm dir Zeit dafür, schau genauer hin und denk darüber nach. Sprich mit Gott darüber, was du verändern möchtest. Sag ihm, warum dir das schwerfällt. Bitte ihn darum, dass er dir ein neues Maß gibt. Du wirst sehen, wie sich erst deine Sensibilität, dann deine Einstellung und schließlich dein Lebensstil verändert.

Bitte Gott darum, dass er dich in die Wahrheit führt, auch in die Wahrheit über dein Leben, über dich selbst.

Als wir begonnen haben, darum zu beten, hatten wir schnell hammermäßige Erkenntnisse über uns selbst. Zugegeben, es ist oft nicht leicht, die Wahrheit zu ertragen, vor allem wenn es um einen selbst geht. Aber es ist total befreiend. «Ihr werdet die Wahrheit erkennen, und die Wahrheit wird euch befreien», sagt Jesus im Johannes-Evangelium (8,32, Hfa).

Damit ist auch – und vielleicht sogar an erster Stelle – die Wahrheit über einen selbst gemeint. Du brauchst keine Angst vor der Wahrheit zu haben! Die Wahrheit befreit wirklich. Gott nimmt dir nichts, er gibt dir alles.

Wichtig ist nur: Fang einfach an! Mit «Ich müsste mal» hat sich noch nie etwas verändert. Und: Einer, der *will,* schafft mehr als zwanzig, die *müssen.*

Säule 4: Versorgung

Weg mit den Fesseln, es lebe die Freiheit

Wenn wir die Welt um uns herum beobachten, kann man den Eindruck gewinnen, unser gesamtes Leben dreht sich um das Thema «Versorgung». Man kann es auch anders formulieren:

Alles dreht sich ums Geld. Wir müssen Geld verdienen, um Wohnen, Essen und Versicherungen zu bezahlen, um uns ein Auto und Urlaub leisten zu können und all unsere Rechnungen zu begleichen.

Dafür ackern und rackern wir. Stunde um Stunde, Woche um Woche. Viele verbringen weit mehr Zeit bei der Arbeit als mit ihrer Familie beziehungsweise sind bereit, alles des Geldes wegen zu opfern. Ohne Moos nix los: Das ist das Grundprinzip unserer Wachstums- und Wohlstandsgesellschaft.

Die gesamte Wirtschaft ist auf Wachstum getrimmt. Auch der Einzelne muss immer mehr erwirtschaften, um seinen Lebensstandard zu halten oder – was als erstrebenswert gilt – zu steigern. Schuften, schaffen, Geld verdienen: Wirtschaft und Arbeit bestimmen die Taktung unseres Lebens. Wer nicht mithalten kann, hat Pech gehabt.

Immer höhere Umsatzerwartungen, immer höhere Ansprüche, immer mehr zu tun, aber oft immer weniger Personal: Das Hamsterrad beruflicher Anforderungen dreht sich brutal schnell. Anhalten gibt es nicht. Und wir rennen und rennen und rennen – bis es nicht mehr geht. Die steigende Burnout-Quote spricht Bände.

Der Mammon hat uns fest im Griff. Das beginnt schon bei den Kindern. Von klein auf werden Erwartungshaltungen eingeimpft – familiär und schulisch: «Lern was, damit was aus dir wird!»

Gemeint ist nicht, damit du ein zufriedener Mensch wirst, sondern damit du ordentlich verdienst und dir was leisten kannst. Markenklamotten, Smartphones, Tablets: alles Statussymbole, die schon früh ihre Sogwirkung entfalten. Später sind es dann schnelle Autos, schwere Uhren, teure Düfte, elegante Designermöbel, exklusive Urlaubsreisen und, und, und, die unsere Must-have-Gefühle bestimmen.

Aber was du auch kaufst, least, abbezahlst: Ein Gefühl von

Zufriedenheit stellt sich nicht ein. Es reicht nie. Da wäre noch dies und das, was man dringend bräuchte. Dann würde man sich wahrscheinlich viel besser fühlen.

Besitzt man es endlich, rufen längst neue Wünsche nach Verwirklichung.

«Genug» gibt es nicht. Ein Wunsch folgt dem nächsten, ein Ziel jagt das andere. Immer mehr, immer schneller, immer größer, besser, toller, teurer. Und dennoch bleibt diese innere Leere, aus der schnell neue Bedürfnisse wachsen, die einen wieder nicht befriedigen. So frisst der Mammon seine Kinder.

«Ihr könnt nicht gleichzeitig für Gott und das Geld leben» (Matthäus 6,24; Hfa), hat Jesus gesagt. In dem Satz steckt eine tiefe Wahrheit. Und wer in sich hineinspürt, weiß, dass das stimmt. Wofür bist du unterwegs? Für Gott oder für Geld? An dieser Frage kommt man nicht vorbei. Die Antwort darauf gibt unserem Leben die entscheidende Richtung.

Zufriedenheit kann man nicht kaufen. Es gibt nur zwei Wege, um Zufriedenheit zu erlangen. Entweder du erreichst deine ständig neu gesetzten Ziele. Dann musst du Gas geben ohne Ende und machst dich früher oder später selbst kaputt. Oder: Du korrigierst deine Ziele nach unten, lernst mit «Das reicht mir» zu leben und eröffnest dir so neue Perspektiven.

Wir haben uns für Variante zwei entschieden, aber das war ein langer und keineswegs schmerzfreier Weg. Wir mussten erst lernen, uns von unseren Götzen zu verabschieden, um offen und frei zu werden für einen anderen Lebensstil. Heute leben wir von der Versorgung Gottes und sind ausgesprochen glücklich damit. Vor einigen Jahren hätten wir das für eine völlig absurde Idee gehalten.

Eigentlich verspricht Gott die ganze Bibel hindurch, dass er uns versorgen will. Aber wie soll das gehen? Wir haben das lange nicht verstanden. Das kann doch nicht wörtlich gemeint sein. Oder doch? Wir jedenfalls konnten uns das nicht vorstellen.

Bis uns klar wurde, dass der Herrscher dieser Welt, der Satan mit seinem Mammon, versucht, genau diesen Bereich zu kontrollieren wie keinen zweiten. Der Bereich der Versorgung und des Geldes ist maximal wichtig für ihn. Denn: Wer zahlt, schafft an. Wer versorgt, hat die Kontrolle. Nur Gott allein verspricht: Ich versorge dich, und du wirst frei sein. Die einzige Bedingung dafür ist die Furcht vor dem Herrn.

Damit ist nicht gemeint, dass wir vor Gott Angst haben sollen. Dafür gibt es keinen Grund. Niemand muss sich vor der bedingungslosen Liebe Gottes fürchten. Ehrfurcht vor Gott ist vielmehr der Anfang der Erkenntnis und der Weisheit (Sprüche 1,7 und 9,10). Wo von Gottesfurcht die Rede ist, ist der angemessene Respekt und die Ehrfurcht vor Gott gemeint.

Das bedeutet, Gott als Schöpfer ernst zu nehmen und seine Gebote zu befolgen. Schwierig ist das nicht. «Denn Gott lieben heißt nichts anderes als seine Gebote befolgen; und seine Gebote sind nicht schwer», heißt es passend dazu im 1. Johannesbrief 5,3 (Hfa).

Die Götzen, von denen wir uns nach und nach getrennt haben, waren Vorstellungen, Vorlieben, Einstellungen und Erwartungen, die unser Leben geprägt hatten. Genau genommen haben sie unser Leben nicht nur geprägt, sondern geradezu bestimmt. Sie haben uns diktiert, was zu tun ist und wie wir zu leben haben. Und wir haben das noch nicht mal richtig gemerkt.

Die scheinbare Selbstverständlichkeit, mit der man sich unter das Joch seiner eigenen Vorstellungen und Vorlieben beugt, ist das eigentliche Problem. Man denkt überhaupt nicht mehr nach, wofür man seine Zeit, seine Gesundheit, sein Leben opfert. Man macht sich nicht bewusst, für welche Ziele man atemlos unterwegs ist, ohne dabei glücklich zu werden.

Alles ist wie selbstverständlich. Weiter, immer weiter. Augen zu und durch. Würde man die Augen aufmachen, könnte man sehen, dass die ganze Raserei keineswegs nur unserer Versorgung dient. In Wirklichkeit tanzen wir um «goldene Kälber».

Diese «goldenen Kälber» können ganz unterschiedlich aussehen. Bei mir gehörten schnelle Autos und schöne Uhren zu den «goldenen Kälbern», die ich, Franz, loswerden musste. Ich war vielleicht nicht unbedingt ein PS-Junkie, aber mit meinem SUV auf der Autobahn das Gas so richtig durchzudrücken und im Sommer mit dem Cabrio durch die Landschaft zu brettern, um Wind und Tempo zu spüren, das war absolut mein Ding.

Um nicht missverstanden zu werden: Es geht nicht darum, Uhren und Autos schlechtzumachen. Wer daran seine Freude hat, bitte sehr. Was dem einen zum Götzen wird, muss für andere noch lange kein Götze sein. Die entscheidende Frage lautet immer: Woran hängt mein Herz, und was macht das mit mir? Alles kann ein Götze werden, sobald es eine Bedeutung bekommt, die nicht frei, zufrieden und glücklich macht, sondern Gebundenheit und Abhängigkeit erzeugt. Das können völlig unterschiedliche Dinge sein: Schmuck, Filme, Möbel, selbst Sport, Reichtum oder Hobbys.

Was ein Götze ist und was nicht, lässt sich mit ein paar Überlegungen leicht herausfinden. Es genügt, sich zu fragen: Wozu brauche ich es? Wie wichtig ist das für mich? Was macht das mit mir? Als Christ wird man sich zudem fragen: Raubt es Gott die Ehre? Wenn ich mir vorstelle, morgen müsste ich es hergeben, was passiert dann? Fange ich schnell an zu relativieren und mir alles Mögliche einfallen zu lassen, warum ich auf keinen Fall darauf verzichten kann?

Das wären Zeichen, sich bereits derart an etwas gebunden zu haben, dass man nicht mehr in der Lage ist, loszulassen. Wir mussten viele Dinge loslassen, um frei zu werden und zu entdecken, woran unser Herz tatsächlich hängt.

Als Jesus von einem reichen Jüngling gefragt wird, was er tun müsse, um in das Reich Gottes zu gelangen, antwortet Jesus: «Halte dich an die Gebote und erfülle sie.» Als der Jüngling ihm antwortet: «Das mache ich alles schon. Was muss ich sonst noch tun?», da sagt Jesus zu ihm: «Verkaufe alles, was du hast, und gib es den Armen. Dann komm und folge mir nach» (vgl. Markus 10,17–31). Damit hat er den jungen Mann voll erwischt, und der geht traurig weg. Denn er hatte ein großes Vermögen, heißt es im Evangelium.

In diesem Bibelabschnitt geht es nicht allein um Vermögen oder Reichtum, sondern um alle Götzen, die uns daran hindern, Jesus nachzufolgen. Sie müssen wir loslassen, um beim Herrn sein zu können.

Selbstverständlich muss man unterscheiden! Etwas zu verlieren und über den Verlust zu trauern, ist ganz normal und völlig in Ordnung. Über einen Verlust nicht zu trauern wäre ein Signal, dass irgendetwas nicht stimmt. Wenn mir aber der Verlust meines schicken Sportwagens derart den Boden unter den Füßen wegzieht, dass ich mich dadurch existenziell bedroht fühle, dann ist das Auto für mich zum Götzen geworden, so wie beim Jüngling der Reichtum.

Götzen haben eine geistliche Macht. Wer dafür offen ist, merkt das schnell. Sie binden Kräfte und Aufmerksamkeit, können Denken und Gefühle massiv beeinflussen, sie lenken Entscheidungen, ja sie können ein ganzes Wirtschaftssystem dominieren. In einer Gesellschaft, in der beruflicher Erfolg und die dazugehörigen Statussymbole hohe und höchste Bedeutung haben, haben Götzen ungeheure Macht.

Das heißt jetzt nicht, dass du deine Golfschläger im Internet verramschen musst, um künftig Minigolf zu spielen. Du musst auch nicht den eleganten Designertisch aus dem Wohnzimmer zum Sperrmüll bringen, um von Holzkisten zu essen. Auch deine Rolex kannst du behalten.

Aber du solltest zuvor überprüfen, welchen Platz derlei

Dinge in deinem Leben einnehmen. Es müssen noch nicht mal besonders teure Dinge sein, aber sie können einen so fesseln, dass man nicht mehr davon loskommt. Nimmt dich ein Besitz innerlich so sehr in Beschlag, dass du ihn unter keinen Umständen mehr hergeben würdest, ist es ratsam, sich davon zu trennen, um die innere Freiheit wiederzugewinnen.

«Was ist, wenn ich morgen die Rate nicht bezahlen kann, und sie holen mein Auto ab?» Schon der Gedanke genügt, und man ist mittendrin. Dann fängt man an zu laufen und zu laufen – bis zur völligen Erschöpfung. Von solchen Fesseln müssen wir uns befreien. Sie machen unser Leben nicht reicher, sondern ärmer, weil sie uns bestimmen und uns die Freiheit rauben.

Heutzutage können wir uns sogar Götzen anschaffen, die wir uns überhaupt nicht leisten können. Alles wird finanziert. Der Mammon triumphiert und baut seine Herrschaft aus.

Zugegeben, die Befreiung aus den Fesseln des Mammons ist ein Prozess, der stressig sein kann. Auch bei uns war es anstrengend. Wir haben alles auf den Prüfstand gestellt, sogar unsere Pferde. Als wir die Pferde innerlich schon aufgegeben hatten, hat Gott uns signalisiert: Ihr dürft sie behalten.

Unsere Haltung zu den Pferden hat sich seitdem völlig verändert. Wir lieben sie immer noch, aber sie haben jetzt den Platz, der ihnen gebührt, und stehen nicht mehr an erster Stelle.

Anderes haben wir tatsächlich aufgegeben. Klar fahren wir noch Auto, aber eben ein anderes. Von allem, was uns innerlich gebunden hat, haben wir uns getrennt. Einfach war das nicht, aber es hat sich gelohnt. Absolut gelohnt. Die Freiheit, die Gott uns auf diese Weise geschenkt hat, ist unbezahlbar.

Hat man dem Mammon den Dienst quittiert und sich von seinen Götzen verabschiedet, merkt man schnell, wie wenig ausreicht, um gut zu leben. Die eigenen Ansprüche so nach unten zu korrigieren, dass am Ende deutlich mehr Lebensqualität übrig bleibt, ist eine ungeheure Wohltat.

Gott fragt uns: «Was brauchst du, um glücklich zu sein?» Wenn wir uns die Antwort darauf gründlich durch den Kopf gehen lassen, stellen wir fest: So viel ist es gar nicht. Und vor allem hängt Lebensglück nicht an Luxus, Labels oder Lifestyle-Produkten.

Wie gesagt, auch wir sind zunächst durch diesen Prozess des Prüfens gegangen und haben uns von Ballast befreit, der auf uns lastete – auch geistlich. Heute leben wir ganz von der Versorgung durch Gott. Klingt unglaublich?

Genauso ungläubig, wie die meisten reagieren, wenn sie dies das erste Mal hören, haben auch wir reagiert, als dieser Gedanke erstmals in unseren Gebeten auftauchte. Wir konnten uns nicht vorstellen, wie das funktionieren soll. «Wie soll das gehen? Wie willst du das machen?», haben wir Gott gefragt. Gott hat uns dann gezeigt, dass für ihn wirklich nichts unmöglich ist. Und wie immer war er dabei sehr konkret:

Plötzlich steckte Bargeld in unserem Briefkasten. Bis heute wissen wir nicht, von wem.

Mitglieder eines befreundeten Hilfswerkes standen vor der Tür und gaben uns ihren Zehnten. Sie hätten beim gemeinschaftlichen Gebet den Eindruck gehabt, dass sie das tun sollten, erklärten sie. Das war geradezu absurd, mit unserer Ranch gelten wir in der Nachbarschaft als wohlhabend und hatten in den Jahren zuvor selbst öfter für diese Organisation gespendet. Wie kann man da auf den Gedanken kommen, *uns* Geld vorbeizubringen?

Ein andermal rief eine uns unbekannte Studentin an und bat um unsere Kontonummer. «Wozu?», wollten wir wissen. Sie hätte gebetet und auf einmal den starken Impuls gehabt, uns ihren Zehnten zu überweisen. Als die 38 Euro auf unserem Konto ankamen, trieb es uns Tränen in die Augen. Wir waren geplättet, welche Wege der Versorgung Gott uns gezeigt hatte.

Eine ganze Reihe solcher Geschichten ließe sich erzählen. Wie wir zu unserem Traktor kamen zum Beispiel oder zu unserem Land. Vor Jahren hatten wir einem Bauern kostenlos unseren Pferdemist angeboten. Dabei haben wir uns von ihm eine derart eindeutige Abfuhr abgeholt, dass wir den Mann sicher nie mehr angesprochen hätten. Eines Tages stand er aber vor unserer Tür und fragte, ob wir sein Land haben möchten, weil er seine Landwirtschaft aufgebe. Er hat uns 30 Hektar Land für 25 Jahre kostenlos zur Verfügung gestellt. Seitdem bewirtschaften wir dieses Land.

Es hat ein bisschen gedauert, bis der Groschen bei uns gefallen ist. Aber dann haben wir kapiert: Wenn Gott verspricht: «Ich versorge dich», dann macht er das auch. Ohne Wenn und Aber.

Diese Erfahrung hat uns später Mut gemacht, die Firma von Franz aufzugeben. Als wir gespürt haben, Gott möchte das, hat Franz sein Unternehmen tatsächlich verkauft. Im ersten Moment haben wir schon schwer geschluckt, aber da war die Erfahrung, dass Gott hält, was er verspricht. Und er hat auch nach dem Verkauf der Firma Wort gehalten und versorgt uns seitdem.

Der Verkauf hat keinen Erlös eingebracht. Wir mussten mitansehen, wie eine gute Firma in der Luft zerrissen wurde. Man hatte das Gefühl: Da will sich jemand an uns rächen, weil wir seine Versorgung nicht mehr haben wollten. Als alles verloren schien und unsere Versorgung wie eine Seifenblase zu platzen drohte, hat Gott uns mit einem handfesten Wunder geholfen. Das erzählen wir dir gerne einmal bei uns am Lagerfeuer oder bei einer unserer Veranstaltungen.

Gottes Versorgung bedeutet für uns Unabhängigkeit und Freiheit. Wir leben unseren Traum von einer Westernranch, halten Pferde, veranstalten Seminare, bieten Erholung und dürfen Menschen mit Christus in Berührung bringen. Wir müssen nicht mehr vor dem Mammon buckeln.

Dass wir unsere kühnsten Träume tatsächlich leben dürfen, hätten wir nicht zu hoffen gewagt. Heute sind wir Gott unendlich dankbar dafür.

Auch diesmal geht es nicht um uns, um die Ranch oder um unsere Pferde. Die Welt wäre ein Western-Dorf, wenn das Gottes Plan für alle wäre. Gott hat für jeden Menschen einen anderen Plan. Auch für dich. Unsere Aufgabe besteht darin, die von Gott uns zugedachte Berufung zu entdecken und zu leben.

Gott hat für jeden eine spezielle Aufgabe, einen bestimmten Ort, eine Berufung, die nur jedem selbst gehört. Bitte Gott darum, dir deine Berufung zu zeigen. Höre auf deine innere Stimme:

Wovon träumst du? Welche Gedanken und Vorstellungen beflügeln dich, wenn du darüber nachdenkst, was du aus deinem Leben machen möchtest?

Folge der Spur deiner Träume und bitte Gott um seine Führung. Befreie dich von falschen Sicherheiten und frage Gott täglich, was zu tun ist. Arbeite nicht für den Mammon, vertraue auf die Versorgung Gottes. Korrigiere deine Pläne und Ziele, mache dich nicht abhängig von Karriere-, Status- und Anspruchsdenken. Erbitte nur so viel, dass es genug ist, um zu leben. Und dann lass dich überraschen, was Gott Großartiges mit dir vorhat.

Gott schenkt in überreichem Maße, damit auch wir schenken. Leben nach dem Versorgungsprinzip Gottes bedeutet Beschenktwerden und Geben. Das ist keine nebensächliche Feststellung, sondern wesentlich für das geistliche Prinzip einer Versorgung durch Gott.

Weil Gott konkret und verlässlich handelt, muss auch unser Geben zuverlässig sein und unser Arbeiten der biblischen Ordnung entsprechen. Die alte Tradition, den zehnten Teil seiner Einnahmen zu spenden, ist daher weit mehr als eine schöne Geste. Das Sabbatgebot verpflichtet dazu, den «Tag des Herrn» zu begehen.

Der in den Zehn Geboten vorgesehene Rhythmus aus Arbeit und Erholung ist ein gutes Beispiel, das zeigt: Gottes Gebote sind keine Verbote und keine Gängelung, sondern praktische Lebenshilfen, die dafür sorgen, dass wir uns nicht selbst kaputtmachen und dabei blind werden für unsere eigentliche Berufung, die Gott jedem von uns zugedacht hat.

Entdecke ganz neu deine Herzenswünsche, am besten jene, die du mittlerweile verloren oder verworfen hast. Wir haben festgestellt: Es ist eine Strategie des Feindes, uns diese Herzenswünsche zu rauben. Wir hingegen glauben: Es war Gott, der diese Wünsche in dich gelegt hat. Er ist es auch, der sie dir erfüllen möchte.

Dabei geht es sicher nicht um irgendwelche Götzen, sondern um Wünsche und Sehnsüchte, die Gott ganz speziell dir auf den Leib geschneidert hat. Sie gehören zu deiner ganz persönlichen Berufung. Suche sie! Schlag sie dir niemals aus dem Kopf! Lass sie dir von niemandem nehmen! Lass sie dir von Gott zeigen und erfüllen!

Säule 5: Das Übernatürliche

Mach es nicht wie die Titanic

Eng verbunden mit dem Thema «Versorgung durch Gott» sind auch die nächsten Punkte, die wir dir ans Herz legen möchten. Wir schreiben zwar von einzelnen Säulen, weil wir unsere Gedanken im Bild vom Tempel mit seinen Säulen gut wiederfinden. Aber du wirst längst gemerkt haben, wie eng die einzelnen Aspekte zusammenhängen. Keine Säule trägt das Dach alleine. Es braucht alle, damit die Stabilität des Bauwerkes gesichert ist. Genauso verhält es sich mit dem ganzheitlichen Lebensstil, den wir zu beschreiben versuchen.

Der Mensch ist eine Einheit aus Leib, Geist und Seele. Deshalb hängt alles zusammen und steht miteinander in Verbindung. Die Ernährung beeinflusst uns ebenso wie unser Umgang mit Geld. Unser Gebets- und Glaubensleben wirkt sich genauso aus wie die Art und Weise, wie wir unsere Beziehungen führen. Alles hängt mit allem zusammen und hat Folgen für unser Leben.

Man muss nicht jede Säule in gleicher Ausführlichkeit beschreiben. Manche Einsichten erklären sich aus dem, womit wir uns bereits befasst haben. Wichtig ist der innere Zusammenhang zwischen den verschiedenen Themen und die Erkenntnis, dass sich all das auch auf unser geistliches Leben auswirkt.

Alles, was wir tun, hat auch einen unsichtbaren Anteil. Worte wirken, sie lassen sich nicht zurückholen und verändern die Realität. Auch wenn wir das nicht direkt sehen können. So ähnlich verhält es sich auch mit unserem übrigen Tun und Denken. Nichts bleibt folgenlos – nicht in dieser Welt und auch nicht in der unsichtbaren Welt.

Stell dir einen Eisberg vor. Die Spitze des Eisbergs können wir sehen. Das ist die sichtbare Welt. Doch die macht nur einen Bruchteil des gesamten Eisbergs aus. Den weit größeren Teil kann man nicht sehen. Er liegt unter Wasser. Ganz ähnlich verhält es sich mit der unsichtbaren Welt. Sie existiert, auch wenn man sie nicht sieht.

Jeder gute Kapitän nimmt Eisberge besonders ernst, weil er um die Gefahr weiß, dass man ihre tatsächliche Ausdehnung nicht erkennen kann. Wenn wir nicht als Titanic unterwegs sein wollen, sollten auch wir den Eisberg richtig einschätzen. Das bedeutet, sich klarzumachen, dass diese unsichtbare, übernatürliche Welt wirklich existiert. Dass wir sie nicht sehen, heißt nicht, dass es sie nicht gäbe.

Wir glauben, dass wir es verlernt haben, diese Welt sehen zu können. Kinder – und jeder, der Kinder hat, hat solche Situationen schon erlebt – sind für dieses Thema noch sehr aufgeschlossen. Sie nehmen Dinge wahr, die man ihnen schnell zu relativieren versucht. Wir sind mit der Zeit blind geworden für diese Welt. Jesus konnte die unsichtbare Welt jederzeit sehen. Er hat immer wieder zu erklären versucht, dass sein Reich nicht von dieser Welt ist (Johannes 18,36).

Wenn man das ernst nimmt und bedenkt, dass diese unsichtbare Welt unendlich ist, dann ist – wie beim Eisberg – rasch klar, welche Dimensionen und welche Bedeutung diese Welt für uns hat.

Im «Großen Glaubensbekenntnis» beten wir gleich im ersten Satz: «Ich glaube an den einen Gott, den Vater, den Allmächtigen, der alles geschaffen hat, Himmel und Erde, die sichtbare und die unsichtbare Welt.» Als Christen glauben wir an diese unsichtbare Welt. Die Bibel – Altes und Neues Testament – berichtet ausführlich davon.

Die Wirklichkeit auf die sichtbare Welt zu reduzieren, hieße, die Bibel nicht ernst zu nehmen und weite Teile der Schöpfung Gottes zu ignorieren. Gott hat auch die unsichtbare Welt geschaffen. Diese Überzeugung gehörte von Anfang an zum Glauben der Christen. Darum hat diese Formulierung Eingang in das «Große Glaubensbekenntnis» gefunden.

Ausdrücklich spricht die Bibel von Engeln und Dämonen, sie berichtet von guten Mächten und ausdrücklich auch vom Wirken des Bösen. All das sind Realitäten der unsichtbaren Welt – heute wie damals.

Es mutet geradezu abenteuerlich an, wenn Menschen, die sich für aufgeklärt halten, die Existenz des Bösen leugnen. Tag für Tag zeigen uns die Nachrichten, wie mächtig das Böse in der Welt wirkt. Wir müssen noch nicht mal die große Weltbühne mit ihren entsetzlichen Kriegen, bestialischen Massakern und den festgefahrenen Konflikten bemühen. Auch im Kleinen sieht man die Auswirkungen des Bösen im Alltag.

Zerstörerische Kräfte entzweien Menschen, rauben Lebensmut und Vertrauen, halten Menschen in scheinbar ausweglosen Situationen gefangen, befördern eine «Kultur des Todes», zerstören Verantwortungsbewusstsein und tun alles, um von Gottes Heilsplan für jeden von uns abzulenken und der Liebe Gottes entgegenzuwirken.

Man muss dieses Thema nicht überstrapazieren. Wer an Christus glaubt und in seiner Gegenwart lebt, braucht keine Angst vor dem Bösen zu haben. Wichtig ist aber, nicht so zu tun, als gäbe es jene Mächte und Kräfte nicht, die kein Interesse daran haben, dass Menschen Vertrauen in Gott fassen und sich seiner heilenden Nähe öffnen.

Insofern gehört das Wissen um eine unsichtbare Welt zu einem ganzheitlichen Lebensstil, der offen ist für Gott.

Wir empfehlen dir, dich auf das Abenteuer einzulassen, Gott mit all seinen Facetten zu entdecken. Bitte ihn darum, dich für die unsichtbare Welt zu sensibilisieren.

Es ist teilweise erstaunlich, wie in der Filmwelt, vor allem in Horrorfilmen, nur eine Seite dieser Welt, nämlich das Böse, dargestellt wird. Man könnte meinen, dies sei deren wesentlicher Teil. Das ist definitiv nicht der Fall. Die unsichtbare Welt ist fest in der Hand Gottes. Dort wimmelt es nur so von Engeln und guten Mächten, die uns umgeben. Für uns ist existenziell wichtig, für welche Mächte wir uns entscheiden.

Menschen können sich zwar gegen Gott entscheiden, aber nicht gleichzeitig gegen das Böse. Eine Entscheidung für Gott ist immer zugleich eine Entscheidung gegen das Böse. Sich gegen Gott zu entscheiden, bedeutet, den dunklen Mächten Raum zu geben. Denn diese Mächte fragen nicht um Erlaubnis.

Unser Lebensstil kann unser geistliches Leben beflügeln oder blockieren. Spiritualität kann wie ein Brunnen sein, aus dem sich beständig frisches Wasser schöpfen lässt, sie kann aber auch zur Wüste werden, in der nichts mehr wachsen und gedeihen kann. Gegen diese innere Versteppung hilft nur, sich in Gottes Gegenwart von seiner Liebe «bewässern» zu lassen.

Das wird nicht gelingen, wenn man sich der unsichtbaren Welt verschließt.

Säule 6: Persönliche Wiederherstellung

Nur Weicheier zeigen Gefühle – von wegen!

Unser gesamtes Buch ist ein Zeugnis für das, was wir unter persönlicher Wiederherstellung verstehen. Wir haben *Broken Bread* geschrieben, um von unserer persönlichen Wiederherstellung durch Gott Zeugnis zu geben. Das ist der Grund, warum es das Buch überhaupt gibt, warum wir unsere Geschichte mit dir teilen wie gebrochenes Brot.

In gewisser Weise könnte man den gesamten biografischen Teil unseres Buches als Beispiel für persönliche Wiederherstellung sehen. Es geht uns ja darum, zu zeigen, was Gott aus den Scherben unseres Lebens gemacht hat. Das ist die Grunderfahrung, die hinter diesem Buch steht. Das ist die Erfahrung, die unser Leben und unseren Glauben komplett verändert hat.

Wir durften Gott begegnen, in einer Weise, die wir früher nicht für möglich gehalten hätten. Wir durften erfahren, wie nahe er uns ist, gerade dann, wenn wir in Not sind. Inmitten unserer Gebrochenheit ist er auf uns zugekommen und hat uns gezeigt, was seine Liebe und seine Gegenwart vermögen. Dass für ihn nichts, absolut nichts unmöglich ist. Und dass er uns heil und gesund machen will, damit wir Leben in Fülle haben.

«Ich bin gekommen, damit sie das Leben haben und volle Genüge», fasst der Evangelist Johannes die Sendung Jesu in einem einzigen Satz zusammen (Johannes 10,10; LB). Die «Hoffnung für alle» übersetzt diese Bibelstelle so: «Ich aber bringe Leben – und dies im Überfluss.» In diesem einen Satz steckt eigentlich alles. Gott will, dass wir aus seiner Fülle leben, und zwar im Überfluss.

Wir können uns nicht vorstellen, was das bedeutet. Ein Leben in Gottes Überfluss sprengt unsere Vorstellungen. Das überfordert selbst die kühnste Fantasie.

Unsere größten Freuden sind ein matter Abklatsch dessen, was die Fülle Gottes bedeutet. Diese Fülle, diesen Überfluss, hat er uns zugedacht. Sie ist Gottes Wille für uns. Und zwar nicht erst im Himmel. Schon jetzt dürfen und können wir aus der Fülle Gottes leben. Sie steht bereit, sie ist zugänglich für uns, aber Gott drängt sie niemandem auf und stülpt sie niemandem über. Gott zwingt nie und zu nichts.

Gott ist absolute Freiheit. Er hat den Menschen nach seinem Abbild geschaffen. Auch der Mensch ist frei. Gott respektiert diese Freiheit voll und ganz. Er liebt den Menschen, jeden Menschen, und möchte ebenfalls geliebt werden. Liebe aber ist nur in Freiheit möglich. Liebe verträgt keinen Zwang, sie verträgt noch nicht mal Druck. Sie entfaltet sich in Freiheit, sie lebt von der Freiheit. Gott selbst ist der Inbegriff von Liebe und Freiheit.

Klar, Bilder und Sprache können Gott nur annähernd beschreiben. Gott ist immer größer als alles, was wir über ihn aussagen und wissen können. Aber Gott ist eben kein verborgener Gott. Er ist keiner, der sich versteckt, der sich entzieht. Gott ist Begegnung. Er hat das Volk Israel aus der Knechtschaft Ägyptens befreit, hat durch die Propheten gesprochen und ist in Jesus Christus Mensch geworden. In Christus zeigt Gott den Menschen aller Zeiten sein liebendes Gesicht.

Nein, Gott verbirgt sich nicht vor uns. Er ist Mensch geworden, damit wir ihn finden können. Er zeigt sich, er macht sich berührbar, er will uns begegnen, mit jedem von uns in Berührung kommen. Am Willen Gottes ist noch keine Begegnung gescheitert.

Gott sucht auch die Begegnung mit dir. Er möchte jeden von uns nach seinem ursprünglichen Plan wiederherstellen. Mit jedem von uns hat Gott etwas vor.

Wir sprechen gemeinhin von Berufung. Davon war bereits die Rede. Heute spricht man oft nur dann von Berufung, wenn jemand ins Kloster geht oder sich für das Priesteramt entscheidet. Dann heißt es, er folge damit seiner inneren Berufung. Das stimmt.

Aber: Gott beruft nicht nur zu diesem speziellen Weg seiner Nachfolge. Jeder von uns hat eine spezielle Berufung, etwas, das Gott nur dir ins Herz gelegt hat. Einen besonderen Plan, den zu verwirklichen glücklich macht, weil dabei genau die Talente, Fähigkeiten und Begabungen benötigt werden, die einem von Gott mitgegeben worden sind.

Wir sind kein Zufall. Wir sind keine Sandkörner im Universum. Wir sind nicht das Produkt biologischer Optimierungsprozesse, die über Jahrmillionen gedauert haben. Wir sind auch nicht einfach das Ergebnis der sexuellen Vereinigung von Mann und Frau. Wir sind unendlich viel mehr als das. Wir sind von Gott gewollt. Du bist von Gott gewollt! Du bist ein geliebtes Kind Gottes! Gott will in Gemeinschaft mit dir leben.

Als Kind Gottes, als Tochter und Sohn Gottes, bist du nicht irgendwer. Du bist kein namenloser Nobody, kein Versager, kein Opfer, kein Verlierer. Auch wenn du dich vielleicht so fühlst. Als Kind Gottes verfügst du über eine unermessliche Würde, du hast teil an der Königswürde Gottes.

«Als seine Kinder aber sind wir – gemeinsam mit Christus – auch seine Erben», schreibt der Apostel Paulus in seinem Brief an die Römer (8,17; Hfa). Tochter oder Sohn Gottes zu sein, sein Erbe zu sein: Mehr geht nun wirklich nicht. Es kann schon sein, dass du dich gar nicht so fühlst. Dafür gibt es Gründe.

Aber das ändert zunächst einmal nichts daran, dass es tatsächlich so ist.

Gott hat dich gewollt, er hat dich geschaffen, und er hat einen Plan mit dir. So weit ist das alles unfassbar großartig. Leider gibt es auch einen, der nicht das Gute im Sinn hat und der nur danach trachtet, die Gemeinschaft der Menschen mit Gott und der Menschen untereinander zu zerstören und Gottes Pläne zunichtezumachen.

Richtig, wir sprechen vom Bösen schlechthin, vom Widersacher Gottes. Manche nennen ihn «den Feind», andere «den Diabolos». Das kommt vom Griechischen und meint, wörtlich übersetzt, denjenigen, der alles durcheinanderwirft. Es gibt viele Bezeichnungen. Aber darauf kommt es genauso wenig an wie auf die unterschiedlichen Bilder, die wir mit der Rede vom Teufel verbinden.

Künstler unterschiedlicher Epochen haben dem Stil und den Vorstellungen ihrer Zeit entsprechend die Realität des Bösen auszudrücken versucht. Solche Bilder und Vorstellungen haben das Bewusstsein geprägt, zunächst in der jeweiligen Zeit. Aber diese Prägungen wirken nach und beeinflussen unser Bild vom Bösen bis heute.

Weil diese Bilder allzu naiv und voraufklärerisch erscheinen, nehmen viele eine solche Figur nicht mehr ernst. Darum hat man den Teufel gedanklich entsorgt. Leider hat man dabei übersehen, dass es nicht auf Bilder, Vorstellungen und Begriffe ankommt, sondern auf die Realität. Die Bibel lässt keinen Zweifel an der Realität des Bösen schlechthin. Nach der Überlieferung der Evangelien wird Jesus vom Widersacher in Versuchung geführt (Markus 1,12–13; Matthäus 4,1–11; Lukas 4,1–13). Das ist nur eine von vielen Stellen, die die Existenz des Diabolos bezeugen.

Nun gibt es Theologen, die diese biblischen Berichte auf die symbolische, metaphorische und psychologische Ebene verlagern und sie nur so verstanden wissen wollen. Auch das ist eine Möglichkeit, den Feind zu entsorgen, aber auch diese Variante geht an der Wirklichkeit vorbei.

Das Böse existiert. Die Bibel bezeugt es. Wer sich mit dem Gedanken schwertut, dass der Widersacher Gottes eine Wirklichkeit ist, sollte einfach mal die Bilder und Vorstellungen, die er vielleicht noch aus Kindertagen im Kopf hat, beiseite lassen. Das kann helfen. Gott sitzt ja auch nicht mit Rauschebart auf einem Thron in den Wolken, auch wenn noch so viele Künstler ihn so dargestellt haben.

Wie gesagt, es geht nicht um Bilder oder Vorstellungen, sondern darum, die von der Bibel beschriebene Wirklichkeit ernst zu nehmen. Zu dieser Wirklichkeit gehören die sichtbare und die unsichtbare Welt. Und zu letzterer gehört auch der Feind Gottes und der Menschen, den die Heilige Schrift «Teufel» oder «Satan» nennt.

Christus hat das Böse besiegt und überwunden. Doch der Feind versucht weiterhin alles, um zu zerstören und uns von Gott zu trennen. Gott kann er nicht besiegen, aber er kann die Beziehungen der Menschen untereinander und damit auch ihre Beziehung zu Gott vergiften und so zerstören.

Wenn unsere Emotionalität angeschlagen, verletzt oder vielleicht sogar krank ist, dann hat das Einfluss auf unser ganzes Befinden. Dann leiden nicht nur Seele und Körper, dann ist dadurch auch unser geistliches Leben betroffen. Wer sich in der Welt umschaut, sieht schnell, wie groß das emotionale Chaos ist.

Meist reicht es schon, sich in der eigenen Familie, im Freundes- und Bekanntenkreis umzusehen. Beziehungen gehen zu Bruch, hinterlassen blutende Wunden und tiefe Narben in der Seele. Solche Verletzungen machen es schwer, wieder Vertrauen aufzubringen. Die Beziehungsfähigkeit leidet. Neue Negativerlebnisse kommen hinzu, lasten als seelische Hypothek auf der nächsten Beziehung. All das hat Auswirkungen auch auf die Kinder.

Wer sich als Kind von seinen Eltern nicht als angenommen und geliebt erfährt, dem fehlt das Urvertrauen, auf dem die seelische Stabilität und Entwicklung aufbaut. Heute weiß man, dieses Vertrauen kann schon vor der Geburt beschädigt werden. Wenn das emotionale Verhältnis zwischen Mutter und ungeborenem Kind beeinträchtigt oder gestört ist, hinterlässt das seine Spuren in der Seele des Kindes. Beziehungsfähigkeit kann schon sehr früh gestört oder sogar zerstört werden.

Manchen sind schon in früher Kindheit fürchterliche Ereignisse widerfahren, körperliche und seelische Gewalt oder sexueller Missbrauch zum Beispiel. Das sind schwere Traumata, die sich tief ins Unterbewusstsein graben. Manchmal so tief, dass wir sie abspalten, weil man mit der Erinnerung nicht leben könnte. Dann vergräbt man die Gedanken an das Geschehene so tief in sich, dass es sein kann, dass man tatsächlich keine aktive Erinnerung mehr daran hat. Bis eines Tages durch ein auslösendes Ereignis alles wieder nach oben kommt.

Negativerlebnisse in der Kindheit prägen Erfahrungsmuster. Solche inneren Muster bestimmen unser Fühlen und Denken und beeinflussen unser Verhalten. Das wirkt sich auch auf unseren Glauben und unser Gottesbild aus. Wer seinen Vater nicht als gütig und liebevoll erfahren hat, sondern sich einem unberechenbaren Tyrannen ausgesetzt sah, der wird Schwierigkeiten haben, sich Gott als barmherzigen Vater vorzustellen, der seine Kinder über alles liebt und alles, wirklich alles, für sie tut.

Gott möchte uns von solchen inneren Verletzungen heilen. Er möchte jene Ursprünglichkeit in uns wiederherstellen, in der er uns gedacht und geschaffen hat. Er möchte auch unsere Emotionalität wiederherstellen, die auf so vielfältige Weise unter die Räder des Lebens gekommen ist. Gott will heilen, und er kann das. Seinem Heilswillen sind keine Grenzen gesetzt.

Um nicht missverstanden zu werden, möchten wir wiederholen, was wir bereits an anderer Stelle betont haben: Glaube ersetzt keinen Arztbesuch. Es ist unvernünftig, einen guten Arzt oder guten Therapeuten nicht aufzusuchen, wenn dies angezeigt und notwendig ist!

Dennoch gibt es nichts, was Gottes Möglichkeiten zur persönlichen Wiederherstellung Grenzen setzt. Wir haben es mehrfach erleben dürfen: Gott heilt nicht nur körperliche Krankheiten, sondern auch seelische Verletzungen. Er stellt die Emotionalität von gebrochenen Menschen wieder her und erneuert damit ihre Beziehungsfähigkeit.

Auch das haben wir mehrfach erleben dürfen. Nicht nur bei anderen, auch bei uns selbst. Ich zum Beispiel, Franz, hatte große Schwierigkeiten, meine Gefühle in Beziehungen zu zeigen. Ganz besonders schwer fiel es mir, über meine emotionalen Bedürfnisse zu sprechen.

Eines Tages hat mich ein Satz Gottes getroffen: «Ich nehme das versteinerte Herz aus deiner Brust und gebe dir ein lebendiges Herz» (vgl. Hesekiel 36,26). Damit konnte ich erst mal nichts anfangen. Ich habe mich immer über Leistung definiert und daher auch versucht, Gott durch Leistung zu gefallen.

Heute weiß ich, dass das falsch war und dass dies unmöglich so bleiben konnte. Aber damals erschien mir Liebe eher als Gefühlsduselei für Leistungsschwache. Die Stellen in der Bibel, in denen es um die Liebe ging, waren mir unheimlich, ja, sie haben mich regelrecht provoziert.

Mein steinernes Herz hat mich daran gehindert, Gefühle zuzulassen und auch zu zeigen. Wenn ich durch meine «Gefühlsverweigerung» in ein emotionales Defizit geraten bin, wurde ich aggressiv und habe Menschen, die mir eigentlich wichtig waren, verletzt. Niemals körperlich, aber verbal. Wirklich besser ist das nicht.

Das Problem dabei war, dass ich nicht auf den Mund gefallen bin. Daher war ich in der Lage, andere massiv zu verletzen.

Dieses Verhalten hat mich zunehmend in Schwierigkeiten gebracht. Und ich bekam immer weniger das, was ich eigentlich gebraucht hätte.

Eines Tages hat Gott mich überführt. Mir wurde klar, dass ich mich selbst für dieses steinerne Herz entschieden hatte, um mich zu schützen. Ich erkannte, dass ich es wieder loswerden konnte, wenn ich anfangen würde, im entgegengesetzten Geist zu handeln. Ich musste mich neu entscheiden.

Also nahm ich allen Mut zusammen und bekannte das vor meiner Familie. Ich entschuldigte mich bei allen und bat sie, für mich zu beten. Das war ein geniales Erlebnis. Ich konnte richtig spüren, wie es mir leicht ums Herz wurde. Seitdem versuche ich, offen über meine Bedürfnisse zu sprechen, und bemühe mich meinen Mitmenschen gegenüber um ein anderes Verhalten.

Gott wünscht sich Botschafter seiner Liebe. Auch mich hat er dazu berufen. Vor ein paar Jahren hätte ich das für absoluten Quatsch gehalten. Schon bei der Wortwahl «Botschafter der Liebe» hätte ich die Augenbrauen hochgezogen und die Faust in der Tasche geballt. Heute bin ich stolz auf diese Bezeichnung und versuche, genau solch ein Botschafter zu werden.

Gott klebt keine Scherben zusammen, er schafft die Dinge gleich neu. Das gilt auch für die Wiederherstellung von Beziehungsfähigkeit. Wo Gott die Beziehungsfähigkeit wiederherstellt, wirkt sich das sowohl auf die zwischenmenschlichen Beziehungen aus als auch auf die Beziehung zu Gott.

Oftmals ist gerade diese Wiederherstellung die Voraussetzung für eine lebendige Spiritualität, für ein geistliches Leben, das nicht trocken oder gar tot ist, sondern erfüllt von der spürbaren Liebe Gottes.

Der Widersacher Gottes weiß um die Macht der Emotionen, er weiß um die Bedeutung der Beziehungs- und Gemeinschaftsfähigkeit, er weiß um die teils schweren Verletzungen unserer Emotionalität, und er kennt deren Auswirkungen. Darum ist der Bereich der Emotionalität einer seiner bevorzugten Angriffsflächen. Dafür zu sorgen, dass sich Situationen und Zustände nicht bessern, sondern immer mehr ins Negative und Ausweglose abrutschen. Dass sich Menschen in Abhängigkeiten verstricken, aus denen es kein Entrinnen mehr zu geben scheint. Dass sie ihre innere Freiheit und Unabhängigkeit verlieren und sich an Dinge binden, die eine zerstörerische Kraft haben: Das ist ganz nach seinem Geschmack. Diese Klaviatur des Bösen spielt er meisterhaft.

Emotionen können trügerisch sein, gerade weil sie verletzt und den Angriffen des Feindes ausgesetzt sind. Glaube ist daher in erster Linie keine Frage der Emotionen. Das beutetet nicht, dass Glaube emotionslos wäre. Das ist definitiv nicht der Fall. Aber in der Regel sind unsere Emotionen nicht der direkte Weg in die Begegnung mit Gott. Eben weil sie auf vielerlei Weise verletzt und damit nicht unbedingt verlässlich sein können.

Glaube ist keine Gefühlssache, sondern zuallererst eine Entscheidung. Eine Entscheidung unseres freien Willens. Wäre dem nicht so, wäre es kein Glaube, sondern ein Gefühl. Gefühle können sich wieder ändern. Auf vage Gefühle kann man nicht bauen, sie könnten trügen. Auf den Glauben an Gott kann man bauen. So sicher wie auf sonst nichts. Es braucht also eine Entscheidung für den Glauben und damit verbunden für einen bestimmten Lebensstil. Diese Entscheidung muss in Freiheit erfolgen.

Wer sie trifft, merkt freilich bald, dass die Verwirklichung dieser Entscheidung im Alltag vielerlei Ablenkungen ausgesetzt ist. Suche ich die Begegnung mit Gott? Kümmere ich mich um regelmäßiges Beten? Lese ich in der Bibel? Nehme ich Abstand von Verhaltensweisen, die mir und den Menschen in meiner Umgebung nicht guttun?

Wir wollen das eine und tun dann doch oft das andere. Manchmal ist es «wie verhext». Tausend Dinge drängen plötzlich nach vorne, ziehen unsere Aufmerksamkeit auf sich, lenken uns ab und führen uns – fast unbemerkt – weg von dem, was wir eigentlich möchten, wofür wir uns entscheiden und was wir uns vorgenommen haben.

Hier kommen wieder die Emotionen ins Spiel. Unsere Gefühle können unseren freien Willen schwächen. Im schlimmsten Fall können sie ihm die Freiheit nehmen. Bei Suchtkranken ist das beispielsweise der Fall.

Es kommt in Fragen des Glaubens also sehr darauf an, bewusste Entscheidungen zu treffen und sich nicht ablenken zu lassen von dem Weg, für den man sich aus freien Stücken entschieden hat. Wo immer man sich dennoch verirrt hat und vom Weg abgekommen ist, darf man sich sicher sein, dass Gott uns auf seine Wege zurückholt, wenn wir ihn darum bitten.

Umkehr und Reue liegen Gott besonders am Herzen. Er ist nicht für die Starken, für die Perfekten und besonders Frommen gekommen, sondern für die, die seiner Hilfe bedürfen. «Die Gesunden brauchen keinen Arzt, sondern die Kranken. Ich bin gekommen, um Sünder in die Gemeinschaft mit Gott zu rufen, und nicht solche, die sich sowieso für gut genug halten», heißt es im Evangelium nach Markus (2,17; Hfa).

Diese Hilfe Gottes dürfen wir jederzeit in Anspruch nehmen. Dabei müssen wir wissen, wer wir sind: Gottes geliebte Kinder, Erben des Vaters.

Erinnerst du dich an das Gleichnis vom barmherzigen Vater, vom dem bereits die Rede war? Der eine Sohn hatte das gesamte vom Vater geerbte Vermögen mit Prostituierten und Partys durchgebracht und kam dann reumütig zurück in die

Arme des Vaters, der vor lauter Freude darüber ein rauschendes Fest feiern ließ.

Der andere Sohn traute seinen Augen nicht, war angefressen und beschwerte sich bei seinem Vater: «Ich schufte unentwegt für dich, und für den anderen veranstaltest du eine Riesen-Wiedersehensparty. Das hätte ich auch mal gerne gehabt.» Der Vater antwortet ihm daraufhin: «Alles, was ich habe, gehört auch dir.» (Das ganze Gleichnis steht in Lukas 15,11–32.)

Diese Aussage gilt nicht nur für den zweiten Sohn in dem Gleichnis, das Jesus erzählt. Sie gilt für alle Kinder und Erben Gottes. Sie gilt für uns! «Alles, was ich habe, gehört auch dir!» Wir dürfen, ja, wir sollen von Gott unser Erbe wiederherstellen lassen und seinem Plan für unser Leben folgen.

Dafür ist es hilfreich, unsere Herzenswünsche wiederzuentdecken – das, was Gott in uns hineingelegt hat, damit wir seinem Plan folgen können. Diese Herzenswünsche machen uns zu dem, der wir sind oder eigentlich sein könnten.

Oft sind diese Wünsche begraben unter einer dicken Schicht aus Selbstzweifeln, Verletzungen, Enttäuschungen, Ablehnung und «Geht doch eh nicht»-Sätzen. Manche spüren ihre eigenen Herzenswünsche nicht mehr; manche ahnen sie noch, haben sich aber längst von ihnen verabschiedet. Bei wieder anderen haben sich diese Herzenswünsche ins Gegenteil verkehrt und sabotieren, dass man zu sich selbst und zu Gottes Plan findet. Dabei hat der Böse oft ordentlich die Finger im Spiel.

Ein Beispiel: Da gibt es eine Frau, deren Herzenswunsch war es eigentlich, in ihrem Leben etwas mit Kindern zu machen. Dann wurde sie derart verletzt, dass sie anfing, Kinder zu hassen. Damit war es ihr unmöglich, sich ihren eigenen Herzenswunsch zu erfüllen beziehungsweise ihn überhaupt noch wahrzunehmen. Erst als Gott sie wiederhergestellt hatte, war sie dazu in der Lage.

Wir sollten also sehr genau nachspüren, was unsere Herzenswünsche sind. Wir sollten dem Grund nachgehen, warum wir sie möglicherweise begraben haben, unter welchen Schichten sie versteckt sind oder warum sie möglicherweise ins andere Extrem umgeschlagen sind.

Geh deinen Herzenswünschen nach! Frage dich: Was macht mich lebendig und was nicht? Trage die Schichten von Bitterkeit und Wut ab, die deine Wünsche bedecken, und lass dir bei alledem von Gott helfen. Er möchte dich wiederherstellen. Er will dir deine Herzenswünsche erfüllen und will, dass sein Plan für dein Leben in Erfüllung geht.

Säule 7: Herrlichkeit

Wie im Himmel, so auf Erden. Gibt es das wirklich?

Die Herrlichkeit ist das große Ziel. Die Bibel kündigt das Kommen der Herrlichkeit Gottes an. Angefangen bei den Propheten bis hin zu Jesus von Nazareth, in dem die Herrlichkeit Gottes erschienen ist.

Was die Herrlichkeit Gottes ist? Man könnte auf den Gedanken kommen, es sei der Heilige Geist. Jesus hat das Kommen des Heiligen Geistes verheißen und den Jüngern den Geist Gottes gesandt. Der Heilige Geist ist neben Gott dem Vater und Jesus Christus die dritte Person der Heiligen Dreifaltigkeit. Ein Gott in drei Personen: Das christliche Gottesbild drückt Beziehung aus. Beziehung pur.

Wenn Gott die Liebe ist, wie es im 1. Johannesbrief (4,16) heißt, dann ist damit auch gesagt, um welche Art von Beziehung es dabei geht: um eine Liebesbeziehung, um die absolute Liebe Gottes. Diese Liebe ist in Jesus Mensch geworden und lebt und wirkt im Heiligen Geist heute genauso wie vor 2000 Jahren.

Wenn wir von der Herrlichkeit Gottes sprechen, meinen wir allerdings nicht den Heiligen Geist. Die Herrlichkeit Gottes und der Heilige Geist sind nicht identisch. Auch wenn die Herrlichkeit ohne das Wirken des Heiligen Geistes undenkbar ist.

Die Herrlichkeit Gottes ist unsere große Zukunftsperspektive, unser Ziel, unsere Verheißung, das, worauf wir zugehen, worauf wir hoffen, worauf wir uns freuen dürfen. Und doch erleben wir die Herrlichkeit Gottes nicht erst irgendwann in ferner Zukunft, am Ende unserer irdischen Tage. Sie ist schon heute mitten unter uns. Mit Worten ist das kaum zu beschreiben. Man muss es erleben.

Die Herrlichkeit Gottes ist eine besondere Form der Gegenwart Gottes. Es ist die Gegenwart des Vaters. Wenn sie kommt, dann verändert sich alles. Sie hat eine unfassbare Power.

In der biblischen Erzählung von der blutflüssigen Frau (Lukas 8,43–48) ist von genau dieser Kraft die Rede. Im dichten Menschengedränge berührt die seit Jahren kranke Frau nur den Saum von Jesu Gewand und wird sofort geheilt. Jesus spürt im Gedränge um ihn herum, dass eine Kraft von ihm ausgegangen ist, und fragt, wer ihn berührt habe. Als die Frau zitternd vor ihm steht, entgegnet er ihr liebevoll: «Dein Glaube hat dich geheilt. Geh in Frieden!»

Es reicht, den Saum von Jesu Gewand zu berühren. Ja, es genügt, dass der Schatten des Herrn auf jemanden fällt, um Krankheiten zu heilen und Gesundheit von Leib und Seele wiederherzustellen. In dieser Kraft, die von Jesus ausgeht, zeigt sich die Herrlichkeit Gottes. Wo diese Kraft wirkt, da steht der Himmel offen.

Mit dem Verstand ist das nicht zu fassen. Es ist der feste Glaube an die Macht Gottes, der die Frau geheilt hat, nicht ihr Verstand. Sie glaubte daran, dass schon die kurze Berührung des Gewandes sie gesund machen kann. Und sie erlebte durch Jesus das Wunder ihres Lebens.

Wenn die Herrlichkeit Gottes hereinbricht, geschehen auch heute noch Wunder. Wir durften das einige Male erleben. Inzwischen sind wir überzeugt: Wir Menschen haben die Möglichkeit, der Herrlichkeit Gottes Raum zu geben. Gott will uns ja begegnen. Er sehnt sich nach der Begegnung mit uns. Es liegt an uns, ob wir Raum für diese Begegnung schaffen oder ein Verhalten an den Tag legen, das die Begegnung mit Gott nur schwer möglich macht.

Um es hart auszudrücken: Wenn wir Menschen uns bestialisch aufführen, wenn wir lügen, betrügen, unsere Mitmenschen und unsere Umwelt lieblos behandeln, wenn wir anderen ihre Würde und Rechte nehmen, wenn wir einander missbrauchen und verachten, dann greift eine «Kultur des Todes» um sich, in der kein Raum ist für die Begegnung mit Gott. Wer so lebt, nagelt sich selbst den Himmel zu.

Eine «Kultur des Lebens und des Ehrens», des gegenseitigen Respekts und der Wertschätzung, der Wahrheit und der Liebe reißt dagegen den Himmel auf, macht durchlässig für die Begegnung mit Gott und das Kommen seiner Herrlichkeit. Man muss die Gegenwart Gottes nicht herunterbetteln und auch nicht durch drei Stunden Lobpreis heruntersingen.

Gott möchte uns nahe sein. Voraussetzung dafür ist nicht eine bestimmte Gebetsform und noch weniger eine spezielle Gebetsformel, sondern eine Haltung, ein Lebens- und Glaubensstil, der die Gegenwart Gottes sucht und die spürbare Begegnung mit ihm zulässt.

Als es vorhin um das Thema Beziehung ging (Säule 1), haben wir von der «Bubble Time» gesprochen. Es geht wirklich darum, einen Lebensstil der Herrlichkeit zu leben. Im Galaterbrief ist die Rede von den Früchten des Geistes. Sie sind es, die einen Lebensstil der Herrlichkeit beschreiben: Liebe, Freude und Frieden; Geduld, Freundlichkeit und Güte; Treue, Nachsicht und Selbstbeherrschung (5,22–23; Hfa).

Interessant ist, dass geschrieben steht, der Heilige Geist bewirke das in uns. An dieser Stelle müssen wir Gott definitiv beim Wort nehmen. Denn aus eigener Kraft schaffen wir das niemals. Wenn aber Gottes Geist in uns ist, dann wird's was!

Lass dich verändern. Gib Gott eine Chance. Hab Mut und lass dir die Dinge in deinem Leben zeigen, die verändert, geheilt, wiederhergestellt werden müssen, und lass diese Veränderungen zu. Der Lohn ist gigantisch. Die Früchte des Geistes werden in dir sichtbar, und die Herrlichkeit wird dir begegnen.

Um es noch einmal zu sagen: Wir meinen nicht die Begegnung mit Gott am Ende unserer Tage, wenn wir gestorben sind. Wir sprechen von hier und heute. Schon jetzt ist es möglich, Gott zu begegnen. Dafür muss man nicht bis zum Himmel warten. Es passiert mehr zwischen Himmel und Erde, als wir uns vorstellen können. Die Gegenwart Gottes ist erfahrbar – schon auf Erden.

Jesus hat immer in der Gegenwart des Vaters gelebt. Er war erfüllt von der Herrlichkeit Gottes. Wenn etwas von dieser Herrlichkeit spürbar geworden ist, sind die Menschen auf die Knie gefallen. Das ist heute nicht anders. Wir haben solche Momente erleben dürfen. Es war fantastisch. In diesen Augenblicken der besonderen Gegenwart Gottes geschieht Versöhnung, Heilung, Wiederherstellung. So etwas kann man nicht spielen, das geschieht tatsächlich.

Wir hatten auf unserer Ranch ein Seminar, an dem auch eine Familie teilnahm, die sich große Sorgen wegen ihres Sohnes machte. Sein Verhältnis zu den Eltern, besonders zum Vater, lief völlig aus dem Ruder. Ein Teenie lehnte sich gegen die Eltern auf. Der Sohn rebellierte und war für seine Eltern nicht mehr ansprechbar. Die Eltern sorgten sich, ihn ganz zu verlieren. Der Sohn war nur mit zu uns nach Hainichen gekommen, weil er hier Schlagzeug spielen wollte.

Nachdem wir eine Weile lang gebetet hatten, wurde Gottes Gegenwart unter uns spürbar. Die Kraft seiner Herrlichkeit erfüllte unseren Saloon, in dem unsere Veranstaltungen stattfinden. Der Sohn fiel seinem Papa in die Arme, und beide weinten eine Stunde lang miteinander. Sie sprachen sich aus und versöhnten sich miteinander.

Die ganze Familie fuhr in einem völlig neuen Beziehungsmodus nach Hause.

Ein andermal besuchte uns eine Frau. Sie war völlig am Ende und stand vor den Scherben ihrer Ehe und ihrer Familie. Ihr Mann fuhr bereits alleine in den Urlaub, und eine der Töchter beschäftigte sich mit der okkulten Szene. Die Dame war nicht gläubig; wir fragten sie dennoch, ob wir für sie beten dürften.

Sie war in einer Situation, in der einem ohnehin schon alles egal ist. Also stimmte sie zu. Wir beteten. Auf einmal erfüllte die Gegenwart Gottes den Raum. Schlagartig standen der Frau sämtliche Haare zu Berge. «Was ist das?», rief sie panisch. Wir erklärten es ihr. Noch in dieser Stunde bekehrte sie sich und übergab ihr Leben Jesus. Sie verließ uns als neugeborener Mensch.

Vier Wochen hörten wir nichts mehr von ihr. Dann rief sie an und berichtete: Als ihr Mann aus dem Urlaub zurückgekommen sei, habe er sie um Verzeihung gebeten und wollte einen neuen Anfang mit ihr machen. – Das Ehepaar hatte sich versöhnt und wieder zusammengefunden.

Die Tochter sei eines Tages nach Hause gekommen und habe nach einer Bibel verlangt. Sie habe sich von der dunklen Szene abgewandt und bekehrt. Inzwischen brenne sie für Jesus und sei nur noch im christlichen Lager unterwegs.

In diesem Fall hat Gott innerhalb von vier Wochen eine ganze Familie wiederhergestellt. Mit menschlichen Maßstäben ist das nicht zu erklären. Da war Gott am Werk und hat seine Herrlichkeit gezeigt.

Geschichten wie diese haben wir mehrere erlebt. Sie bestärken uns in der Überzeugung, dass wir Gottes Gegenwart suchen müssen. Vor allem müssen wir so leben, dass wir ihr überhaupt Raum geben. Wo Unfriede, Streit, Neid, Missgunst oder Zwietracht herrschen, entziehen wir uns der Nähe Gottes. Wenn wir über andere lästern, nachtragend und unversöhnlich sind, errichten wir Mauern. Nicht nur untereinander, sondern auch gegenüber Gott.

Mauern fördern keine Begegnung, sie trennen voneinander. Darum gilt es, alles einzureißen, was uns von Gott und voneinander trennt. Wir müssen Versöhnung leben, die Einheit – besonders in der Familie – suchen und in einen Lebens- und Glaubensstil hineinfinden, der so fest mit dem Kommen Gottes rechnet, als stünde er bereits vor der Tür. Da steht er nämlich schon längst und klopft ganz sachte an. Mach auf und lass ihn herein. Du wirst von Freude überrascht werden.

Gott ist so real und auch ganz real erlebbar. Wir haben uns fest vorgenommen, die Erfahrungen, die wir mit Gott gemacht haben, weiterzugeben. Wir verstehen unsere persönliche Geschichte als einen Beleg dafür, dass Gott existiert und heute genauso erfahrbar ist wie vor 2000 Jahren.

Genau das hat Jesus uns versprochen. Im Johannes-Evangelium sagt er: «Glaubt mir doch, dass der Vater und ich eins sind. Und wenn ihr schon meinen Worten nicht glaubt, dann lasst euch doch wenigstens von meinen Taten überzeugen! Ich sage euch die Wahrheit: Wer an mich glaubt, wird die gleichen Taten vollbringen wie ich – ja sogar noch größere; denn ich gehe zum Vater» (14,11–12; Hfa).

Unsere Vision ist es, Arbeiter für den Weinberg des Herrn auszubilden, Frauen und Männer, die voller Leidenschaft das Reich Gottes verkünden. Menschen, die die ganze Wahrheit kennen und das Evangelium ohne Abstriche leben. Menschen, die sich nicht mit religiösen Floskeln oder frommen Traditionen zufriedengeben, sondern ganz auf die Verheißungen Gottes bauen und aus seiner Fülle leben wollen.

In unseren Seminaren versuchen wir, Menschen dabei zu helfen, indem wir unsere Geschichte und die Wunder, die wir erleben durften, mit ihnen teilen wie gebrochenes Brot, damit unsere Gäste auf den Geschmack Gottes kommen. Wenn du möchtest, helfen wir auch dir gerne, die nächsten Schritte zu tun.

Gib Gott eine Chance

Wir sind am Ende unseres Buches angekommen. Aber *Broken Bread* will kein Ende, sondern ein Anfang sein. Wir haben unsere Erfahrungen mit dir geteilt. Was wir erfahren durften, kannst auch du erleben: Gott macht keine halben Sachen. Er will, dass wir leben! Nicht nur so ein bisschen, nicht als arme Hascherl, sondern aus vollen Zügen. Nicht verkrampft, nicht ängstlich, nicht verkrümmt oder als komische religiöse Vögel, sondern souverän, frei und aus der ganzen Fülle, die er uns schenkt.

Gott liebt jeden Einzelnen. Ganz egal, wie es gerade um einen steht, wie viel im eigenen Leben zerschlagen und zerbrochen ist, wie tief man im Schmutz sitzt und welchen Mist man auch gebaut hat: Gott kann und will das alles verwandeln. Auch der Tod setzt seiner Macht keine Grenze. Wir sind Zeugen dafür. Wir haben es erlebt.

Gott will auch dein Leben verwandeln. Du musst keine Angst davor haben. Ganz bestimmt nicht. Gott nimmt dir nichts, er gibt dir alles! Wir beide sind ein lebendiges Beispiel dafür, was Gott aus einem Scherbenhaufen machen kann. Er klebt keine Scherben zusammen. Gott macht völlig neu.

Unsere Geschichte zeigt, wie er Menschen, die am Boden zerstört sind, aufrichtet und wiederherstellt. Sie belegt, dass für ihn nichts, wirklich gar nichts unmöglich ist und dass gerade Zeiten von Hoffnungslosigkeit, Schmerz und Trauer Gott die Möglichkeit geben, seine Herrlichkeit zu zeigen.

Es gehört zum großen Geheimnis Gottes, dass er eine besondere Schwäche für die Schwachen hat, für die Zerbrochenen, für die Gescheiterten, für die, die verwundet am Wegrand liegen. Für Menschen in Not und in Ausweglosigkeit. Für die, die vor Kummer und Leid schon keine Tränen mehr in sich haben. Für alle jene, die Schuld auf sich geladen haben. Und ganz besonders für die, die sich mit schwerer Schuld plagen. Ihnen ist Gott viel näher als den Selbstgerechten, die stets alles besser wissen – auch in religiösen Dingen.

Ganz egal, wie schlimm, ganz egal, wie ausweglos und hoffnungslos es gerade aussieht: Gott ist immer größer, er ist stärker, er macht auch die tiefste Finsternis hell. Gott ist die Liebe (1. Johannes 4,16). Und Liebe ist immer erfinderisch. Darum findet Gott immer einen Ausweg – auch aus den Sümpfen der Selbstzweifel und der Selbstanklage, in denen man so leicht versinken kann.

Gott will gerade denen besonders nahe sein, die seine Zuwendung am dringendsten brauchen.

Weil wir Menschen uns das kaum vorstellen können und weil es uns schwerfällt zu glauben, dass Gott wirklich so ist, misstrauen wir ihm. Weil wir außerdem oft schmerzhafte Elternprägungen mit uns herumschleppen, weil das Leben Wunden schlägt, die nur schwer heilen, und weil die Narben auf unserer Seele gefühllos machen für die zärtliche Berührung Gottes, zweifeln wir an seiner bedingungslosen Liebe.

Dieses Misstrauen steht wie eine Mauer zwischen uns und Gott. Diese Mauer des Misstrauens muss man durchbrechen, um sich in geradezu «blindem» Vertrauen in die Arme Gottes werfen zu können. Die Erfahrung dieser völligen Geborgenheit bedeutet Lebensglück. Ein Glück, das einem nichts und niemand mehr nehmen kann und das weit über unsere kleinen Vorstellungen vom großen Glück hinausgeht.

Dies immer besser zu verstehen, ist ein längerer Prozess. Ein Weg, auf dem sich Schritt für Schritt das Leben verwandelt – je mehr und je konkreter wir mit Jesus in Berührung kommen.

Auch uns ist der Himmel nicht plötzlich auf den Kopf gefallen, auch bei uns war nicht sofort alles klar. Gott hat uns an der Hand genommen und seinen Weg geführt. Er hat spürbar die Regie in unserem Leben übernommen, und wir haben ihm die Führung überlassen. Dankbar und staunend, aber auch zaudernd und zögernd angesichts der Überraschungen und Wendungen, die sich Gott hat einfallen lassen und die wir uns so nie hätten ausmalen können.

All diese Erfahrungen haben wir in *Broken Bread* niedergeschrieben. Du weißt jetzt darum. Es hat gedauert, bis die Zeit reif war für dieses Buch. Manches mussten wir erst verstehen lernen, manche Entwicklung durchlaufen, bis es so weit war und wir *Broken Bread* mit dir teilen konnten.

Falls du uns persönlich treffen möchtest, würde uns das freuen. Schau auf unserer Ranch in Hainichen vorbei. Auf www.Horse4C-Ranch.de kannst du dich im Internet umschauen, was wir so alles anbieten. Schon jetzt sind wir gespannt darauf, irgendwann vielleicht auch dich und deine Geschichte kennen lernen zu dürfen. Wenn Gott will, dass wir uns begegnen, wird es passieren.

Eines noch zum Schluss: Hör bitte nie, nie, nie auf, auf Gott zu hoffen! Ganz egal, wie tief unten du dich fühlst, wie schmutzig, wie schlecht, wie missbraucht, wie hoffnungslos sich dein Leben gerade anfühlt: Jesus will dir begegnen. So, wie du bist. Er will dich in die Arme nehmen, dich heilen und dir neues, göttliches Leben schenken.

Gott hat Sehnsucht nach dir und wartet auf dich, er will dir begegnen. Du kannst das erleben. Es gibt nur eine einzige Bedingung dafür: Du musst Gott eine faire Chance geben.

Broken Bread soll nicht mit unserer Geschichte enden. Wir wünschen uns, dass dieses Buch auch ein Teil *deiner* Geschichte wird, indem es dich mit Jesus in Berührung bringt. Vielleicht zum ersten Mal. Vielleicht erneut. Vielleicht auf eine neue, lebendige und kraftvolle Weise, die du in deinem Glauben bisher vermisst oder gar nicht gekannt hast.

Gib Gott eine Chance! Er wird sie nutzen.

www.Horse4C-Ranch.de